Fontes Históricas

Fontes Históricas

Carla Bassanezi Pinsky

(organizadora)

Carlos Bacellar • Jorge Grespan
Marcos Napolitano • Maria de Lourdes Janotti
Pedro Paulo Funari • Tania Regina de Luca
Vavy Pacheco Borges • Verena Alberti

Copyright © 2005 dos Autores

Todos os direitos desta edição reservados à
Editora Contexto (Editora Pinsky Ltda.)

Ilustração de capa
Waldomiro Sant'Anna, "Moça lendo"
(Óleo sobre tela)

Montagem de capa e diagramação
Gustavo S. Vilas Boas

Revisão
Lilian Aquino
Dida Bessana

Dados Internacionais de Catalogação na Publicação (CIP)
(Câmara Brasileira do Livro, SP, Brasil)

Fontes históricas / Carla Bassanezi Pinsky (organizadora). –
3. ed., 7ª reimpressão. – São Paulo : Contexto, 2025.

Vários autores.
Bibliografia
ISBN 978-85-7244-297-8

1. História - Fontes 2. Historiografia I. Pinsky, Carla Bassanezi.

05-4628   CDD-902

Índices para catálogo sistemático:
1. Fontes históricas   902
2. História : Fontes   902

2025

Editora Contexto
Diretor editorial: *Jaime Pinsky*

Rua Dr. José Elias, 520 – Alto da Lapa
05083-030 – São Paulo – SP
PABX: (11) 3832 5838
contato@editoracontexto.com.br
www.editoracontexto.com.br

Proibida a reprodução total ou parcial.
Os infratores serão processados na forma da lei.

Sumário

Apresentação 7
Carla Bassanezi Pinsky

O livro *Fontes históricas* como fonte 9
Maria de Lourdes Janotti

FONTES DOCUMENTAIS
Uso e mau uso dos arquivos 23
Carlos Bacellar

FONTES ARQUEOLÓGICAS
Os historiadores e a cultura material 81
Pedro Paulo Funari

FONTES IMPRESSAS
História dos, nos e por meio dos periódicos 111
Tania Regina de Luca

FONTES ORAIS
Histórias dentro da História 155
Verena Alberti

FONTES BIOGRÁFICAS
Grandezas e misérias da biografia 203
Vavy Pacheco Borges

FONTES AUDIOVISUAIS
A História depois do papel 235
Marcos Napolitano

Considerações sobre o método 291
Jorge Grespan

Os autores 301

Apresentação

Carla Bassanezi Pinsky

Historiadores trabalham com fontes. Nós nos apropriamos delas por meio de abordagens específicas, métodos diferentes, técnicas variadas. Já era hora de dispormos de uma obra que desse conta de tudo isso, colocando à disposição dos leitores o variado elenco de fontes a que o historiador pode recorrer hoje em dia em seu trabalho. Um livro sério, escrito por especialistas, "amarrado" por historiadores experientes, que visa a estudantes e professores de cursos como metodologia, pesquisa ou introdução aos estudos históricos, assim como a profissionais que buscam um manual prático e funcional.

Este livro não se confunde com obras que apresentam e discutem os caminhos e descaminhos da escrita da História. Essas são mais comuns e acessíveis aos leitores brasileiros, já que livrarias e bibliotecas dispõem de uma boa diversidade de textos que analisam a produção historiográfica. Aqui tratamos das fontes propriamente ditas e, consequentemente, dos métodos e das técnicas utilizados pelos pesquisadores em seu contato com os documentos, os vestígios e os testemunhos do passado humano.

Ao abordar a utilização de uma gama variada de fontes históricas e, ao mesmo tempo, apresentar sugestões para o desenvolvimento de novas pesquisas, os autores deste livro dialogam diretamente com historiadores e aspirantes que atuam no contexto da realidade brasileira.

Fontes têm historicidade: documentos que "falavam" com os historiadores positivistas talvez hoje apenas murmurem, enquanto outros que dormiam silenciosos querem se fazer ouvir. E que dizer da História oral, das fontes audiovisuais, de uso tão recente?

Fontes históricas é indicado tanto para quem já coloca quanto para quem pensa em colocar as "mãos na massa", penetrar em arquivos, ouvir depoimentos, manusear documentos, escarafunchar vestígios da cultura material ou simbólica, decifrar impressos ou audiovisuais em busca das experiências de nossos antepassados, aceitando os desafios da História. Os capítulos apresentam, de maneira básica, os "usos e abusos das fontes", ou seja, a relação dos historiadores com os documentos, os restos arqueológicos, os materiais impressos, as narrativas orais, as biografias ou as mídias "para além do papel" – o que pensam delas, como estão sendo tratadas e exemplos do que foram capazes de produzir com o material que coletaram em suas pesquisas. Os leitores têm acesso às metodologias e ao estado da arte do uso das fontes históricas apresentados por meio da menção de trabalhos marcantes e dos avanços propiciados pelos pesquisadores que sobre elas já se debruçaram. Além disso, os autores deste livro – eles próprios importantes pesquisadores da USP, Unicamp, Unesp e FGV que aqui escreveram a nosso pedido – procuram responder sem rodeios à pergunta "como usar" com dicas de procedimento para a coleta e a interpretação das fontes escolhidas, que, ao final de cada capítulo, são resumidas em um *box* para facilitar o trabalho de campo. Não só os desafios teórico-metodológicos, mas também as condições de acesso aos materias são expostos em linguagem clara. A bibliografia cuidadosamente selecionada colabora como referência atualizada para aqueles que pretendem se aprofundar no assunto.

Os capítulos podem ser lidos em qualquer ordem, mas é recomendável que sejam lidos em seu conjunto, não só porque uma pesquisa pode (e, em muitos casos, deve) empregar vários tipos de fontes, como também porque conhecer diferentes olhares sempre abre novos horizontes.

Além das unidades específicas sobre fontes documentais, arqueológicas, impressas, orais, biográficas e audiovisuais, há ainda dois textos com reflexões instigantes sobre a historicidade da apropriação das fontes e dos métodos utilizados em História. O ensaio de Maria de Lourdes Janotti, "O livro *Fontes históricas* como fonte", é quase um metatexto, no sentido de que observa este nosso livro como sendo ele próprio um objeto para o historiador e, assim, contextualizando-o, aguça a percepção dos leitores com relação aos caminhos da História e à obra que têm em mãos. As "Considerações sobre o método", de Jorge Grespan, analisam o significado do método em História a partir da trajetória da própria disciplina, mostrando que, para o historiador, pensar nisso, muito longe de ser secundário, é tão relevante quanto buscar compreender posições e filiações teóricas ou ideológicas.

O livro *Fontes históricas* como fonte

Maria de Lourdes Janotti

> Cultura não é saber tudo sobre um pequeno ponto. Tampouco
> é saber pequenos pontos sobre tudo, como geralmente é o
> caso das pessoas que se dizem cultas.
> A cultura é uma argamassa, um cimento que permite
> construir sentido integrando conhecimentos.[1]

Fontes históricas, livro ora lançado pela Editora Contexto, oferece ensejo para desenvolvermos habilidades necessárias para realizar uma leitura historiográfica crítica. O primeiro passo é compreender a natureza do livro-documento que temos em mãos. A ideia de publicar uma obra com textos de vários autores pode se originar no interior de um grupo de autores ou de uma solicitação externa. No caso em foco, a Editora Contexto tomou a iniciativa de produzir um livro original em sua temática, dedicado exclusivamente à questão das fontes históricas, voltado ao público universitário interessado nos avanços contemporâneos da investigação histórica e na aquisição de instrumental metodológico para enfrentar o desafio de localizar e analisar amplos repertórios de fontes variadas.

Cada capítulo é dedicado ao estudo de uma fonte específica, levantando problemas metodológicos a ela vinculados, discutindo seu uso pela historiografia e sua contribuição para a interpretação de determinados temas. Oferece também indicações de instrumentos de pesquisa apropriados e considerações sobre trabalhos significativos recentes. Partes não menos importantes são a bibliografia e um quadro com sugestões práticas para os pesquisadores.

Mas, afinal, qual o traço comum que permite chamar de fontes para o conhecimento histórico coisas tão díspares como uma estátua grega do século v a.C., uma máscara maia, uma carta do Marquês de Pombal, um concerto de Mozart, uma película cinematográfica, um artigo de jornal sobre os perigos do desmatamento, uma entrevista gravada de um trabalhador em greve, uma fotografia e uma telenovela? A resposta está no interesse do historiador em inquirir o que essas coisas revelam sobre as sociedades às quais elas pertencem e na criação de uma narrativa explicativa sobre o resultado de suas análises. Por essa razão, denominamos de história uma série de acontecimentos e de historiografia a narração desses acontecimentos.[2]

A história das fontes

O uso das fontes também tem uma história porque os interesses dos historiadores variaram no tempo e no espaço, em relação direta com as circunstâncias de suas trajetórias pessoais e com suas identidades culturais. Ser historiador do passado ou do presente, além de outras qualidades, sempre exigiu erudição e sensibilidade no tratamento de fontes, pois delas depende a construção convincente de seu discurso.

Os primeiros relatos da vida humana foram grafitos em cavernas com materiais contundentes, constituindo-se, com outros vestígios, nas fontes primevas dos futuros historiadores. Após milênios – quando pequenas comunidades ágrafas deixaram indícios permitindo a arqueólogos, antropólogos, etnólogos levantarem hipóteses sobre diferentes modos de vida –, surgiram sociedades complexas, como as do Oriente antigo, e com elas a instituição da propriedade privada, do comércio, de religiões, de cidades, de estados e impérios que geraram novas configurações de registros, destacando-se entre elas a invenção da escrita, responsável pela produção documental dos períodos históricos subsequentes, constituindo-se nas fontes mais valorizadas pelos pesquisadores até meados do século xx.

Na segunda metade do século XIX, ocasião em que a História se afirma como disciplina acadêmica, foram estabelecidos parâmetros metodológicos cientificistas rígidos orientadores da crítica interna e externa das fontes escritas, arqueológicas e artísticas, priorizando investigações sobre a importância da autenticidade documental, porquanto a concepção dominante na historiografia era de que a comparação de documentos permitia reconstituir os acontecimentos passados, desde que encadeados numa correlação explicativa de causas e consequências. Concomitantemente, os filósofos buscaram dar sentido ao desenvolvimento histórico das sociedades ocidentais e, convictos dos princípios do racionalismo, concluíram que a evolução e progresso presidiam os destinos dos povos.

O capitalismo comercial-industrial, favorecido pelas revoluções liberais ocorridas na Inglaterra (século XVII), na França (século XVIII), e pela independência norte-americana (século XVIII), corroborou para que a burguesia, aliançada ao Estado, defendesse posições imperialistas e adotasse, paradoxalmente, o liberalismo como ideologia.[3] Essa voracidade em acumular capital voltou-se para a exploração da nascente classe operária, cujas condições de vida sensibilizaram o pensador Karl Marx, autor de *O Capital,* no qual defende a ideia de que a base da sociedade é sua estrutura econômica. Sua doutrina, denominada materialismo dialético, atribui o sentido da história às lutas entre as classes sociais dominantes e as classes dominadas, opondo-se ao liberalismo.

Sob a influência desses parâmetros, desenvolveram-se os estudos de Economia e Sociologia, voltando-se a coleta e interpretação de fontes – antes focada na área política e na atuação de grandes personagens – para documentos sobre atividades econômicas, devassando-se cartórios, processos judiciais, censos, contratos de trabalho, movimento de portos, abastecimento e outros de cunho coletivo e reivindicatório.[4] A historiografia social e econômica sobrepujou a política na preferência dos historiadores que investigaram as estruturas básicas sobre as quais a política se assentava.[5]

Atualmente, as teorias cientificistas e marxistas são conhecidas como um dos principais paradigmas da modernidade por terem influenciado fortemente a prática política e a produção intelectual até pelo menos o fim da Guerra Fria.

Em fins do século XIX, a historiografia francesa, de grande influência no Brasil, já contava com sólida produção na área de História política, oriunda do pensamento cientificista da escola metódica, que se contrapunha à

Filosofia da História por suas generalizações. A *Revue Historique*, dirigida por Gabriel Monod e G. Fragniez, fundada em 1876 e publicada até hoje, reunia os historiadores mais representativos dessa tendência, entre eles Charles Seignobos, que, em 1898, publica *Introdução aos Estudos Históricos*, com Charles V. Langlois. Esse livro expressa o pensamento metódico ao explorar em detalhes os procedimentos para a coleta de fontes, operações analíticas, crítica interna e externa de documentos, defendendo a compreensão do particular e do circunscrito para se chegar a conhecer o específico da história.

Dois anos mais tarde, preocupados com o caráter extremamente convencional da História política, historiadores salientaram a necessidade da explicação histórica recorrer também a conhecimentos de outras disciplinas, principalmente os da Geografia humana sobre as inter-relações culturais e dos modos de vida com a História, metodologia denominada por seu principal autor, Heri Berr, de *síntese histórica*. A grande ambição da síntese era construir uma História da totalidade. Até a Primeira Grande Guerra, a *Revue de Syntèse Historique*, fundada em 1900, reuniu intelectuais de várias disciplinas, inclusive de outros países da Europa. Um dos livros mais representativos dessa considerável mudança é *La Terre et L'Évolution Humaine,*[6] de autoria de Lucien Febvre com a colaboração de Lionel Bataillon, o qual expande o universo das fontes ao recorrer a elementos topológicos, climáticos, biológicos, botânicos, psicológicos, vias de transito, rotas de circulação das ideias religiosas e políticas. Com as mudanças trazidas pela Guerra – Revolução de 1917, movimento operário –, houve necessidade de os historiadores voltarem-se com maior ênfase para o campo das transformações e os conflitos sociais. Indubitável papel teve o grupo de historiadores franceses ligados à revista *Annales d'histoire économique et sociale,*[7] fundada em 1929 por Lucien Febvre e Marc Bloch, retomando em vários aspectos o pensamento da *Revue de Syntèse Historique*. Contestando as posturas cientificistas que acusavam a historiografia de total subjetivismo, Febvre e Bloch defendiam o caráter particular das Ciências Humanas, que não podiam ser regidas por leis. Reconheciam também a necessidade de uma estreita colaboração entre as disciplinas sociais e divulgavam trabalhos recentes de autores de outras áreas. Por não aceitarem os pressupostos da historiografia política tradicional, que apenas passava pela superficialidade dos acontecimentos, contrapunham-lhe à História-problema, isto é, as fontes deveriam ser buscadas e interpretadas segundo as hipóteses que partiam do historiador. Todas as atividades humanas deveriam ser consideradas com a mesma importância. Enquanto Febvre inspirava-se no geógrafo Vidal de la Blache, que se opunha ao determinismo do meio sobre a ação humana, Bloch era admirador do sociólogo alemão Emile Durkheim.[8] Dessas posturas surgiram trabalhos importantes sobre aspectos econômico-sociais dos diferentes períodos, muitos deles centrados nas fontes advindas da cultura religiosa, da psicologia social, da cultura material e das teorias sobre memória social de Maurice Halbwachs.

Um dos empenhos desses historiadores era abrir outro campo: o estudo profundo da sociedade, segundo muitas perspectivas da Sociologia. O vocabulário da escrita da História enriqueceu-se com o uso de referências a classes sociais, conjunturas históricas e, mais tarde, com o de estrutura.

Ao lado dos fundadores, despontaram colaboradores adeptos do marxismo, multiplicando os trabalhos de História econômica, fundamentados em fontes sobre o comércio, agricultura, trabalho, remuneração, censos, entre outras. Evidenciando algumas diferenças de concepção trazidas por esse grupo, a historiadora Márcia Mansor D´Alessio escreve sobre um de seus autores mais destacados:

> Pierre Vilar foi partícipe dessas transformações dos estudos históricos e é defensor – e praticante – incisivo da história total. No entanto, a totalidade de Vilar se diferencia à medida que incorpora a teoria marxiana da história. Para o autor a crítica de Marx à historiografia tradicional não se deve ao seu caráter factual, mas à fragmentação resultante de uma visão estanque das múltiplas dimensões do real. Porém para fugir dessa espécie de esfacelamento, não basta inter-relacionar as instâncias. Há que se considerar o princípio marxiano segundo o qual o que há de concreto na vivência humana é a produção material da vida, fato originário, condição fundamental de toda a história.[9]

Fernand Braudel, discípulo de Febvre, e seu sucessor na direção dos *Annales*, notabilizou-se por ter concretizado em sua obra de 1949, *La Méditeranée et le monde méditerranéen à l'époque de Philippe II*, um dos mais bem acabados modelos da proposta de História total. Seu prestígio cresceu ao sistematizar *princípios* metodológicos sobre os vários ritmos do tempo histórico – longa duração, média e curta – correspondentes ao tempo geográfico, tempo social e tempo individual. Com o passar dos anos, essa teoria foi utilizada pelos grupos dos *Annales* quando identificam a longa duração às estruturas, a média duração às conjunturas e a pequena duração aos acontecimentos, principalmente os sucessos políticos.

A introdução da História quantitativa por Ernest Labrousse, historiador marxista, expandiu ainda mais as fontes históricas ao fazer uso de métodos da economia, construindo gráficos, tabelas e estatísticas para explicar ciclos econômicos de curta e longa duração e a importância do conceito de crise para a explicação abrangente dos acontecimentos. Pesquisas sobre preços, movimentação bancária, dados de importação e exportação, salários, registros de propriedades, de produção de alimentos, técnicas de construção e seus materiais e tantas outras também foram responsáveis pelo advento da História demográfica que mobilizou registros de nascimentos, falecimentos, casamentos segundo uma visão regional.

Evidentemente, essa vitalidade do movimento historiográfico não se limitou ao grupo dos *Annales* nem à França. Foi tanto um acontecimento de circulação cultural como de convergência de interesses de historiadores europeus e americanos.

Como em cultura nada permanece imutável, mediante novas realidades nos finais dos anos 60 do século xx – contestação da legitimidade do poder em todas as suas formas, revolta estudantil na França, ditaduras patrocinadas pelos Estados Unidos na América Latina, repressões nas repúblicas socialistas do Leste europeu, críticas ao stalinismo e a todas as violações de direita e de esquerda aos direitos humanos, recrudescimento de movimentos neoanarquistas, reivindicações do movimento feminista e muitos outros –, os historiadores são chamados a voltar-se para as questões candentes do tempo presente.

Em 1974, Jacques Le Goff e Pierre Nora publicaram o livro *Faire l'histoire*,[10]divulgando trabalhos de historiadores contemporâneos preocupados com novos problemas, objetos e abordagens da Nova História. Os editores reconheciam as afinidades com os *Annales,* mas chamavam a atenção para o caráter diversificado dos artigos sem nenhuma ortodoxia:

> O que obriga a história a se redefinir é, de imediato, a consciência pelos historiadores do relativismo de sua ciência. A história não é o absoluto dos historiadores do passado, providencialistas ou positivistas, mas o produto de uma situação histórica. [...] O campo que ela ocupava sozinha, como sistema de explicação das sociedades pelo tempo, encontra-se invadido por outras ciências

O livro *Fontes históricas como fonte*

com fronteiras mal definidas que correm o risco de absorvê-la e dissolvê-la. [...] Os mais seguros sistemas de explicação histórica encontram-se colocados em questão por essa dilatação do campo da história. A mais global e a mais coerente das visões sintéticas da história – no duplo sentido da palavra – o marxismo, sofre o assalto das novas ciências humanas. A história social se prolonga na história das representações sociais, das ideologias, das mentalidades. Aí descobre um jogo complexo de interações e deslocamento que torna impossível um recurso simplista às noções de infra e superestrutura. [...] Finalmente, a provocação mais grave lançada à história tradicional é, sem dúvida, aquela esboçada pela nova concepção de história contemporânea, que é procurada através das noções de história imediata ou de história do presente, a qual, ao recusar reduzir o presente a um passado incoativo, coloca em questão a definição tradicionalmente aceita da história como ciência do passado.[11]

Na amostragem de novos objetos da História encontram-se trabalhos sobre o clima, o inconsciente, o mito, o cotidiano, as mentalidades, a língua: Linguística e História, livro, jovens e crianças, saúde e doenças, opinião pública, cozinha, cinema, festa. As fontes consultadas e discutidas pelos autores mostram a dimensão interdisciplinar de suas perspectivas: mapas metereológicos, processos químicos, documentos de ministérios da agricultura, relatos de incêndios, cartas sobre catástrofes climáticas do passado, diários, biografias, romances, estudos psicanalíticos, Psicologia da arte, releitura dos clássicos greco-romanos, o discurso mítico, Antropologia cultural, culto de santos, doutrinas religiosas, livros pornográficos e clandestinos, estatísticas de publicações diversas, ilustrações, caricaturas, jornais, manuais de bons hábitos, fotografias, literatura médica, receituários, dietas alimentares, documentos de ministérios da saúde sobre epidemias, escrituração de estabelecimentos voltados ao abastecimento, contas da Assistência pública, estudos de Biologia, cardápios de hospitais e listas de compra, menus de restaurantes, arte culinária, utensílios de serviços de mesa, sondagens de opinião pública, depoimentos orais, filmes mudos, sonoros e coloridos, plantas de salas de exibição de filmes, letreiros, legendas, técnicas de filmagem, filmes de propaganda política, festas de loucos, fantasias, comemorações nacionais, bailes, cores, programas de festas públicas e particulares, homenagens, musicas, celebrações religiosas, discursos, trajes especiais e uma infinidade de outras mais.

Embora as interpretações historiográficas se sucedam no tempo, percebe-se que as mais recentes conservam diversos conteúdos das anteriores, alguns são vitalizados por releituras, outros permanecem cristalizados na produção de grupos resistentes às novas ideias.

Com o declínio da interpretação materialista dialética, o conceito de historicidade passou a orientar a maioria dos trabalhos dos historiadores e vem sendo apresentado como se fosse uma categoria neutra, sem nenhuma conotação política, em oposição ao velho e comprometido historicismo, que era político: de esquerda ou de direita. Entretanto, o conceito de historicidade, principalmente propugnado pela historiografia francesa, não é destituído de conteúdos ideológicos, opõe-se, principalmente, à historiografia inglesa marxista e à Escola Alemã, ainda fiel aos princípios de Max Weber, para o qual a história se baseia nos conflitos entre o Estado e a Sociedade. O conceito de historicidade emerge de uma luta política pela hegemonia do conhecimento e, mais concretamente, da disputa entre historiadores no próprio ensino superior francês. No momento em que desmoronava a utopia marxista, o conceito de historicidade enfrentava e vencia a corrente historicista materialista. O conceito de historicidade, defendido pela Nova História contra interpretações reducionistas e globalizantes, não está imune às influências historicistas do idealismo. Muitas críticas foram feitas à Nova História, sendo que a mais contundente refere-se à fragmentação do conhecimento: *se tudo é história, nada é história*.

Nos anos 80 do século xx, essa fragmentação atingiu o conjunto das ciências que não mais trabalhava com certezas; mesmo a Física passou a admitir as possibilidades de incertezas em suas teorias, passando-se então a falar em crise dos paradigmas.[12] A primeira vítima da crise historiográfica foi o paradigma economicista, determinista e estruturalista, que identificou os novos historiadores a partir da Segunda Guerra Mundial.

Com a derrocada da União Soviética, o capitalismo adquiriu novo vigor e pretendeu conduzir a história segundo as razões do mercado de capitais e bens. A proposta do neoliberalismo, sedimentado na revisão dos princípios gerais da ciência econômica, conduziu as democracias ocidentais a implementar sistemática diminuição do poder do Estado diante dos capitais privados. Organismos econômicos internacionais, controlados pelos países mais ricos, passaram a exercer funções antes pertinentes ao Estado e ditar normas políticas.

O livro *Fontes históricas como fonte*

As Ciências Humanas, imersas nesse processo geral da economia globalizada, foram surpreendidas pela inadequação do vocabulário que lhe era próprio. O conceito de estado nacional, com o qual sempre organizou a estrutura do discurso da razão e da política, passou a ser inapropriado para os novos temas que passaram a resvalar para objetos extremamente particulares ou, pelo contrário, de perspectivas holísticas.

O avanço da tecnologia e principalmente da informática agilizou pesquisas quantitativas e seriais, as comunicações de forma geral, a transferência de capitais, a concepção de tempo e memória e mesmo a de realidade. A internet aproximou os homens em tempo real, inventou uma linguagem própria e diminuiu distâncias e diferenças. A computação gráfica gerou imagens virtuais, impulsionando novas artes visuais. Largamente utilizada no campo do ensino, substituiu consultas às enciclopédias e aos livros, padronizando informações, muitas vezes inverídicas, de forma simplificadora e reducionista. Ainda não se pode avaliar essa soma incomensurável de novos conhecimentos e seu impacto no conjunto das relações científico-sociais.

Começam a surgir pesquisas, principalmente na área de comunicações, sobre fontes até então inexistentes: *sites*, condições de trabalho dos digitadores, jornais de circulação virtual, estratégias de *marketing*, confinamento no espaço doméstico, doenças provocadas pela longa permanência diante do computador, banalização da violência e da transgressão.

Essa referência sintética da historiografia francesa a partir do século XIX se justifica por ser o referencial teórico-metodológico mais abrangente dos autores de *Fontes Históricas*, sem que isso queira dizer que é exclusivo.

Os autores

Os autores dos textos deste livro são historiadores experimentados em trabalhar com o tipo de fonte que se propuseram discutir, tendo já publicado livros e artigos expondo suas convicções teóricas. É possível identificar alguns traços comuns que permeiam seus textos, apesar das notórias diferenças de caráter individual. Formados pela academia, têm como referências o rigor na análise, as críticas propostas pela Nova História ao cientificismo, a necessidade da interdisciplinaridade para ampliar as interpretações, posturas não dogmáticas, atenção às condições materiais da produção das fontes, quase ausência do viés sociológico na linguagem, bibliografia atualizada, preocupação com a clareza da exposição.

FONTES DOCUMENTAIS: "Uso e mau uso dos arquivos", de Carlos Bacellar, é um ingresso no mundo dos arquivos destinado, principalmente, àqueles que se iniciam nos caminhos da pesquisa histórica no Brasil. Além de familiarizar o leitor com a rotina dos consulentes de arquivos brasileiros, exemplifica os tipos de documentos mais frequentes provenientes da administração do Estado, atentando para suas potencialidades na prática historiográfica.

FONTES ARQUEOLÓGICAS: "Os historiadores e a cultura material". O autor do capítulo, Pedro Paulo Funari, parte da premissa de que "Cultura espiritual e material revelam-se parte de um mesmo todo, como discursos a serem interpretados pelo historiador", evidenciando a contribuição da Arqueologia para o conhecimento histórico tanto do passado como do presente. Mesmo nas sociedades contemporâneas, os métodos arqueológicos possibilitam o acesso a segmentos sociais pouco visíveis ou analfabetos, chegando até a oferecer indícios de conflitos e resistências. Entretanto, até se chegar a essas concepções houve um longo percurso contextualizado pelo autor, que se referencia na História da historiografia.

A Arqueologia surgiu como disciplina nos fins do século XIX, segundo os princípios do rigor da escola metódica, disponibilizando fontes escritas sobre o passado e complementando as informações existentes. Contudo, as correntes historiográficas posteriores passaram a valorizar a importância da cultura material, atribuindo vários significados aos vestígios do cotidiano, munindo-se de conhecimentos interdisciplinares.

O texto ainda levanta várias questões de caráter teórico e prático sobre o trabalho arqueológico, não deixando de mencionar exemplos de abordagens contemporâneas em obras significativas.

FONTES IMPRESSAS: "História dos, nos e por meio dos periódicos", de Tania Regina de Luca, apresenta cuidadoso histórico da concepção historiográfica acerca dos periódicos como fonte, presentemente valorizados pela História imediata e o retorno da História política. Destaca a importância da releitura do marxismo, empreendida pelos historiadores ingleses, na renovação historiográfica do século XX, nem sempre mencionada.

Avalia os impactos da modernização na indústria gráfica e imprensa periódica e sua diversificação em relação às várias fatias do mercado de consumo.

A própria imprensa tornou-se objeto de estudo em seus aspectos materiais e intelectuais. Não lhe escapam os significados da profissionalização dos jornais e revistas, levando em conta o poder que adquiriram no conjunto das mídias.

Analisa os vários tipos de discurso voltados a públicos diversos, problematizando a identificação imediata e linear entre a narração do acontecimento e o próprio acontecimento: *Os discursos adquirem significados de muitas formas, inclusive pelos procedimentos tipográficos e de ilustração que o cercam. A ênfase em certos temas, a linguagem e a natureza do conteúdo tão pouco se dissociam do público que o jornal ou a revista pretende atingir.*

O capítulo é fruto de cuidadosa e competente pesquisa, conduzida pelo método analítico específico de trabalho com fontes periódicas, observável também na relação bibliográfica mencionada.

FONTES ORAIS: "Histórias dentro da história".Verena Alberti estuda a Historia oral, a mais recente metodologia interdisciplinar que tanto sucesso vem obtendo entre os historiadores, antropólogos, linguistas e psicólogos. Nesse caso, o historiador produz as próprias fontes que irá utilizar, por meio de entrevistas gravadas, constituindo-se arquivos com condições e recursos técnicos diferentes dos tradicionais por se destinarem a preservar material de reprodução sonora como fitas cassete, fitas de vídeo, CD-ROMS, DVDS e filmes.

A autora mostra as vinculações da História oral com os postulados da História do tempo presente, as teorias da memória e com o retorno da narrativa e do sujeito na história. Esmiúça, com conhecimento de causa, os equívocos da História militante que pretendia chegar à verdadeira história popular e as disputas ideológicas em torno do reconhecimento da validade de pesquisas com fontes tão subjetivas: *Opondo-se à História positivista do século XIX, a História oral tornou-se a contra-História, a História do local e do comunitário (em oposição à chamada História da nação).*

Os temas iniciais abordados pelos trabalhos com fontes orais assemelhavam-se aos da História dos excluídos e atualmente expandiram-se para todos os ramos de interesse das Ciências Sociais. As entrevistas têm a capacidade de contradizer generalizações sobre o passado e oferecer subsídios para projetos de abrangência social.

Todos os procedimentos metodológicos que envolvem os diversos recortes da História oral, a escolha dos sujeitos, a coleta dos depoimentos e/ou histórias de vida, as atitudes do historiador durante a gravação das entrevistas, os cuidados em passar para a forma escrita o que foi falado, merecem atenção e avaliação da historiadora, abrindo veredas para as pesquisas dos leitores.

FONTES BIOGRÁFICAS: "Grandezas e misérias da biografia". Vavy Pacheco Borges, com acuidade crítica, comenta as razões do desprezo da História científica pela biografia e explora sua retomada após a contestação dos paradigmas marxistas e estruturalistas. Explicitando a cada passo do encaminhamento de seu discurso as ligações com sua trajetória intelectual, revela na prática a metodologia que defende na construção de uma biografia. As experiências vividas pela autora no universo da concretude do particular interagem com suas escolhas no domínio geral da prática e da teoria históricas.

Não acreditando no "retorno da biografia", atribui o seu atual sucesso a novas posturas metodológicas que possibilitaram a abertura do campo biográfico e a várias influências disciplinares, como a Psicanálise, a Literatura. Partindo dessa premissa e baseada em autores recentes, aborda as diferentes perspectivas e ambições dos estudos biográficos: biografia modal, na qual o indivíduo ilustra o coletivo; biografia como complemento indispensável da análise das estruturas sociais e dos comportamentos coletivos; biografias que representem o interesse pelos excluídos e minorias; a biografia é uma fonte de conhecimento do ser humano. A autora mostra como fazer uma pesquisa biográfica enfatizando os principais problemas que ela envolve.

FONTES AUDIOVISUAIS: "A história depois do papel". O autor Marcos Napolitano registra o desafio que representa para o historiador contemporâneo a emergência de uma realidade dominada por imagens e sons que dispõem de aparatos técnicos cada vez mais sofisticados. Discordando daqueles que veem tanto nos documentários exibidos pelo cinema ou pela televisão como nos registros sonoros testemunhos diretos e objetivos da história, e também dos que consideram filmes de ficção, teledramaturgia, canções e peças musicais fontes de absoluta subjetividade, afirma o autor: "A questão, no entanto, é perceber as fontes audiovisuais e musicais em suas estruturas internas de linguagem e seus mecanismos de representação da realidade, a partir de seus códigos internos." Assinala que um bom caminho é o de articular a linguagem técnico-estética das fontes audiovisuais e musicais (ou seja, seus códigos internos de funcionamento) e as representações da realidade histórica ou social nela contidas (isto é, o seu *conteúdo* narrativo propriamente dito).

O texto encaminha o leitor com relação aos problemas e procedimentos necessários para a compreensão dessas fontes: conhecer o contexto da produção; descobrir o seu sentido próprio; localizar seus modos de transmissão, sua destinação e suas sucessivas interpretações. Levanta abordagens críticas sobre questões específicas das relações do cinema, da televisão e da telenovela com as novas posturas historiográficas, realçando a interferência da televisão na concepção do tempo histórico e nas formas de fixação da memória social.

Consultando bibliografia sugestiva a respeito da Musicologia histórica, Etno, musicologia e música popular, considera que essa fonte cria grandes dificuldades para os pesquisadores. Estes precisam dominar conhecimentos complexos e técnicos das composições musicais, como: análise das formas, harmonia, ritmo, melodia, arranjo, instrumentação e interpretação. Endossa o pensamento do historiador Arnaldo Contier: "a música não exprime conteúdo diretamente, mesmo quando acompanhada de letra. O seu sentido está cifrado em modos muito sutis e quase sempre inconscientes de apropriação dos ritmos, timbres das intensidades, das tramas melódicas e harmônicas dos sons".

O conjunto dos textos que compõem esta obra constitui-se em um autêntico curso de metodologia, teoria e História da historiografia segundo o estágio do conhecimento do campo histórico nos inícios do século XXI.

Notas

[1] Joel de Rosnay, "Conceitos e operadores transversais", em Edgar Morin, A religação dos saberes: os desafios do século XXI, trad. e notas Flávia Nascimento, 3. ed., Rio de Janeiro, Bertrand Brasil, 2002, p. 499.

[2] Um bom exemplo de estudo historiográfico é o livro: Marcos Cezar de Freitas (org.), Historiografia brasileira em perspectiva, São Paulo, Contexto; Bragança Paulista, USF, 1998, pp. 119-43 (2. ed. 1998, 3. ed. 2000).

[3] Norman Barry, "Liberalismo", em Nigel Ashford e Stephen Davies, Diccionario del Pensamento Conservador y Liberal, trad. argentina do original inglês, Buenos Aires, Nueva Visión, 1992.

[4] Ver Arlette Farge, Le gôut de l'archive, Paris, Éditions du Seuil, 1989.

[5] Ver Pierre Vilar, Pensar La Historia, Cidade do México, Instituto Mora, 1992.

[6] Lucien Febvre, La Tierra y la Evolución Humana. Introducción Geográfica a la Historia, trad. Luis Pericot, Barcelona, Cervantes, 1925 (obra iniciada em 1913, retomada em 1919 e publicada no original francês em 1921).

[7] A revista teve vários títulos, sendo que a partir de 1946 intitula-se Annales: économies, sociétés, civilisations.

[8] Ver Peter Burke, A Escola dos Annales (1929-1989). A revolução francesa da Historiografia, trad. Nilo Odália, São Paulo, Ed. Unesp, 1991.

[9] Reflexões sobre o saber histórico. Entrevistas com Pierre Vilar, Michel Vovelle e Madeleine Rebérioux, São Paulo, Ed. Unesp, 1998, p. 19.

[10] Três volumes: Faire de l'histoire: Nouveaux problèmes; Faire de l'histoire: Nouvelles approches; Faire de l'histoire: Nouveaux objects; Éditions Gallimard, 1974.

[11] No Brasil o livro foi publicado em três volumes com o título de História: Novos Problemas; Novas abordagens; Novos objetos. Traduzidos, respectivamente, por Theo Santiago, Herique Mesquita e Terezinha Marinho, Rio de Janeiro, Francisco Alves, 1976, p. 12-3.

[12] Agnes Heller et al., A crise dos paradigmas em Ciências Sociais e os desafios para o século XXI, Rio de Janeiro, Contraponto/CORECON-RJ, 2000.

Bibliografia

BARRY, Norman. Liberalismo. In: ASHFORD, Nigel; DAVIES, Stephen. *Diccionario del Pensamiento Conservador y Liberal*. Buenos Aires: Nueva Visión, 1992.

BURKE, Peter. *A escola dos Annales (1929-1989)*. A revolução francesa da Historiografia. Trad. Nilo Odália. São Paulo: Unesp, 1991.

D'ALESSIO, Márcia Manson. *Reflexões sobre o saber histórico*. Entrevistas com Pierre Vilar, Michel Vovelle e Madeleine Rebérioux. São Paulo: Unesp, 1998.

FARGE, Arlette. *Le gôut de l'archive*. Paris: Éditions du Seuil, 1989.

FEBVRE, Lucien. *La Tierra y la Evolución Humana*. Introducción Geográfica a la Historia. Trad. Luis Pericot. Barcelona: Cervantes, 1925.

HELLER, Agnes et. al. *A crise dos paradigmas em Ciências Sociais e os desafios para o século XXI*. Rio de Janeiro: Contraponto/CERECON-RJ, 2000.

ROSNAY, Joel de. Conceitos e operadores transversais. In. MORIN, Edgard. *A realização dos saberes: os desafios do século XXI*. Trad. e notas Flávia Nascimento. 3. ed. Rio de Janeiro: Bretrand Brasil, 2002.

VILAR, Pierre. *Pensar La Historia*. Cidade do México: Instituto Mora, 1992.

FONTES DOCUMENTAIS

Uso e mau uso dos arquivos

Carlos Bacellar

Os historiadores e as fontes de arquivo

Pesquisar em arquivos é o destino de muitos dos jovens profissionais que ingressam nos cursos de pós-graduação em História, ou mesmo daqueles que ainda dão seus primeiros passos em projetos de iniciação científica. Surpreende como os calouros de graduação, em seus primeiros dias de aula, já buscam, ávidos, informações sobre o pesquisar em arquivos. Bons professores de História no ensino médio, e uma literatura de *best-sellers* históricos têm promovido uma espécie de encantamento de alguns jovens pela aura do cientista a escarafunchar papéis velhos, em busca de novidades, como se fosse uma espécie de "Indiana Jones" dos arquivos.

Tal demanda nem sempre é bem correspondida pelo que as grades curriculares dos cursos de História oferecem. Em sua maioria, as disciplinas centram seus programas na fundamental discussão historiográfica, deixando, porém, de dar maior atenção às fontes documentais que nortearam essa produção. Faltam, talvez, esforços para introduzir, em algum momento do curso, noções básicas sobre organização arquivística, leitura paleográfica e crítica de fontes, que auxiliariam o aluno na tomada de decisões e no entendimento do processo de construção do saber histórico.

A aflição dos alunos é comum: ter um contato mais próximo com o ambiente arquivístico, conhecer as fontes, visualizar um documento do passado.

Os comentários que se seguem vão justamente apontar algumas questões básicas para aqueles que se interessam em pesquisar documentos textuais. Embora seja evidente que a prática da pesquisa, dia após dia, é o melhor caminho para o aprendizado, algumas observações poderão contribuir para um iniciar menos angustiante e para melhor direcionamento dos primeiros passos de uma pesquisa. E, quem sabe, poderão também despertar, em alguns leitores, o interesse pelo assunto, levando-os para o sempre apaixonante mundo dos documentos históricos.

O trabalho com fontes manuscritas é, de fato, interessante, e todo historiador que entra por essa seara não se cansa de repetir como os momentos passados em arquivos são agradáveis. Grandes obras historiográficas tiveram sua origem nas salas de arquivo, onde muito suor e trabalho foram gastos, após semanas ou meses de paciente e dedicada fase de pesquisa. O abnegado historiador encanta-se ao ler os testemunhos de pessoas do passado, ao perceber seus pontos de vista, seus sofrimentos, suas lutas cotidianas. Com o passar dos dias, ganha-se familiaridade, ou mesmo certa intimidade, com escrivães ou personagens que se repetem nos papéis. Sente-se o peso das restrições da sociedade, ou o peso da miséria, ou a má sorte de alguém, e deseja-se ler mais documentos para acompanhar aquela história de vida, o seu desenrolar. Os personagens parecem ganhar corpo, e é com tristeza que, muitas vezes, percebe-se que o horário do arquivo está encerrando, que precisamos fechar os documentos e partir, sem continuar a leitura até o dia seguinte. Essa é a vida da pesquisa: dura, cansativa, longa, mas gratificante, acima de tudo.

As fontes para a pesquisa histórica

A relação entre os historiadores e as fontes documentais, mais especificamente as que se encontram em arquivos, não foi sempre a mesma, como nos mostram importantes e divulgados trabalhos de Historiografia. Dos que viam nos documentos fontes de verdade, testemunhos neutros do passado, aos que analisam seus discursos, reconhecem seus vieses, desconstroem seu conteúdo, contextualizam suas visões, muito se passou e, como foi dito, pode ser estudado na ampla bibliografia à disposição sobre o assunto, de fácil acesso aos leitores. Nesse texto, portanto, a discussão historiográfica dará lugar a uma abordagem que centra suas atenções nas fontes documentais, matéria-prima dos historiadores.

Nossa intenção será descrever algumas fontes e as contribuições que trouxeram à historiografia. Não há qualquer pretensão de esgotar o enorme leque de possibilidades documentais em um arquivo, mas tão somente de apontar caminhos, sugerir as possibilidades, deixar subtendido como deve agir o historiador. E, quem sabe, despertar o interesse de futuros pesquisadores, daqueles jovens que imaginam que querem seguir carreira na difícil arte da investigação histórica. Indicamos, portanto, a ponta do iceberg: um primeiro apoio para os que se decidirem pela História em termos profissionais. Isso não significa que iremos relacionar aqui os inúmeros e importantes arquivos nacionais e estrangeiros com documentação sobre a história de nosso país. O objetivo é apenas apresentar alguns exemplos e sugestões que introduzam o leitor no mundo da pesquisa dos manuscritos. Portanto, instituições arquivísticas e trabalhos historiográficos citados daqui em diante são meramente ilustrativos, sem a intenção de esgotar todas as informações e sem desmerecer os eventuais ausentes.

A seguir há uma tabela resumida que classifica, a título de exemplo, as principais instituições arquivísticas que hoje guardam acervos de caráter permanente, com algumas sugestões de documentos interessantes neles existentes (não tratamos aqui de fontes impressas, que é tema de outro capítulo deste livro). A maior ou menor importância de cada arquivo só pode ser estabelecida de acordo com o objeto da pesquisa específica a ser realizada pelo historiador, seus interesses e questionamentos.

Arquivos	Documentos
Arquivos do Poder Executivo	Correspondência: ofícios e requerimentos
	Listas nominativas
	Matrículas de classificação de escravos
	Listas de qualificação de votantes
	Documentos sobre imigração e núcleos coloniais
	Matrículas e frequências de alunos
	Documentos de polícia
	Documentos sobre obras públicas
	Documentos sobre terras
Arquivos do Poder Legislativo	Atas
	Registros
Arquivos do Poder Judiciário	Inventários e testamentos
	Processos cíveis
	Processos crimes
Arquivos cartoriais	Notas
	Registro civil
Arquivos eclesiásticos	Registros paroquiais
	Processos
	Correspondência
Arquivos privados	Documentos particulares de indivíduos, famílias, grupos de interesse ou empresas.

Arquivos do Poder Executivo

A documentação produzida nas esferas do Poder Executivo é normalmente encontrada nos Arquivos Públicos municipais e estaduais, e no Arquivo Nacional.[1]

Correspondência: ofícios e requerimentos

A correspondência enviada ou recebida pelas autoridades no exercício de suas funções formam grandes conjuntos documentais em todos os arquivos. Algumas vezes encontram-se organizados por destinatários ou remetentes, sendo, no entanto, de difícil indexação por assuntos, dada sua imensa diversidade. Porém, o mais comum é que estejam misturados ou ordenados apenas pela cronologia, dificultando mais ainda a consulta.

A correspondência enviada é preservada sob a forma de minutas, cópias e segundas vias, sendo de se esperar que a versão original tenha sido arquivada junto ao destinatário. Já a correspondência recebida é a original, mas, muitas vezes, papéis que vieram anexados foram reencaminhados para instâncias decisórias superiores, deixando lacunas de difícil recuperação.

Numerosas questões relacionadas à administração pública são tratadas na correspondência que autoridades do Executivo mantinham com autoridades das mais diversas esferas.

Igualmente interessante, embora menos conhecida e consultada, é a série de requerimentos ao Presidente da Província, que na realidade eram solicitações e pedidos encaminhados por particulares. Tais documentos também nos ajudam a entender o funcionamento do Estado Imperial, em que um súdito podia escrever diretamente às altas autoridades, pulando os escalões intermediários. Essa série costuma também ser bastante instigante por retratar temas do cotidiano municipal e pessoal, fossem eles prosaicos, fossem complexos.

A partir do Segundo Império e entrando pela República, surgem séries de correspondências reservadas, em que temas delicados, como tráfico negreiro ilegal, rebeliões escravas e movimento sindical são tratados e discutidos pelas autoridades competentes. Menos comuns de serem encontrados são os telegramas, existentes a partir de finais do Império, em que os mesmos assuntos, dado o caráter de urgência na resolução, também são abordados. Sorte do pesquisador que se depara com um desses!

Listas nominativas de habitantes

As listas nominativas de habitantes, também conhecidas como maços de população, são levantamentos elaborados, em sua grande maioria, a partir de meados do século XVIII e alcançando as primeiras décadas do Império. O Arquivo do Estado de São Paulo é o detentor da única coleção completa, que abrange todas as vilas da antiga Capitania, depois Província. Para o restante do Brasil, conhecem-se algumas listas isoladas, principalmente para Minas Gerais, mas não há notícias de séries preservadas.

De início, essas listas foram elaboradas, em São Paulo, para fins de recrutamento militar; mais tarde, já na década de 1790, passaram a registrar a produção econômica, no esforço reformista da política metropolitana.

O uso das listas nominativas como fonte documental vem crescendo desde a década de 1970, quando passaram a ser trabalhadas pelos historiadores debruçados sobre temas como população e família. Como informam a composição de cada domicílio, indicando nome, idade, cor, estado civil, condição, naturalidade e ocupação econômica, permitem análises bastante ricas e diversificadas das condições de vida cotidiana.

A historiadora Maria Luiza Marcílio conseguiu demonstrar, por meio dessas listas, que a velha tese de que a capitania de São Paulo passara por um sério período de "decadência" econômica e demográfica durante o auge da mineração do ouro não era aceitável. Pelo contrário, constatou que não houvera qualquer queda demográfica na população paulista, que, na realidade, continuara a crescer, a despeito da atração que pudera exercer a riqueza das Gerais.[2]

O historiador Carlos Bacellar, por seu turno, usou as listas para acompanhar no tempo os domicílios de senhores de engenho, interessado em detectar as estratégias desse grupo social no tocante à propriedade fundiária e à transmissão de fortunas para os descendentes. O potencial dessa fonte é justamente permitir que se acompanhem domicílios ao longo dos anos, sejam eles dos mais ricos ou dos mais pobres, de modo a perceber as flutuações na condição material, o evoluir do ciclo de vida, a variação do uso da mão de obra escrava com o passar dos anos e a saída dos filhos do lar paterno. Cruzando os dados com outras fontes, Bacellar pôde perceber como esses proprietários fizeram uso do avançar da fronteira agrícola a Oeste para tentar a expansão de seus negócios e a instalação econômica de seus filhos, contornando os obstáculos de uma legislação que impunha a herança igualitária.[3]

A mesma documentação permitiu que Bacellar, em outro trabalho, estudasse um fenômeno comum em nosso passado: o abandono de crianças em portas de domicílios. Mediante o cruzamento dos informes das listas com os registros paroquiais de batismo, esse estudo conseguiu apontar, pela primeira vez, para uma exposição infantil diferenciada da já conhecida para os centros urbanos (conforme discutido adiante, quando falamos da documentação eclesiástica). De modo bastante convincente, ele demonstrou que a prática do abandono não exigia a presença de instituições acolhedoras de crianças, tais como santas casas de misericórdia e câmaras municipais; a comunidade encontrava, na realidade, seus próprios mecanismos, e fazia do abandono domiciliar um fenômeno majoritariamente rural.[4]

Por fim, cabe ressaltar que as listas nominativas, ao terem as informações organizadas por domicílios, permitem análises especialmente ricas sobre a estrutura da família e do domicílio. Foi graças a essa riqueza única que a historiadora Eni de Mesquita Samara pôde trabalhar, com sucesso, a presença de agregados nos domicílios de Itu, aprofundando o entendimento desse fenômeno que pode traduzir, ao mesmo tempo, tanto a solidariedade com os desvalidos quanto a indisponibilidade de terras para todos os homens livres.[5]

Poderíamos citar outras muitas possibilidades de exploração da série de listas: a posição da mulher, a dinâmica das escravarias ao longo do tempo; o mercado interno e externo; a migração local e regional; e os domicílios de religiosos e os conventos, entre outros. Herbert Klein e Francisco Vidal Luna fizeram, com base em listas nominativas, importante reconstituição da história econômica de São Paulo, com especial destaque para o papel do mercado interno e da pequena lavoura para o sucesso da economia açucareira paulista.[6]

Matrículas de classificação de escravos

As matrículas de classificação de escravos tiveram origem com a Lei n. 2.040, de 28 de setembro de 1871 (Lei do Ventre Livre), que previa sua elaboração para se controlar o processo de dispêndio das verbas do Fundo de Emancipação, estabelecido pela mesma lei. Essas listagens permitem que se conheça a organização da força de trabalho escrava para os anos finais do Império, em um momento em que o tráfico internacional não mais existia há décadas.

Listas de qualificação de votantes

De acordo com a legislação imperial, era necessário estabelecer listagens de eleitores e elegíveis em cada distrito eleitoral, conforme suas faixas de renda. Todo homem livre que tivesse renda anual superior a 200$000 réis era qualificado como votante.

Tais listas são importantes para se identificar não somente os indivíduos de mais alta renda em dada comunidade, mas, também, para se tentar perceber a divisão dos votos entre os diversos grupos rivais locais, no jogo político bipolar do Império. Seria interessante cruzar tais fontes com as atas eleitorais e com as atas das juntas de apuração, que permitiriam melhor entrever os jogos políticos em nível local. Haveria a possibilidade, neste caso, de se analisar o processo de inserção política dos imigrantes europeus a partir das últimas décadas do século XIX, algo que ainda não foi testado com base nessas fontes.

Uma importante análise do processo eleitoral do Império foi realizada por Richard Graham, em seu conhecido estudo *Clientelismo e política no Brasil do século XIX*.[7]

Documentos sobre imigração e núcleos coloniais

A documentação referente ao processo imigratório é bastante ampla e relativamente pouco explorada. Os arquivos públicos contêm expressiva quantidade de papéis que são direta e indiretamente relacionados ao tema.

Os conjuntos mais conhecidos dizem respeito ao processo de introdução do imigrante no Brasil. São, em geral, registros de controle da viagem pelo Atlântico, sob a forma de listas de bordo dos navios. Há, ainda, uma série de listagens de controle do desembarque nos portos, como as séries documentais constituídas pela Inspetoria da Imigração no Porto de Santos. Por fim, há os amplos registros de entrada de imigrantes nas hospedarias, com especial destaque para o banco de dados informatizado hoje disponível para consulta no Memorial do Imigrante, na cidade de São Paulo.

O encaminhamento dos imigrantes para o trabalho agrícola pode ser acompanhado de perto quando se dispõe dos papéis relativos aos núcleos coloniais. Registros de concessões de lotes, registros médicos, correspondência das autoridades dos núcleos, recenseamentos, registros de títulos – a variedade de documentos é grande, e mereceriam estudos mais sistemáticos. Há uma diversidade de teses acadêmicas que se valeram dessas fontes, mas que, infelizmente, não vieram a ser publicadas ainda.

O livro de Sílvia Siriani, que recupera o cotidiano de alemães na São Paulo provincial, é um bom exemplo de uso de fontes manuscritas.[8] A tese de Evanice Ribeiro, também sobre imigrantes alemães, centra-se especificamente na ampla documentação referente aos núcleos coloniais.[9]

Matrículas e frequências de alunos

Quando preservadas, as séries de livros de matrícula e frequência de alunos nas escolas públicas é bastante interessante. Existem, em geral, a partir de finais do Segundo Império, e chamam a atenção pela irregularidade da frequência dos filhos de uma população majoritariamente rural, onde os ciclos do trabalho agrícola tinham maior importância do que os bancos escolares na atração da presença infantil. Seria possível, a princípio, acompanhar, por esses livros, a possibilidade de acesso das crianças negras e imigrantes ao ensino, bem como a permanência das crianças no ensino, ao longo dos anos.

Um dos mais recentes trabalhos sobre História da educação, *História da escola: em São Paulo e no Brasil*, de autoria de Maria Luiza Marcílio, lança novas luzes sobre o funcionamento do sistema de ensino em São Paulo, inclusive com interessantes e inéditas análises sobre a presença de alunos dos segmentos sociais mais pobres nas salas de aula.[10]

Documentos de polícia

Sob a denominação "de polícia" estaremos considerando uma vasta variedade de documentos acumulados durante o Império e a República. São os acervos, de maneira geral, relativos à ação repressora do Estado, em que contravenções as mais diversas são enquadradas, com indivíduos capturados, julgados e presos.

Tal ação do Estado é inicialmente registrada nos livros de ocorrência, que, desde o Império, são produzidos toda vez que um indivíduo é considerado contraventor da ordem pública ou da lei. Pequenas infrações, como embriaguez ou desordens em geral, resultavam apenas na detenção provisória do acusado nas dependências da própria polícia, sendo rapidamente devolvido às ruas. Contudo, casos mais sérios eram levados a julgamento, caindo nas malhas da Justiça. A documentação da própria Polícia, sob as diversas denominações que o órgão teve ao longo do tempo, são bastante ricas e ainda muito pouco exploradas pelos historiadores.

Os livros de registro de entradas de presos em cadeias e penitenciárias permitem que se trace um perfil social do prisioneiro, relacionando a qualidade da contravenção com cor, idade e outros dados de identificação. É possível, por outro lado, analisar a evolução do sistema policial e prisional, com a modernização e a ampliação de seus serviços. O trabalho de Thomas H. Holloway, *Polícia no Rio de Janeiro*, é primoroso ao reconstituir a ação policial na capital do Império como parte de uma dinâmica para impor a ordem burguesa, com vista a controlar os segmentos sociais potencialmente ameaçadores.[11]

Para o período republicano recente, merecem grande destaque os acervos do Deops, recolhidos aos arquivos públicos estaduais durante a década de 1990. Vastos, tais acervos vêm sendo intensamente pesquisados, revelando os bastidores da ação repressiva do Estado contra grupos ou pessoas considerados perigosos, subversivos. O denso material, constituído de fichas de arquivo e de prontuários por indivíduos ou por pessoa jurídica – sindicatos e partidos, entre muitos outros – tem permitido a análise histórica sob os mais variados enfoques. Uma importante produção bibliográfica já surgiu em razão do acervo Deops existente no Arquivo do Estado de São Paulo, reunida na Coleção "Inventário Deops", organizada pela historiadora Maria Luiza Tucci Carneiro.[12]

Documentos de obras públicas

Os acervos contêm, de modo geral, grande volume de documentação referente aos trabalhos de construção de benfeitorias durante o Império, ainda muito pouco explorada em termos de pesquisa histórica.

Sob a denominação de Obras Públicas podem ser encontrados plantas, projetos e prestações de contas relativas à construção de edifícios públicos, em especial escolas e cadeias, bem como de infraestrutura rodoviária, como estradas, pontes, viadutos e calçamentos de ruas. Há, também, abundante documentação sobre a construção da infraestrutura de serviços urbanos, como energia elétrica, abastecimento de água, redes de esgotos, transportes, iluminação pública e redes de gás, com numerosas plantas e projetos, croquis, memoriais descritivos e até mesmo fotografias. Essa documentação permite acompanhar todo o investimento feito pelo Estado, desde o Império, para modernizar a economia, em um esforço que certamente teve padrões diferentes em cada província. Interessante, também, é a possibilidade de se examinar a participação das elites agrárias locais nesse processo, pois há indicações de atividades de seus integrantes nas concorrências, seja como proprietários de empresas, seja como integrantes de diretorias de muitas das concessionárias de serviços públicos.

O pesquisador Carlos Lemos é um dos que mais se utiliza desse tipo de documentação em seus diversos trabalhos sobre a História da casa brasileira, como por exemplo em *Alvenaria burguesa*.[13]

Documentos sobre terras

A documentação "sobre terras" é das mais procuradas nos arquivos, pois, além de muito ricas para os historiadores preocupados com questões agrárias ou habitacionais, contêm informações que podem ser utilizadas em disputas judiciais contemporâneas. Essa demanda, motivada muitas vezes por motivos escusos, levou muitos arquivos a instalar procedimentos para dificultar, quando não impedir, a consulta direta às series documentais envolvendo registros ou títulos de terra. Apenas mais recentemente tais obstáculos à consulta foram eliminados, tornando mais fácil o acesso aos pesquisadores sérios.

Os arquivos municipais contam com os registros de datas de terra, que se referem a concessões de lotes no âmbito do rocio, de competência exclusiva da Câmara Municipal. Recuam ao período colonial. As datas são, em geral, lotes de pequenas dimensões, destinadas à construção de edifícios de moradia ou de comércio, ou para a instalação de chácaras em áreas periféricas.

Já nos Arquivos Públicos Estaduais e no Arquivo Nacional podem ser encontrados os registros de cartas de sesmarias, concedidas pela Coroa desde o século XVI até o XIX. A obtenção de sesmaria ou de data eram os únicos meios de se possuir terras legalmente, processo esse que ficava registrado sob a forma de título concedido. Além disso, essas concessões poderiam ser repassadas para herdeiros, via sucessão, ou para terceiros, por venda, operações igualmente legais. O grosso dos proprietários, contudo, possuía terras obtidas por posse pura e simples, sem quaisquer títulos oficiais, mas que mesmo assim costumavam ser livremente negociadas em tratos informais.

Existem, ainda, verdadeiros recenseamentos de situação da propriedade da terra feitos em dois momentos distintos. Em 1817, um levantamento sucinto, o chamado Avisos Régios, foi realizado em cada município paulista, sem que tenhamos notícias de sua existência em outras capitanias; e, em 1855, por causa da Lei de Terras de 1850, outro levantamento, o Registro de Terras, foi efetuado em nível nacional. Diversas pesquisas bastante instigantes foram desenvolvidas sobre a história da propriedade rural no Brasil, e o trabalho de Ligia Osório Silva (*Terras devolutas e latifúndio*), embora não recorra diretamente ao Registro de Terras, constitui-se em uma análise precisa da questão.[14] Há, também, os clássicos de Ruy Cirne Lima e José da Costa Porto, leituras indispensáveis para o tema da história territorial do Brasil.[15] E, por fim, para uma interessante investigação com uso dos registros, podemos citar o livro de Hebe Mattos de Castro, *Ao sul da história* e sua discussão sobre a relação dos pequenos lavradores com a propriedade da terra.[16]

Arquivos do Poder Legislativo

Os arquivos do Poder Legislativo são importantes, mas a ausência de instituições arquivísticas organizadas e preparadas para abri-los à consulta pública não tem inspirado os historiadores a melhor explorá-los. De maneira geral, o Legislativo pode ser procurado para se consultar os originais da legislação, embora tais documentos sejam encontrados em versões publicadas em diários oficiais e coleções legislativas. O mais interessante, nesse sentido, é consultar as atas das sessões, em que se podem acompanhar as discussões dos mais variados projetos legislativos, com os vereadores, deputados e senadores defendendo seus pontos de vista. São conhecidos, por exemplo, os acalorados debates que se deram em torno de temas polêmicos, como a abolição do tráfico e da escravidão, o tráfico interno de cativos, a regulamentação de terras após a extinção do regime de sesmarias, a introdução de projetos de aproveitamento de imigrantes europeus, as vantagens e desvantagens de introdução de imigrantes de origem chinesa e africana, além de discussões em que interesses regionais discordantes são postos em choque. Uma obra interessante, que recorre aos debates parlamentares sobre o problema da escravidão e do negro na sociedade brasileira, é de autoria de Célia Maria Marinho de Azevedo, *Onda negra, medo branco*.[17]

São fontes importantes, também, as séries de Registros das câmaras municipais, onde todo o tipo de documentação relativa à atuação das câmaras é copiado: correspondência recebida e enviada, ordens régias e legislação, entre muitas outras. Um trabalho bastante rico e minucioso que recorreu aos registros de várias câmaras mineiras do século XVIII é o de Cláudia Damasceno Fonseca, *Des terres aux Villes de l'or*. A autora vale-se de ampla documentação para analisar o processo de urbanização e de instalação de formas de controle social na capitania de Minas Gerais.[18]

Arquivos do Poder Judiciário

A importância dos arquivos judiciários para a pesquisa histórica é bastante evidente, apesar do descaso com que o Poder Judiciário insiste em tratar os acervos que acumulou ao longo dos séculos. É possível encontrar partes da documentação judiciária em arquivos públicos, principalmente no que diz respeito ao período colonial. De forma geral, estão disponíveis grandes séries de inventários e testamentos, autos cíveis e autos crimes.

Caso sintomático do descaso para com esses arquivos é o hoje existente em São Paulo, que se repete em diversos outros estados. O conjunto de processos crimes e cíveis, bem como testamentos e inventários foram recolhidos, em péssimo estado de conservação, ao Arquivo do Estado de São Paulo, e abrangem o período entre finais do século XVI e início do XIX. Para além desse intervalo, os processos permanecem em mãos do Judiciário, e estavam, há até bem pouco tempo, armazenados, de forma bastante precária, no conhecido arquivo-depósito existente no bairro da Vila Leopoldina, na capital.[19] Mais recentemente, foram transferidos para o município de Jundiaí, sob guarda terceirizada, sem, contudo, constituir-se em arquivo público regulamentado, dificultando enormemente o acesso público.

No final da década de 1990, uma iniciativa extremamente polêmica foi tomada pelo Tribunal de Justiça de São Paulo, autorizando os juízes das comarcas, após apreciação pessoal deles, a procederem à eliminação de documentação "sem valor histórico", após publicação de relação sumária dos papéis em questão. Tratava-se, na realidade, de uma medida que visava a recuperar espaços "ociosos" ocupados pela documentação histórica, sem qualquer preocupação em consultar historiadores e arquivistas sobre a validade de sua conservação. Temporariamente suspensa em sua aplicação, essa medida, profundamente preocupante, vem mais uma vez demonstrar o descaso que as autoridades da Justiça têm pela preservação da memória brasileira e do Poder Judiciário em si.

Traçando um panorama das fontes judiciárias, é fora de dúvida que inventários e testamentos são as mais conhecidas e exploradas pelos pesquisadores. Os testamentos, preciosos registros das últimas vontades de um indivíduo, permitem que se penetre no mundo das crenças e das visões de mundo do homem do passado. Talvez a mais notável constatação a esse respeito tenha sido a grande mudança que as manifestações de religiosidade sofreram durante os últimos dois séculos, com a progressiva diminuição de pedidos e recomendações em prol da salvação da alma. Ao mesmo tempo, a análise das disposições de caráter religioso permite entrever as alterações na prática da fé, com a mudança dos santos aos quais se recorre e a variação na forma do discurso, entre outras análises possíveis.

O testamento também permite que se avalie o interesse do indivíduo em exercer a caridade cristã, graças às suas últimas vontades no tocante à destinação do terço de seus bens. Poderiam ser previstos auxílios a filhos, parentes ou conhecidos, inclusive escravos, sob as mais variadas alegações. Mas também poderiam ser reservados valores consideráveis da terça para favorecer um filho ou uma filha, eliminando o caráter igualitário que a partilha inevitavelmente instauraria.

Quanto aos inventários, sua análise vem possibilitando a compreensão de como o patrimônio familiar era transmitido de uma geração para outra, por meio de *dotes, terça* e *legítima* transmitidos aos herdeiros. A historiadora Muriel Nazzari, por exemplo, alcançou resultados bastante interessantes ao investigar, em inventários, a importância do dote como instrumento de adiantamento da herança para os filhos. Usando a imensa coleção de inventários paulistas para o intervalo entre os séculos XVII e XIX, Nazzari pôde constatar, de modo surpreendente, que o dote perdeu grande parte de sua importância ao longo do período, chegando a ter valor ínfimo no total de bens recebidos por um filho. A conclusão, portanto, é evidente: o dote deixou de ser um instrumento central para encaminhar filhos e filhas na vida independente.[20]

Os inventários também permitem que se discuta a evolução da composição do patrimônio ao longo dos séculos, diferenciando os níveis de riqueza e ostentação de um grande proprietário do século XVII para outro, digamos, do XIX. Um dos primeiros trabalhos a avaliar a composição e a variedade dos bens possuídos foi a hoje clássica obra de Alcântara Machado, *Vida e morte do bandeirante*, em que o autor mostra o quão despojada e rústica era a vida da população paulista antes da grande lavoura açucareira.[21]

Outra possibilidade interessante de investigação consiste na análise dos mecanismos de mercado e de crédito sugeridos ou mesmo indicados pela exaustiva prestação de contas dos inventários. A grande quantidade de declarações de dívidas e as longas listas de credores dos livros de razão dos comerciantes permitem entrever o funcionamento dos sistemas de relações comerciais internas à Colônia e ao Brasil independente, das formas de empréstimo e pagamento, dos mecanismos de compensação de créditos e débitos entre diferentes praças, temas para os quais pouco se avançou.

Inventários também podem ser usados para se estudar a escravidão sob os mais variados aspectos. As listagens de cativos podem servir para a observação da família escrava, inclusive no que diz respeito a seu destino – unida ou separada – quando da partilha dos bens entre os herdeiros. Ou, ainda, para se entender os mecanismos do tráfico, como fez o historiador Manolo Florentino no *Em costas negras*.[22]

Os processos crime e cíveis são fontes igualmente abundantes e dão voz a todos os segmentos sociais, do escravo ao senhor. São fontes preciosas para o entendimento das atividades mercantis, já que são recorrentes os autos de cobranças judiciais de dívidas e os papéis de contabilidade de negócios de grande e pequeno porte. A convocação de testemunhas, sobretudo nos casos dos crimes de morte, de agressões físicas e de devassas, permite recuperar as relações de vizinhança, as redes de sociabilidade e de solidariedade, as rixas, enfim, os pequenos atos cotidianos das populações do passado.

Diversos são os trabalhos que se utilizam primordialmente da documentação judiciária. Boris Fausto, em *Crime e cotidiano*, traça um impressionante perfil da criminalidade em São Paulo utilizando como fonte de pesquisa os processos do Tribunal de Justiça.[23] Márcia Motta, em *Nas fronteiras do poder*, se vale dos processos de embargo para interpretar os litígios de terra no sudeste cafeeiro.[24] Silvia Hunold Lara recorre aos arquivos judiciários de Campos, Rio de Janeiro, para discutir questões relativas à escravidão e à violência.[25] Stanley J. Stein, em seu clássico *Vassouras*, analisa a cafeicultura nesse município do Vale do Paraíba fluminense graças aos processos, testamentos e inventários que pôde localizar há mais de meio século.[26]

Arquivos cartoriais

Os arquivos cartoriais são também preciosos para a pesquisa histórica e enfrentam sérios riscos de conservação. Embora alguns arquivos públicos estaduais e mesmo municipais tenham tido sucesso em recolher essa documentação, muito ainda resta dela nos próprios cartórios.

As séries documentais dos arquivos cartoriais constituem-se de registros os mais variados, tal como os de notas e escrituras, registros civis e procurações.

Quando o Arquivo Nacional desenvolveu o projeto de mapeamento da documentação referente à escravidão, ao negro e à África, em 1988,[27] pretendeu-se abranger esses acervos com vista a também chamar a atenção dos titulares dos cartórios para a importância dos papéis que guardavam. De modo bastante significativo, e preocupante, muitos responderam à abordagem inicial sobre a existência de tais documentos em suas estantes, com rápida e confiante negativa, quase sempre por total desconhecimento. Diante dessa realidade, as equipes que levantavam informações por todo o Brasil tinham instruções precisas para insistir no exame dos volumes arquivados, quase sempre comprovando que os mais antigos estavam abandonados, esquecidos mesmo na memória dos mais antigos funcionários. O panorama era, muitas vezes, profundamente desanimador: maços e volumes embolorados, corroídos por insetos, jogados no chão em total desordem era uma visão bastante comum.

Cabe ao historiador, ao acessar tais documentos, o papel fundamental de alertar para sua importância, pressionando por melhores atenções para com os registros do passado.

Os livros de notas dos tabeliães são preciosos para a análise da sociedade e da economia do passado. Ali se encontram registros de negócios os mais diversos: escrituras de compra de terras, imóveis urbanos e cativos; escrituras de criação de sociedades e de estabelecimento de negócios comerciais; registro de procurações, de cartas de alforrias de escravos, de emancipação de filhos, de contratos de casamento, de nascimento, de casamento e de óbito. A multiplicidade de atos é notável, a riqueza de informação também. No período colonial, todos os registros eram feitos em tabeliães únicos, mas, a partir do século XIX, começaram a surgir cartórios especializados, resultando nos atuais de Notas, de Registro de Imóveis, de Registro Civil de Pessoas Naturais, de Protestos de Letras e Títulos.

A localização dos documentos necessários a uma pesquisa histórica deve partir do conhecimento dos tipos documentais que podem ser localizados em cada cartório, além de se levar em conta a data de criação daquele, considerando ainda sua origem em termos de desmembramento territorial. Desse modo, localizar escrituras de compra e venda para uma dada vila, em determinado momento, requer a identificação de qual cartório remonta àquele período naquela localidade.

Os cartórios exigem, quase sempre, autorização para a pesquisa, desde que justificada a natureza desta. Nem sempre contam com acomodações para isso, havendo que se improvisar um espaço para acolher o pesquisador. O acolhimento varia desde a extrema simpatia até a enorme má vontade, e o historiador deve estar, sempre, preparado para as duas eventualidades. Mas o retorno intelectual sempre compensa, e muito, as eventuais dificuldades.

Muitos trabalhos apoiaram-se em documentos cartoriais. A historiadora Hebe Mattos de Castro utilizou os registros civis da população para acompanhar, em trabalho instigante, o destino dos escravos libertos em 1888.[28] O uso desses registros poderia permitir, também, o acompanhamento do processo ainda mal conhecido da transição da mão de obra cativa para a de trabalhadores nacionais ou de imigrantes europeus, mediante o mapeamento das permanências ou das saídas de trabalhadores e escravos das fazendas.

Arquivos eclesiásticos

Os arquivos de natureza religiosa no Brasil são detentores de grandes conjuntos documentais, nem sempre facilmente acessíveis. Os mais notórios são os da Igreja Católica, cujos acervos estão reunidos nas cúrias diocesanas, sob os cuidados de serviços de arquivo em geral bastante precários e desconfortáveis, que costumam improvisar o atendimento quando do surgimento inesperado de um pesquisador.

A documentação, rica e variada, compõe-se em especial de registros paroquiais de batismo, casamento e óbito, processos diversos, livros-tombo das paróquias e correspondência, organizados pelo nome das paróquias e em ordem cronológica. A amplitude do acesso permitido depende exclusivamente do bispado e, portanto, tende a se alterar com a mudança de seus ocupantes. Alguns interpõem dificuldades quase intransponíveis, enquanto outros são bastante liberais e abrem até mesmo documentação mais sensível, como os processos relativos aos próprios religiosos.

De maneira geral, os arquivos católicos preservaram escassa documentação para os séculos XVI e XVII, começando a ser mais expressivos a partir do século XVIII. Seria de se esperar que essas fontes, em especial os registros paroquiais realizados durante os períodos colonial e imperial, fossem de livre acesso ao público, já que a Igreja, por intermédio do Padroado Régio, atuava como um autêntico serviço público. Deveriam estar abertos à livre consulta, sem maiores restrições, amparados em legislação específica regulamentando essa questão.[29]

O uso dos registros de batismo, casamento e óbito sempre foram essenciais para os genealogistas, mas, a partir da década de 1960, os demógrafos historiadores e historiadores da população passaram a usar tais fontes de maneira bastante intensa alcançando resultados expressivos na análise dos padrões demográficos de populações do passado. Maria Luiza Marcílio trabalhou com os registros paroquiais da pequena vila caiçara de Ubatuba para identificar os comportamentos demográficos de populações humildes de nosso passado colonial, relacionando-os com o processo de ocupação da terra.[30] Sheila de Castro Faria, autora de *A colônia em movimento*, alcançou resultados instigantes ao analisar a população de Campos pela ampla coleta dos registros paroquiais e de testamentos.[31] Merece destaque, ainda, a importante obra de John Monteiro, *Negros da terra*, que fez uso desses registros para a difícil tarefa de reconstituir a população de índios administrados em São Paulo colonial.[32] Para período mais recente, a historiadora Maria Luiza Andreazza também recorreu aos registros paroquiais para entender uma comunidade de imigrantes ucranianos no Paraná, com resultados bastante interessantes.[33]

Processos e devassas eclesiásticos também foram largamente usados pelos mais diversos historiadores preocupados com os projetos moralizadores da Igreja direcionados aos indivíduos e às famílias. Fernando Torres Londoño, autor de *A outra família*, usa devassas e processos de divórcio para elaborar importante estudo sobre o concubinato na Colônia,[34] ao passo que Eliana Goldschmidt levanta as enormes séries de processos de dispensas matrimoniais da Cúria de São Paulo para nos revelar os meandros dos casamentos mistos em nosso passado colonial.[35] Luciano Figueiredo, com base na análise das devassas eclesiásticas, desvenda aspectos detalhados da vida familiar de Minas Gerais no século XVIII.[36]

As ordens religiosas regulares também produziram, ao longo de cinco séculos, documentação bastante rica, mas, novamente, de acesso nem sempre fácil. Os jesuítas, certamente os mais lembrados, têm seu acervo no exterior,[37] enquanto os carmelitas mantêm o que sobrou de seu acervo histórico reunido em Belo Horizonte. Os beneditinos possuem importante documentação, mas impõem restrições aos pesquisadores.

Igrejas de outras confissões, mais recentes no cenário brasileiro, também contam com documentação relevante, no entanto o acesso a ela é quase sempre ainda mais precário. O caso dos mórmons (Igreja de Jesus Cristo dos Santos dos Últimos Dias) e seu formidável acervo microfilmado de registros vitais é bastante conhecido; a imensa coleção de rolos e de microfichas, localizados em um dos numerosos centros de atendimento espalhados por todo o país, pode ser consultada pela requisição de vinda de uma cópia dos microfilmes diretamente do arquivo central, situado em Salt Lake City, sem grandes custos. No entanto, como o trabalho dos funcionários mórmons é voluntário, são comuns as alterações de horários e mesmo a não abertura dos serviços em caso de falta destes. Haja paciência!

A ação dos mórmons, visando microfilmar toda a documentação nominativa que possibilitasse a reconstrução de árvores genealógicas e a conversão retroativa dos antepassados, levou-os a desenvolver intenso trabalho de coleta e pesquisa em todo o mundo. Sua ação mais conhecida, no Brasil, consistiu em copiar os acervos da Igreja Católica, de modo sistemático, até que foram descobertos em suas intenções de caráter religioso e passaram a ter o acesso interditado. Dessa maneira, algumas cúrias chegaram a ter seus papéis integralmente microfilmados, enquanto outras, recebendo notícias prévias, barraram o trabalho mórmon. Como consequência, parte do acervo católico pode ser acessada em centros de família regionais da Igreja Mórmon, bem como o acervo de diversas outras instituições arquivísticas.[38] Por outro lado, não seria demais lembrar que, ao realizarem a microfilmagem, os técnicos mórmons deixaram, como contrapartida, uma cópia gratuita dos respectivos rolos para cada instituição visitada. Estas, e em especial as cúrias, não promoveram a conservação dessas cópias, tanto pela falta de interesse quanto pela indisponibilidade de recursos materiais; acabaram esquecidas em um canto e hoje, passados cerca de trinta anos, geralmente se deterioraram e não são mais legíveis. Além disso, essa ação dos mórmons contribuiu de modo negativo para a pesquisa histórica, pois criou o medo e a desconfiança, ainda hoje bastante presentes nas cúrias, de que todo e qualquer pesquisador sistemático das fontes documentais católicas seja um potencial mórmon "disfarçado". Tal desconfiança tem sido o fundamento de muitos dos entraves à pesquisa mantidos pelas cúrias, mal-informadas do genuíno interesse acadêmico sobre seus preciosos papéis históricos.

Quanto aos arquivos de outras profissões de fé evangélicas e protestantes, apenas se pode dizer que recuam ao século XIX ou XX e não se encontram organizados em espaços diretamente abertos à consulta.

Arquivos privados

A documentação de caráter privado pode dizer respeito a acervos de pessoas, de famílias, grupos de interesse (militantes políticos, instituições, clubes etc.) ou de empresas. No Brasil não há uma prática corriqueira de preservação documental privada, e as notícias de destruição de importantes conjuntos documentais infelizmente não são raras. Muito poucos são os casos de iniciativas de organização de tais acervos empreendidas por seus produtores ou detentores, com o objetivo final de franqueá-lo à consulta. Mais usuais são os casos de doação ou venda para arquivos públicos ou centros de documentação, onde podem ser abertos à pesquisa.

Quase todos os arquivos públicos têm acervos privados, mas há grande quantidade de centros de memória e documentação, dos quais podemos destacar os mais significativos: CPDOC (Fundação Getúlio Vargas, Rio de Janeiro), Arquivo Edgard Leuenroth (Unicamp, Campinas), Instituto de Estudos Brasileiro (USP, São Paulo), Fundação Joaquim Nabuco (Recife), Centro de Memória (Unicamp, Campinas), CEDEM (Unesp), Fundação Casa de Rui Barbosa (Rio de Janeiro) e o Instituto Histórico e Geográfico Brasileiro (Rio de Janeiro).

Muita documentação, no entanto, permanece nas mãos de famílias ou de empresas (ou acaba destruída por herdeiros desinteressados). Cabe ao historiador investigar e localizar onde estão preservados, sob a guarda de quem, e buscar contatos para tentar ter acesso a esses acervos tão preciosos.

Diversos trabalhos foram desenvolvidos com papéis particulares. Linda Lewin usou arquivos familiares para discutir as políticas clientelares da oligarquia paraibana e publicar *Política e parentela na Paraíba*.[39] Darrell Levi produziu seu famoso estudo *A família Prado* por meio de diversos acervos de membros dessa família da elite paulistana;[40] da mesma maneira Maria Thereza Petrone elaborou a conhecida monografia sobre o barão de Iguape, importante personagem da família Prado empresário de negócios mercantis no início do século XIX.[41]

A hora da "mão na massa": a prática da pesquisa

Conhecer o nascedouro dos documentos

Como surgiram os primeiros "arquivos brasileiros"? Quando da expansão ultramarina, a instalação portuguesa no Brasil se fez, nos primeiros momentos, pela concessão das capitanias hereditárias. Logo, porém, as dificuldades evidentes dessa estratégia obrigaram à mudança de rumos na política colonial metropolitana, com a decisão de se instalar um Governo Geral em Salvador. Podemos considerar que, desde então, duas linhas básicas de acumulação documental se estabeleceram: uma, privada, em mãos dos capitães-donatários, em sua maioria estabelecidos em Portugal, e outra, pública, na sede do Governo local e metropolitano. Todavia, o evoluir dos depósitos de arquivos deu-se de modo precário, sem maiores regulamentações, ocorrendo ao acaso onde houvesse um canto vago para juntar os papéis cujo trâmite já havia se encerrado.

Para a pesquisa em arquivo, todo e qualquer historiador deveria, a princípio, estar ciente do evoluir histórico de toda a estrutura da administração pública ao longo do tempo. Tal informação, contudo, é, no mais das vezes, de muito difícil obtenção. Deveria estar disponível, em tese, nos arquivos públicos, como instrumento básico para a atividade que desenvolvem e para amparar os consulentes. Uma tentativa de responder a esse tipo de demanda foi ensaiada na obra *Fiscais e meirinhos*, publicada em 1985, fruto de uma iniciativa muito bem-vinda do Arquivo Nacional.[42] As informações disponíveis nesse volume são importantes para a pesquisa histórica e deram uma mostra bastante confiável do complexo emaranhado administrativo português na América e das dificuldades de seu entendimento.

Qual seria, no entanto, a importância de se conhecer a estrutura da administração para a pesquisa empírica? A resposta, conquanto pouco informada aos pesquisadores que se iniciam nas artes da História, é naturalmente óbvia. Conhecer aquilo que podemos denominar como o organograma das instâncias governamentais, com seus desdobramentos no espaço e no tempo, permite entender, em grandes linhas, quais os cargos e as funções que foram sendo estabelecidos ao longo dos séculos. Embora a legislação metropolitana que os implantou fosse, no mais das vezes, bastante vaga, confusa e contraditória, chegando mesmo a sobrepor cargos e funções e criando conflitos de atuação no cotidiano dos administradores, é possível desvendar boa parte do emaranhado.

O entendimento desse grande mecanismo administrativo é fundamental para se compreender que tipos de documentos teriam sido hipoteticamente produzidos e arquivados nos desvãos das estantes dos funcionários régios. Hipoteticamente, pois nem sempre se tem plenas garantias de que tais documentos foram de fato produzidos, ou seja, se os administradores cumpriram fielmente suas obrigações. O problema é, contudo, ainda mais complexo. A elaboração de um documento não necessariamente significa que seguiram as normas de conteúdo informacional originalmente previstas. Por fim, o que foi produzido e acumulado muitas vezes se perdeu com o tempo ou com a incúria.

Apesar de tudo, o historiador que se aventura nos arquivos, de qualquer época, deveria ter preocupações em **conhecer o funcionamento da máquina administrativa** para o período que pretende pesquisar. Estar ciente, por exemplo, das mudanças de nomenclatura e competências das repartições ao longo do tempo, em especial em momentos de mudança institucional profunda, como a Independência, a instalação da Regência, a proclamação da República ou o Estado Novo. As mudanças na administração se fazem sentir na documentação resultante da atuação de cada órgão.

É óbvio, porém, que não se pretende que o pesquisador, ao entrar no arquivo, desvie-se de seu objetivo original para se aventurar nesse tipo de levantamento, que geraria um trabalho de maiores proporções. Mas é fundamental que se tenha claro que um mínimo de referência será necessário, já que deve haver correspondência entre a estrutura dos órgãos produtores de documentação e sua posterior organização no arquivo público. Se este está organizado, tal informação estará presente no instrumento de pesquisa disponibilizado ao público, que trará um histórico do acervo e do órgão produtor correspondente. Caso contrário, é preciso garimpar os documentos nas condições mais ou menos precárias em que se encontrarem.

Seria importante, nesse sentido, que os cursos de graduação em História disponibilizassem disciplinas em que os princípios básicos da arquivística fossem apresentados, permitindo o contato com as teorias de organização de acervos. Tal informação seria útil, ao revelar como os acervos deveriam ter sido organizados e como na prática acabaram sendo mais ou menos fiéis a tais princípios. Além de facilitar o desenrolar da pesquisa documental, esse conhecimento estaria também apontando para uma futura opção profissional para o historiador, os arquivos.

Escarafunchar arquivos brasileiros

Mesmo antes do surgimento dos primeiros cursos de graduação no Brasil, o revirar de arquivos já era uma realidade enfrentada pelos pioneiros da pesquisa documental. Movidos pelas mais diversas temáticas, acessaram acervos de repartições públicas, dos cartórios e da justiça, contando tão somente com a paciência para a busca aleatória em papéis desorganizados.

A busca de "testemunhos" de épocas passadas serviu, de certa maneira, para incentivar o processo de organização dos primeiros arquivos públicos, abertos à pesquisa. Ao longo do século XIX, surge o Arquivo Público do Império (1838) e os primeiros arquivos provinciais, recolhendo, de maneira pouco sistemática, acervos documentais que recuavam aos tempos coloniais.

Desde o momento em que o europeu desembarcou no continente americano, teve início, embora de maneira bastante desorganizada, a produção de documentos de caráter público, seja para o registro da correspondência, seja para o registro de atos. A prática foi, na realidade, a continuação de procedimentos surgidos ao longo da Idade Média europeia, em que as tentativas de criação dos estados nacionais foram acompanhadas pela crescente necessidade de se registrar e conservar os atos emanados dos poderes reais. Se, durante muito tempo, os arquivos reais mantiveram o caráter itinerante das cortes, aos poucos se solidificou a ideia de que seria preciso conservar, em segurança, os papéis e pergaminhos régios, evitando expô-los aos perigos da mobilidade, da guerra e do clima.

Os primeiros arquivos reais ou senhoriais surgem, portanto, como fruto da ação cotidiana, em um acúmulo nem sempre organizado. À medida que as estruturas de governo cresciam, com o aumento do corpo de funcionários e das necessidades de cobranças fiscais, o depositar de documentos também se ampliava. Mas o que importa é que tais depósitos ou arquivos atendiam tão somente às consultas do próprio corpo administrativo, que recorria aos documentos comprobatórios de suas atividades: concessões de títulos e terras, registros fiscais, correspondência. Não havia o caráter de arquivos públicos, mas apenas de arquivos de serviço, internos à crescente burocracia estatal.

Na América portuguesa, o que se acumulou, após cinco séculos de história, foi uma profusão de papéis, espalhados por um sem-número de depósitos arquivísticos formais e informais, nos mais variados graus de desorganização. Aos poucos, e apenas a partir do século XIX, tais acervos foram em parte reunidos em instituições especialmente estabelecidas para o fim de atender à crescente demande de acesso. Muito, no entanto, resta por recolher e abrir à consulta, e permanece sob o risco de perda definitiva e irreparável.

Cabe ao historiador **desvendar onde se encontram os papéis que podem lhe servir**, muitas vezes ultrapassando obstáculos burocráticos e a falta de informação organizada, mesmo em se tratando de arquivos públicos.

Expectativas, achados e surpresas: o que se encontra nos arquivos

Poucos historiadores têm perfeita noção das situações pelas quais os fundos documentais podem chegar a um arquivo de caráter permanente. Seria mais do que óbvio afirmar que o valor histórico orienta esse processo, mas é preciso dizer que outros critérios são usados para "filtrar" a enorme massa documental hoje produzida e acumulada.

No mundo moderno e contemporâneo, o crescimento da máquina do Estado e da burocracia resultaram na gigantesca multiplicação dos volumes de papéis públicos acumulados nas repartições públicas. Tal situação também se verifica na iniciativa privada, cuja produção de documentos é crescente, sobretudo ao longo do século xx. Após a proliferação da informática, arautos da modernidade vendiam a ideia de que as novas máquinas pensantes iriam dar fim à produção de papéis, principalmente quando do advento da internet e das redes de computadores. A documentação se tornaria virtual, sem suporte em papel.

Hoje a realidade é bastante distinta dessas previsões profundamente otimistas. A informática e a cópia xerográfica contribuíram para a ampliação em escala inimaginável da produção de documentos, e em especial para o acúmulo de duplicatas, triplicatas, atulhando os depósitos de arquivos correntes com enormes massas documentais. Há alguns anos, quando ainda trabalhava no Arquivo do Estado, participei de reunião na Secretaria de Estado da Administração para discutir um projeto de racionalização da burocracia pública. Projeto em mãos, o secretário da pasta solicitou que cópias xerográficas deste fossem feitas para cada um dos cinco participantes da reunião. Qual não foi nossa surpresa quando o funcionário, após uns bons minutos, retornou com vinte cópias, alegando que era melhor tirar "a mais" do que faltar em outro momento. Essa banalização das cópias, muitas vezes inúteis, alimenta a imaginação de burocratas, fazendo os gastos do Estado com papéis aumentar em escala estratosférica.

Em outra ocasião, retirando mercadorias eletrônicas doadas ao Arquivo do Estado pela Polícia Federal – fruto de apreensão de contrabando –, qual não foi minha surpresa ao verificar que cada aparelho vinha acompanhado de imensa nota fiscal individual, de grande formato, em absurdas onze vias, para as quais nenhum dos funcionários ali presentes no momento foi capaz de enumerar o destino para além das três primeiras vias.

Uma das grandes preocupações da arquivística contemporânea reside justamente na eliminação desse excesso de papéis, característica da produção documental desde a segunda metade do século xx. Ao deixar o arquivo corrente e ser transferido para o chamado arquivo intermediário, o documento deve passar por uma avaliação, para que se saiba sua destinação após decorridos os prazos legais para sua conservação nesta fase. Comissões especialmente reunidas para este fim, compostas por administradores, juristas, historiadores e arquivistas teriam, assim, a obrigação de relacionar quais documentos são de guarda permanente, com a preservação de séries completas, e quais merecem preservação por amostragem, ou mesmo eventual eliminação integral.

De maneira geral, a ideia de se descartar documentos – exceto as duplicatas – aflige bastante os historiadores. Desinformados, tendem a julgar que o descarte implicará perdas irreparáveis de informação histórica. Pelo contrário, a arquivística atual está plenamente preparada e equipada para discernir qual documentação é insubstituível, e qual é dispensável, seja pela informação ali contida estar presente em outras fontes, seja por não ter valor em si. É o caso, clássico, dos cartões de ponto. Devem ser preservados por um certo período, pois têm efeito de prova legal para a comprovação de tempo de serviço; decorrido tal prazo, têm valor quase nulo para a História, e apenas uma ínfima porcentagem deve ser preservada, sendo o restante descartado. Em sentido inverso, originais de leis e discursos de governantes devem ser preservados em sua totalidade, pois são únicos em seus conteúdos e não comportam qualquer amostragem.

Outra questão importante diz respeito à idade dos documentos. O quão recentes podem ser os papéis franqueados ao pesquisador? A legislação federal a esse respeito é recente e tem causado controvérsias.[43] Sem entrar no mérito da questão, é preciso saber que a documentação pública só será passível de livre e imediata consulta quando ultrapassar os respectivos prazos estabelecidos.[44]

Amparado nas definições da lei, o pesquisador desavisado pode se decepcionar ao chegar aos arquivos públicos. Em particular se estiver interessado na documentação pública relativa ao século xx, as ausências serão muito sentidas. De modo geral, o déficit de recolhimento da documentação pública mais recente, em especial da República, é algo bastante evidente. Os arquivos públicos tiveram, ao longo do século xx, grandes dificuldades em manter a continuidade do processo de recolhimento documental.

A correção desse problema tem sido enfrentada pelas tentativas de implantação de sistemas estaduais de arquivos, bem como do sistema nacional de arquivos, estabelecendo políticas que possibilitem a transferência, com eventuais descartes, dos enormes volumes de acervos que se acumulam há décadas nas repartições públicas. Porém, a indisponibilidade de espaço físico para recolhimento tem sido, talvez, o maior entrave para a implementação de tal política. Os papéis continuam nas repartições produtoras, algumas vezes em arquivos centrais relativamente organizados, outras em condições sumamente precárias.

Falta, a bem da verdade, vontade política para se resolver a questão. O maior exemplo de que a intervenção interessada de setores da sociedade pode garantir a preservação de acervos encontra-se no caso dos famosos arquivos do Deops. A hipótese de se transferir essa documentação politicamente "sensível" para os arquivos públicos brotou no início da década de 1990, sendo rapidamente posta em prática, garantindo sua preservação. Apesar disso, os critérios para sua abertura ao público variaram de acordo com a unidade da federação, de acordo com os temores jurídicos e políticos em relação às informações ali contidas.

Surpreendente, no entanto, é perceber que o cuidado que se teve com acervos do Deops não se reproduziu para com todo o imenso patrimônio documental público, que permanece inacessível, longe dos arquivos. Não se discutem os riscos de sobrevivência dessa documentação, à exceção de conjuntos documentais que também se enquadrem na mesma linha de "sensibilidade" do Deops, como os ministérios militares e o extinto Serviço Nacional de Informação.

Condições de trabalho

Os arquivos brasileiros enfrentam, de forma geral, os sérios problemas comuns aos serviços públicos: falta de pessoal, de instalações adequadas e de recursos. Geralmente não prioritários aos olhos governamentais, foram durante muito tempo tratados como instituições de segunda categoria, verdadeiros depósitos de papéis velhos e de funcionários problemáticos. Mesmo na iniciativa privada, ainda hoje, é muito comum denominar-se os serviços de arquivo como "arquivo morto", como que ignorando a preciosidade de muitos dos documentos ali esquecidos.

Aventurar-se pelos arquivos, portanto, é sempre um desafio de trabalhar em instalações precárias, com documentos mal acondicionados e preservados, e mal organizados. Portanto, o historiador tem sempre pela frente o desafio de permanecer por meses, quando não por anos, nesses ambientes pouco acolhedores em termos de conforto e de condições de trabalho, mas em um esforço que quase sempre levará a alcançar resultados muito gratificantes. Encontrar os documentos que servem ao tema trabalhado é uma sensação que todos que passaram pela experiência recordam com prazer, e os move a novamente retornar à pesquisa.

No Brasil, os arquivos públicos mais bem organizados pertencem aos poderes Executivo e Legislativo, sobretudo em âmbito nacional e estadual, com grandes carências nos municípios. Já no que diz respeito ao Poder Judiciário, as ausências de políticas arquivísticas mais sérias é uma triste norma que ameaça a integridade de um acervo de grandes proporções e importância.

Seria de se prever que tais arquivos, de maneira geral, mantivessem políticas consistentes de recolhimento documental nas repartições componentes de cada Poder, mas ainda hoje tal política é bastante tímida e ineficiente, graças à sistemática falta de interesse e de recursos, apesar dos esforços permanentes dos arquivistas. As contínuas tentativas de se estabelecer legislação a esse respeito esbarram na ordem de grandeza da tarefa de se chegar à prática, atrasada de muitas décadas, visto que o acervo documental por recolher é de dimensões muito maiores do que o já aberto à pesquisa.

Além da documentação pública existente nos arquivos, outros conjuntos documentais de grande importância podem ser encontrados ainda nas instituições produtoras e acumuladoras originais, como Ministérios, Secretarias de Estado e Municipais, Assembleias Legislativas, Prefeituras, Câmaras Municipais, Tribunais de Justiça, fóruns, cartórios, cúrias, além de indústrias, empresas e pessoas físicas. Tais acervos, em geral não organizados para atender à demanda da pesquisa acadêmica, podem criar obstáculos de ordem burocrática para a consulta sistemática, exigindo autorizações prévias e outras formalidades, e submetendo o pesquisador a situações de atendimento improvisado e até mesmo de negativa de acesso.

Em todo esse universo documental, o historiador encontra, quase sempre, um relativo descaso pelo patrimônio arquivístico. Documentos mal acomodados em instalações que chegam a ser precárias sofrem rápida deterioração e podem se perder em definitivo. Infestados por brocas, cupins e traças, sofrendo incêndios ou alagamentos, expostos a condições ambientais desfavoráveis, dificilmente sobrevivem. O arquivista e o historiador têm, portanto, a importante tarefa de, ao entrar em contato com acervos submetidos a tal risco, buscar a conscientização dos responsáveis e alertar a comunidade, antes que seja tarde. O interesse pela pesquisa empírica deve, assim, **instrumentalizar as atenções para a importância dos documentos,** em um esforço contínuo que sempre deveria nortear a ação e o discurso do historiador.

Os instrumentos de pesquisa

O iniciar de uma pesquisa exige a **localização de fontes**. De modo geral, é preciso verificar, ao se propor um tema qualquer, quais conjuntos documentais poderiam ser investigados em busca de dados. Poucas são as instituições arquivísticas, a exemplo do Arquivo Nacional, onde uma observação básica e preliminar pode ser realizada via internet, sugerindo possibilidades por meio da consulta por palavras-chave e datas. A maioria dos arquivos públicos pouco disponibiliza via rede, tornando necessário o deslocamento físico.

Ao chegar a um arquivo, o consulente deveria contar com funcionários devidamente treinados para qualificada recepção. Quanto maior o acervo, maior o conhecimento que o encarregado da recepção deve acumular, tornando mais complexa a sua formação profissional para essa função. A ele caberiam as primeiras orientações de ordem prática, localizando o interessado e encaminhando-o à consulta.

Essa tarefa é, em geral, bastante dificultada pela rarefação de guias de fontes arquivísticas, que servem como primeira aproximação no processo de detectar a disponibilidade da documentação que se procura.[45] De qualquer maneira, a instituição visitada deve, necessariamente, possuir alguns instrumentos de pesquisa, que o historiador em geral chama, erroneamente, de catálogos. Em muitos arquivos, esses volumes são muito antigos, ultrapassados, cheios de problemas, e mais dificultam do que facilitam a procura.

Instrumentos de pesquisa são obras fundamentais à pesquisa, pois remetem o consulente, com maior ou menor precisão, às fontes disponíveis. Essas fontes devem ter passado, portanto, por algum tratamento arquivístico prévio, visando à sua organização e identificação. Essa prática, contudo, não é corrente a não ser nos principais arquivos públicos e privados, os restantes contando com simples listagens desorganizadas do acervo, informando títulos e, quando muito, datas-limite. Nesses casos, encontra-se, com um bocado de sorte, um funcionário antigo, que detém informações de anos de serviço e pode auxiliar se dispor de boa vontade.

O Arquivo do Estado de São Paulo funcionou, por décadas a fio, graças às informações dos servidores do setor de consulta, que auxiliavam quando o precário catálogo topográfico não resolvia muitas das buscas. Esse catálogo, único disponível por quase quatro décadas, resumia-se em listar as caixas por sua numeração sequencial, obrigando o pesquisador menos experimentando à leitura de cada título ou, facilitando as coisas, fazer perguntas a quem de direito, que já o encaminhava diretamente às latas desejadas. Muitos dos títulos dados às caixas eram bastante imprecisos, quando não inverídicos, fazendo crer que ali estavam documentos outros do que aqueles efetivamente encontrados.

O ideal para cada instituição arquivística seria contar com variados instrumentos de pesquisa. Confeccioná-los, contudo, demanda tempo e muito trabalho, e por isso costumam ser em muito menor número do que o desejável. Houve tempo em que se sonhava com a descrição individual de cada documento, que chegou a ser ensaiada em alguns arquivos, mas tal empreitada mostrou-se impossível em termos de volume documental, e não dava conta de descrever todos os potenciais assuntos explícitos e implícitos em um texto documental. Hoje, o ideal, em termos de instrumentos de pesquisa, é oferecer ao consulente informações sobre os órgãos produtores de documentação, caracterizando, também, a tipologia documental produzida e acumulada, com a informação genérica das competências administrativas previstas e realizadas que lhe diziam respeito. Dessa maneira, o pesquisador, ao chegar em um arquivo, poderia ser encaminhado para consultar fundos e séries documentais contendo as informações que deseja, sem perda de tempo no trabalho de detetive que muitas vezes lhe cabe.

Em geral, em uma sala de consultas minimamente organizada, encontram-se os volumes de instrumentos os mais variados, dependendo do grau de identificação a que foi submetido cada conjunto documental. Pelo título atribuído, ou pela sua rápida leitura, é possível perceber o nível de detalhamento da descrição.[46] Mesmo assim, as salas de consulta deveriam contar, necessariamente, com um funcionário altamente qualificado, com amplo conhecimento do acervo e dos instrumentos de pesquisa, capaz de auxiliar e resolver dúvidas quando preciso.

Consulta e coleta de material

A consulta aos acervos documentais é sempre uma ideia bastante atraente aos que se iniciam na aventura da pesquisa histórica. Nos cursos de graduação, por exemplo, a perspectiva de se conseguir uma bolsa de iniciação científica vem atraindo cada vez maior número de candidatos, sempre entusiasmados com a ida aos arquivos.

Tal primeira aproximação vem marcada, contudo, por ideias preconcebidas, idealizadas. Qualquer professor/orientador já passou pela experiência de ouvir propostas totalmente irreais no que diz respeito à pesquisa de fontes primárias, mesmo quando se trata de candidatos a mestrado e doutorado. No fundo, o desconhecimento sobre os procedimentos em arquivos é bastante grande, mesmo da parte de alguns professores, que jamais desenvolveram pesquisas com fontes primárias de arquivo.

Ao chegar à sala de consulta, o procedimento mais usual é dirigir-se aos funcionários do serviço, em busca de esclarecimentos. A falta de preparo destes resulta, quase sempre, no automático oferecimento dos instrumentos de pesquisa, pura e simplesmente, sem qualquer preocupação em alertar para os problemas de organização do acervo.

A primeira leitura dos instrumentos mais gerais merece alguma reflexão. As caixas, pastas e maços de documentos não raras vezes são identificados de maneira imprecisa, com nomes e datas-limite mal estabelecidos. A surpresa de solicitar uma caixa e depois descobrir que o conteúdo não condiz com a identificação do rótulo e do instrumento de pesquisa não costuma ser incomum. Ou solicitar o inventário de alguém que faleceu, e descobrir, desanimado, que aquele documento fora indexado pelo nome do juiz que abriu o inventário, ou pelo próprio inventariante. Tais experiências ocorrem sobretudo nos arquivos públicos, onde o imenso volume do acervo e o acúmulo de erros ao longo de décadas tornam o processo de correção bastante árduo e demorado.

Mas isso não deve desanimar quem se inicia na pesquisa. Com a informação obtida com colegas e professores, e com funcionários mais atenciosos, tudo se encontra. **A paciência é arma básica do pesquisador em arquivos**: paciência para descobrir os documentos que deseja, e paciência para passar semanas, quando não meses ou anos, trabalhando na tarefa de cuidadosa leitura e transcrição das informações encontradas. Pesquisar em fontes, principalmente as manuscritas, requer, ainda, o empenho de aprender as técnicas de leitura paleográfica, que permitem o "decifrar" dos escritos.

Primeiros cuidados

Velhos papéis amarelados, esburacados, cheirando a mofo e frágeis compõem o imaginário sempre relacionado ao chamado "rato de arquivo", indivíduo que passa, com prazer, meses ou anos de sua vida debruçado sobre esses papéis. Muitas vezes, a imaginação não está longe da realidade.

O trabalho com documentos de arquivo exige **precauções**. Acumulados há décadas ou séculos, juntaram poeira, fungos e esporos que facilmente podem provocar alergias e, mais excepcionalmente, infecções. Todo cuidado, portanto, é pouco. O **uso de luvas, máscaras e aventais**, exigidos em alguns poucos arquivos, deveria ser naturalmente obrigatório, como prevenção da saúde do consulente e como forma de favorecer a preservação do papel. Sabe-se, hoje, que o simples suor de uma mão pode ser bastante prejudicial às fibras do papel, e convém evitá-lo.

Em algumas situações, o uso desse equipamento é fundamental para a saúde. No Arquivo do Estado de São Paulo, por exemplo, houve, por volta das décadas de 1940-50, a adoção de procedimentos de preservação tidos, à época, como bastante eficazes na luta contra brocas, cupins e traças. Tratava-se, simplesmente, de jogar no interior das caixas de arquivo punhados substanciais de inseticidas, eliminando as pragas de papel tão temidas. Usou-se, aparentemente, DDT e BHC, produtos altamente tóxicos, com cheiro bastante forte e característico, o qual por décadas foi tratado com desprezo por funcionários e consulentes. Somente na década de 1990 nasceria a consciência dos riscos desses produtos à saúde, e seriam tomadas medidas de higienização, folha a folha, dos resíduos dos produtos tóxicos. Mesmo assim, quantidades microscópicas permaneceram, justificando o uso de equipamentos de segurança por funcionários e consulentes.

O uso de luvas e máscaras em ambiente de clima tropical é, evidentemente, desconfortável, já que a maior parte das salas de consulta não é devidamente climatizada. Além disso, raros são os mobiliários especialmente adaptados para a consulta de documentos, em especial os de grande porte, como jornais. Microfilmes também são de difícil consulta, pois a maior parte das leitoras, antigas, não são exatamente confortáveis para o trabalho de longa duração.

Todas essas dificuldades, no entanto, não são suficientes para desencorajar o pesquisador. Ao contrário, semelhantes situações são tomadas como desafios, ultrapassados por tantos que se instalam nas salas de consultas, sempre animados pelas descobertas realizadas.

Acima de tudo, o manuseio dos papéis de arquivo requer boa dose de cuidado. São frágeis – embora muitas vezes não o aparentem. As fibras de papel envelhecem, tornam-se quebradiças e podem se romper facilmente, sobretudo jornais. Portanto, antes de tudo, é fundamental manter o documento sobre superfície plana, sem nada de relevo por baixo, como cadernos, lápis, ou mesmo o próprio bloco de documentos consultados. Não se deve nunca desdobrar as inevitáveis dobras, nunca intervir fisicamente no documento, retirando o que quer se seja encontrado, como grampos ou clipes. Em caso de dúvida, profissionais da casa devem ser chamados.

Retirados da caixa ou pasta onde estavam acondicionados, ou desamarrados os maços, **os documentos devem ser mantidos na ordem** em que se encontram, em particular se já passaram por arranjo. Tirá-los de ordem significa destruir trabalho de anos, e dificultar enormemente sua posterior recuperação. Se não estiverem organizados, mesmo assim não devemos, sob hipótese alguma, alterar sua ordem: isso cabe aos profissionais especializados.

Os documentos manuscritos estão organizados, de maneira geral, em séries, que nada mais são do que "sequências de unidades de um mesmo tipo documental".[47] São comuns, por exemplo, as séries correspondência recebida, ou passiva, e correspondência enviada, ou ativa; são constituídas por toda correspondência relativa ao funcionamento de um órgão, uma empresa ou uma pessoa. Devem estar organizadas por ordem cronológica, com instrumentos de pesquisa eficientes que permitam acessar os documentos segundo seus assuntos ou seus remetentes/destinatários.

A rotina da leitura documental

As primeiras tentativas de leitura de um documento de arquivo deixarão claro que o pesquisador precisa se "moldar" a uma ortografia e a uma gramática diferenciadas. Mesmo documentos datilografados ou jornais têm escritura distinta, e com tais características devemos fazer a transcrição. Contudo, para o documento manuscrito é preciso, antes de tudo, **acostumar-se com a caligrafia**. Boas caligrafias convivem com outras, péssimas, e isso é pura questão de sorte. Todo pesquisador se deparou, alguma vez na vida, com caligrafias terríveis, que exigiram esforço concentrado para sua "tradução". Obviamente não devemos escolher fontes pela sua maior ou menor facilidade de leitura.

Ler velhos papéis é um desafio em muitas das precárias salas de consulta que encontramos por aí. Além do desconforto físico, raras vezes contamos com iluminação adequada, que permita leitura sem maiores esforços. Alguns tipos de tintas de escrever do passado se apagavam com certa facilidade, restando hoje como leves traços coloridos, mas bastante esmaecidos. O melhor instrumento para enfrentar as dificuldades nessa leitura é uma **lupa de aumento**. A ampliação da imagem permite diminuir o esforço dos olhos, mas permite, também, que se busque identificar o traçado de escrita de um único caractere, na tentativa de identificá-lo e dar sentido a uma palavra não decifrada.

Outro instrumento útil para a leitura é uma **régua leve**, que possa servir para o acompanhamento de linhas. Seu uso deve ser cuidadoso para não interferir na integridade do papel, e muitas vezes é preferível se usar uma simples folha de papel com esse fim, evitando maiores problemas.

Se o documento contém furos ou buracos, ou mesmo se, já em pior estado, encontra-se rendilhado, uma **folha de papel sulfite colocada sob o documento** permite não só maior segurança no virar das páginas, mas também impede que se leia algo da página de baixo através das aberturas, confundindo a transcrição. Quanto mais danificado o documento, melhor se mostrará tal cuidado.

Não é incomum o estado do documento ser de tal modo ruim que se encontra fragmentado. Normalmente, seria de se esperar que jamais se permitisse que material em nesse estado chegasse às mãos do consulente, mas, infelizmente, isso ainda ocorre em quase todos os arquivos e, com frequência, a fragmentação pode ter origem em dobraduras, e jornais comumente apresentam esse problema. Usuais, também, são documentos manuscritos em que a tinta, muito ácida, corroeu o papel, principalmente quando se traçou linhas, que se transformaram em cortes. Já tive oportunidades de receber, em mãos, documentos que, tendo sido originalmente tabelas, haviam-se transformado em um monte de quadradinhos de papel, acondicionados em um envelope e, por incrível que pareça, disponibilizados à consulta!

As tintas de escrita mais antigas, em especial aquelas usadas na Colônia, podiam também causar outras espécies de problemas: os borrões e a transparência. Por descuido de quem escrevia com penas, borrões e respingos podiam ocorrer sobre o trecho escrito, impedindo sua perfeita leitura. As tintas, por vezes muito fortes, podiam vazar para o outro lado da folha, confundindo-se com o escrito que ali se encontrava, no verso. Nessas condições, todo o cuidado é pouco na hora da leitura.

O manuseio dos documentos

Como foi dito, manusear documentos em salas de consulta é uma arte, e muito poucos pesquisadores, iniciantes ou veteranos, respeitam cuidados mínimos com papéis, muitas vezes bastante frágeis.

As considerações a seguir deveriam partir do princípio de que toda instituição arquivística segue à risca as regras básicas da preservação documental: acondicionamento, armazenamento, conservação e restauração. Na realidade, acontece o oposto: a grande maioria dos acervos não passa por procedimentos técnicos indispensáveis, ou os têm aplicado apenas parcialmente. Em geral, o custo material, o tempo a ser despendido e a falta de mão de obra especializada nos delicados trabalhos de preservação contribuem para sua não observação, colaborando para contínua deterioração dos papéis.

Ao requisitar maços ou caixas de documentos, o pesquisador terá, já no primeiro contato, uma noção prévia do tratamento sofrido pelo acervo. O acondicionamento dos documentos deverá ser tal que mantenha a integridade física deste, sem o risco de esforços mecânicos advindos da má embalagem.

Tirados da caixa ou desembalados dos maços, no caso dos manuscritos, ou recebidos os volumes, no caso de encadernados, **os documentos devem ser tratados com extremo cuidado**. O manuseio por si só já é um motivo de preocupação, pois o suor das mãos pode afetar o papel. Além disso, o virar das páginas de modo brusco ou descuidado pode rasgar a folha ou romper as encadernações.

Apoiar os braços, colocar peso, inclusive as folhas de anotação, sobre ele, anotar ou grifar o texto que se lê, recortar – são numerosos e mesmo inacreditáveis os danos que um consulente descuidado ou irresponsável pode fazer. O mau trato de documentos de arquivo é recorrente. A vigilância das salas de consulta não é por acaso, pois até o mesmo vandalismo chega a ocorrer, e deve ser coibido. O roubo de documentos também não é raro, merece atenção especial dos funcionários e uma crítica ferrenha por parte dos historiadores.

Quem consulta deve levar em conta, sempre, que documentos de arquivo, ao contrário das bibliotecas, são únicos, insubstituíveis. O que fazer, por exemplo, quando se depara com documentos muito fragilizados, rendilhados, que se rompem facilmente? O ideal, em termos arquivísticos, seria que cópias destes fossem disponibilizadas, preservando o original; cópias em microfilmes, em mídia digital ou *on-line* deveriam estar bem mais presentes, poupando os preciosos originais e retirando-os por consequência do acesso público. (Papel jornal, por exemplo, com alguns anos de idade, já é sinônimo de fragilidade, pois são muito ácidos e de curta durabilidade, sendo sempre preferível, quando possível, a consulta a cópias microfilmadas, que diminuem o dano físico aos originais.) O custo desse processo, contudo, é elevado, e tem sido muito pouco adotado por arquivos de maneira geral. No que diz respeito aos órgãos públicos detentores de acervos, é comum se propor a microfilmagem como maneira de descartar os papéis originais, em uma concepção errônea e bastante perigosa, que deve ser combatida. Nunca se destroem documentos de valor histórico, permanente, mesmo que haja cópia em outro suporte.

Na maioria esmagadora dos casos, portanto, a consulta se faz nos originais, por isso os pesquisadores devem redobrar seus cuidados e contribuir para a preservação do material.

A leitura paleográfica

Talvez o maior temor em relação aos acervos arquivísticos diga respeito à leitura paleográfica, tema que assusta alunos e mesmo certos professores. Algumas universidades, em seus cursos de História, exigem que os alunos elaborem uma monografia de conclusão de curso, mas, muitas vezes, dirigem seus alunos para o trabalho com fontes impressas – especialmente jornais – de modo a simplificar as coisas. Há evidente temor de que eles percam tempo na leitura paleográfica e não consigam cumprir os prazos que lhe são impostos.

A leitura paleográfica, contudo, não é algo inacessível ou extremamente difícil, e seria interessante que os cursos de História contassem com uma disciplina que oferecesse os primeiros rudimentos, de modo a quebrar a barreira do medo que os papéis manuscritos estabelecem nos iniciantes. O curso de História da USP, em fins de 1950 e início de 1960, contava com tal disciplina; recentemente, ressurgiu como optativa fora do departamento, e tem expressivo número de alunos inscritos.

Mas, mesmo sem o recurso a um aprendizado formal, é possível **alcançar boa qualidade de leitura** com um pouco de esforço pessoal. Para alunos de iniciação científica, por exemplo, seria interessante a promoção de uma rápida oficina de leitura conjunta de manuscritos, que sempre se mostra bastante produtiva. Essa iniciativa deve ser simultânea à aprendizagem das **técnicas de levantamento, seleção e anotação do que é interessante e de registro das referencias da fonte para futura citação.**

O **aprendizado da paleografia**, para ser mais rápido, exige que se tenha noções de como se produz o conhecimento para essa leitura. De como o leitor precisa se acostumar com a caligrafia, que varia de indivíduo para indivíduo. De como a leitura de documentos cartoriais é sempre mais complexa, em virtude da caligrafia muito corrida, do mesmo modo que ocorre com os papéis produzidos na segunda metade do século XIX, também bastante difícil em certos casos. O aprendizado passa sempre pela percepção dos vícios da escrita, dos erros de ortografia, ou da grafia diferenciada em relação ao português moderno. O aprender também exige o desdobrar das abreviaturas, sempre tão comuns, e que podem, em grande parte, ser solucionadas com o recurso ao importante *Dicionário de abreviaturas*,[48] além de bons dicionários da língua portuguesa, etimológicos e de época, tal como a famosa obra de Rafael Bluteau.[49] Lamentavelmente, a maioria das salas de consulta não conta com quaisquer dicionários, dificultando o trabalho de leitura e compreensão; sendo assim, o pesquisador precisa providenciar e carregar o "seu".

A transcrição paleográfica e a edição de fontes

A transcrição de documentos manuscritos exige cuidados mínimos, e muitas vezes o pesquisador ignora tal necessidade. É óbvio que se imagina que uma transcrição paleográfica deva ser fiel ao original, sem lhe alterar o sentido. Nesse caso, tem-se sempre a opção de transcrever fielmente o original, reproduzindo a grafia, as abreviaturas, enfim, suas características de época. Ou, então, pode-se modernizar o texto, de acordo com a gramática corrente, visando a facilitar a leitura.

Isso, porém, não é tão simples como possa parecer. Embora pouco divulgada nos cursos de História, há uma regulamentação a esse respeito: as *Normas técnicas para transcrição e edição de documentos manuscritos*.[50] Seria de se esperar **observância de tais normas, uniformizando as transcrições** principalmente no que diz respeito à grafia e às convenções para indicação de trechos ilegíveis e danificados, que comprometem a leitura.

A manutenção da grafia original, transcrita para caracteres modernos, é sempre mais interessante do que as tentativas de modernização. Esta sempre traz embutido o risco de má interpretação, alterando-se o sentido original do texto. A versão corretamente paleografada pode melhor servir para ser usada por outros autores que a consultem na obra em que está publicada;

permite, além disso, que se discuta o processo de construção gramatical do português atual, além de deixar aberta a possibilidade de discussão dos graus de alfabetização e de circulação de modismos linguísticos.[51]

Tais problemas se refletem nas antigas coleções de fontes editadas, a exemplo dos *Documentos interessantes* e dos *Inventários e testamentos*, ambas publicadas pelo Arquivo do Estado de São Paulo. É perceptível, em vários trechos dos documentos transcritos, problemas no entendimento do original, truncando a compreensão. Por outro lado, a não observação das regras estabelecidas para a transcrição paleográfica, ou o uso de critérios não explicitados, dificultam a percepção dos porquês das lacunas no texto, tornando complexa sua utilização, e exigindo uma série de cuidados no momento da interpretação.

A reprodução dos documentos

Nos tempos atuais, cada vez maior número de pessoas demanda, às instituições arquivísticas, cópias dos documentos que deseja consultar. As dificuldades de locomoção até o arquivo, aliadas à comodidade de se trabalhar em outro ambiente, em horários alternativos, vêm favorecendo o crescimento desse tipo de demanda.

Em geral, os arquivos oferecem serviços de microfilmagem ou, eventualmente, de escaneamento, para disponibilizar os papéis em CDs. Disponíveis, porém ainda caros, se demandados para mais do que algumas dezenas de páginas.

A cópia por xerox encontra-se disponível em alguns locais, embora haja, nos arquivos públicos, tendência a rejeitar tal prática. Alega-se, de maneira geral, que as luzes da copiadora teriam efeitos destrutivos sobre as fibras da folha de papel, mas nada há de comprovado em termos técnicos. Talvez o maior problema da máquina copiadora – e também do *escanner* de mesa tradicional – seja o risco de se virar de cabeça para baixo o documento, sujeitando-o a danos físicos, sobretudo quando o material está encadernado ou muito fragilizado.

Opção crescente tem sido a fotografia digital, sem o uso do *flash*, proibido por ser danoso ao papel. A sensível queda do custo dessas câmeras permite sua compra e uso nos arquivos, produzindo imagens com possibilidade de ampliação (*zoom*), facilitando enormemente a leitura. *Escanners* portáteis, de mão, também têm sido adotados pelos consulentes, mas devem ter seu uso controlado, pois empregado de forma errada pode danificar, e muito, a integridade física do documento. De modo geral, as tentativas de reprodução por conta do pesquisador não deveriam ser vetadas, mas tão somente regulamentadas, inclusive no que diz respeito aos direitos de uso da imagem. Sob controle, essa prática aliviaria as demandas de serviços de reprodução para os arquivos, que em geral não contam com equipamentos em quantidade e qualidade suficiente para atendimento de seu público.

A amostragem na pesquisa

A pesquisa em arquivo nos reserva surpresas. Entre os imprevistos mais comuns está a qualidade da documentação, que pode surpreender pela riqueza de informações inesperadas. Mas, também, não é incomum a decepção, seja pela má qualidade das fontes, seja pelo pequeno número de casos encontrados.

Muitos mestrandos e doutorandos, ainda hoje, padecem do sério desconhecimento das noções mais básicas de estatísticas. Os cursos de História não fornecem disciplinas que informem como utilizar cálculos estatísticos, mesmo os mais elementares, para se construir uma simples tabela com porcentagens, para não falar de índices um pouco mais complexos. Médias, medianas, taxas e desvio-padrão, entre outros, são recursos estatísticos que poderiam, de forma geral, ser mais bem aproveitados pelo historiador ao analisar a confiabilidade e os limites de seus dados.

Documentos isolados podem ser analisados em seu aspecto formal, qualitativo. Contudo, **a análise quantitativa requer, a priori, um número mínimo de casos para garantir uma margem aceitável de segurança**, abaixo do qual os resultados são comprometedores. Lembro-me, quando iniciava meu mestrado e fazia um curso no Laboratoire de Démographie Historique, em Paris, de como os professores franceses ficaram preocupados quando lhes apresentei minha amostragem de pouco mais de trezentos senhores de engenho com que trabalhava. Achavam que era uma amostragem muito diminuta, e só minha argumentação sobre as precauções de interpretação que estava adotando os convenceu de que meus resultados seriam confiáveis.[52]

Surpreendente, no entanto, é encontrar teses inteiras cuja argumentação central é baseada em alguns poucos processos judiciais, em um ou outro inventário, com as conclusões daí obtidas sendo estendidas para toda a sociedade colonial. Pior ainda é quando estes poucos exemplos documentais são tratados de modo estatístico, buscando-se examiná-los à luz de porcentagens que, no fundo, não têm qualquer significado.

Documentos isolados têm seu valor, mas não se pode arriscar a generalizar suas informações para o restante da sociedade. Localizar, em um documento qualquer, a menção a um casal de adolescentes não pode, em hipótese alguma, corroborar com a célebre argumentação de Gilberto Freyre sobre uma prática de casamentos pubertários, que nunca pôde ser verificada para além de casos isolados. Infelizmente, a exceção chama mais atenção do que a regra, e o historiador deve tomar muitos cuidados para não cair na tentação de transformar um caso isolado em caso corriqueiro.[53]

Os fichamentos

Pesquisar em fontes arquivísticas implica, necessariamente, sua transcrição, integral ou parcial, para posterior uso. Deve-se **observar regras básicas de paleografia**, principalmente no que diz respeito a lacunas no texto, provocadas por buracos, rasuras, borrões ou impossibilidade de entendimento da caligrafia.

É fundamental, também, **anotar a referência do documento transcrito**, copiando sua notação no acervo do arquivo. Com isso, o leitor pode ser remetido, caso o deseje, à fonte manuscrita original.[54] Além disso, não se pode esquecer, jamais, de **indicar todos os dados que permitam identificar o documento**, como remetente, destinatário, órgão produtor, local e data, para que, posteriormente, se possa contextualizar seu conteúdo quando de seu uso.

A transcrição do texto deve ser feita de modo a indicar muito claramente quando se está deixando de copiar certo trecho, por julgá-lo sem interesse. **É preciso que se diferencie com rigor o texto não copiado do texto cuja leitura foi impossível**, estabelecendo uma lacuna. E, **se o documento for extenso, devem-se registrar as mudanças de página, indicando a numeração, quando existente, ou indicando a folha (frente e verso) em questão**.

A boa referenciação é essencial. Todo historiador já passou pela experiência de ler textos antigos em que as fontes não são referenciadas, tornando arriscada e insegura a reprodução da informação. Esse é um problema recorrente em vários autores clássicos, tal como Afonso de Taunay, que cita insistentemente sem indicar com exatidão a fonte, para desânimo do leitor.[55]

A análise dos documentos

Ao iniciar a pesquisa documental, já dissemos que é preciso conhecer a fundo, ou pelo menos da melhor maneira possível, a história daquela peça documental que se tem em mãos. Sob quais condições aquele documento foi redigido? Com que propósito? Por quem? Essas perguntas são básicas e primárias na pesquisa documental, mas surpreende que muitos ainda deixem de lado tais preocupações. **Contextualizar o documento que se coleta é fundamental para o ofício do historiador!**

Documento algum é neutro, e sempre carrega consigo a opinião da pessoa e/ou do órgão que o escreveu. Uma carta pastoral de um bispo, por exemplo, é a opinião do próprio autor, mas profundamente inserido em um panorama ideológico da Igreja daquele momento e daquele local. A interação do bispo com sua comunidade, e com os outros membros do clero, dará um tom muito específico a essa carta, e deve ser considerada.

Não devemos esperar, é claro, que cada historiador seja, ao mesmo tempo, um filólogo. Mas algumas questões são importantes e devem ser, sempre, objeto de preocupação de quem consulta documentos do passado. Um dos pontos cruciais do uso de fontes reside na necessidade imperiosa de se **entender o texto no contexto de sua época**, e isso diz respeito, também, ao **significado das palavras e das expressões**. Sabemos que os significados mudam com o tempo, mas não temos, de início, obrigação de conhecer tais mudanças. No entanto, boa dose de desconfiança é o princípio básico a nos orientar nesses momentos, além de uma leitura muito atenta dos autores que já trabalham na mesma linha de pesquisa.

Lembro-me que tive, nos anos em que pesquisava como bolsista de iniciação científica, alguns problemas nesse sentido. Ao trabalhar com diversas fontes em torno do tema da História da família e da Demografia histórica, deparei-me, em diversas ocasiões, com as expressões "casou-se de novo" ou "arranchou-se de novo". Uma primeira leitura, realizada levando em conta parâmetros linguísticos contemporâneos, resultou na conclusão de que tais expressões indicavam, respectivamente, um segundo casamento ou arranchamento. Nada mais errado; pouco a pouco, percebi que tinham outro significado, em que "de novo" queria dizer, na verdade, novidade, primeira vez, e não repetição do evento.

O mesmo ocorre em documentos sobre terras. Declarações de que um indivíduo "é lavrador" não podem ser automaticamente tomadas como indício seguro de que este era um proprietário de terras. Muito pelo contrário, tal indivíduo podia pura e simplesmente estar trabalhando em terras alheias, a favor, como agregado, e nada mais. Em certa ocasião, trabalhando com listas nominativas de habitantes para a vila de Sorocaba, encontrei uma declaração muito interessante, de um domicílio a cujo chefe era atribuído possuir um sítio, com uma casa, mas "sem terras". Como interpretar semelhante declaração, aparentemente contraditória? No caso específico, "sítio" não tem o significado que recebe na atualidade, mas queria dizer que o indivíduo possuía uma área cultivada em dado lugar, onde também construíra sua casinha, mas que não tinha terras, isto é, a terra não lhe pertencia, era de terceiros. As palavras podem trair o pesquisador descuidado.

Acima de tudo, o historiador precisa **entender as fontes em seus contextos, perceber que algumas imprecisões demonstram os interesses de quem as escreveu**. A descoberta de mudanças de tendências pode ser interessante, mas pode significar erro de redação, erro de cálculo, pura distração de quem escrevia. As listas de habitantes de alguns anos se caracterizam pelo "desaparecimento" proposital de alguns jovens, em um claro sintoma de fuga ao recrutamento militar. Somem por desejo dos pais, ou por conivência de quem elaborou a lista. O historiador não pode se submeter à sua fonte, julgar que o documento é a verdade, assim como que o jovem candidato a recruta saiu de casa; antes de tudo, ser historiador exige que se desconfie das fontes, das intenções de quem a produziu, somente entendidas com **o olhar crítico e a correta contextualização do documento que se tem em mãos.**

As medidas

Os pesquisadores que têm a atenção voltada para temas econômicos costumam enfrentar alguns problemas com as medidas de comprimento, volume e peso presentes nos documentos. Quando se trata de sistemas não decimais, como as antigas medidas de origem portuguesa, as dificuldades são de transformar os números em quilos, metros e metros cúbicos. Mesmo se considerarmos a legislação que, durante o Império, promoveu a introdução do sistema métrico, continuaremos a ter grandes problemas quando da conversão das antigas medidas.[56]

As várias medidas relativas à produção de gêneros alimentícios são, talvez, as mais complicadas. Definir com clareza o que vem a ser uma "mão" ou um "carro" de milho, por exemplo, medidas tradicionais no campo, é algo em que não se chegou a qualquer consenso. As medidas, em geral, variavam de região para região e ao longo do tempo. Portanto, é preciso situar, antes de tudo, a fonte documental para essas informações, para, então sim, buscar-se algum parâmetro para conversão.

O trabalho com inventários e testamentos também apresenta o mesmo problema, já que listas muitas vezes extensas de gêneros, em especial quando o inventariado era comerciante, precisam ser cuidadosamente convertidas para padrões atuais. Líquidos, tal como a aguardente, podiam ser contabilizados em canadas, em barris, unidades de conversão duvidosa se considerarmos que variavam localmente, e de acordo com a época. Uma insegurança que não devia ocorrer para quem redigiu o documento, mas que para nós costuma ser sempre uma dúvida.

Por outro lado, é sempre interessante notar que as medidas de terra, bastante procuradas por aqueles interessados em reconstituir a rede fundiária no passado e em discutir os sistemas de herança, são igualmente problemáticas. Além da necessidade de se converter léguas e braças, é preciso considerar, também, que tais medidas são bastante imprecisas, e devem ser consideradas com boa dose de precaução. Ao nos depararmos com uma descrição de terras que teriam, por exemplo, "cem braças em quadra", isso seria equivalente, hipoteticamente, a 220 metros por outros tantos, resultando em 48.400 m^2. Contudo, a terra em quadra é, no mais das vezes, uma aproximação bastante irreal, pois não havia a prática se organizar as propriedades em unidades tão regulares, geométricas. Tais terras, com medidas idealizadas, ao serem convertidas para alqueires ou hectares resultam em números bastante genéricos e imprecisos, já que não foram objeto de efetiva medida de perímetro.

Soa estranho, para o nosso racionalismo contemporâneo, avaliar uma terra como possuindo tanto de frente por tanto de fundo, já que, usualmente, as antigas propriedades eram delimitadas muito mais segundo limites geográficos ou hidrográficos – as vertentes, em geral. Resta, ao pesquisador, **trabalhar com as metragens em termos de ordem de grandeza**, de modo a identificar dimensões das propriedades tal como eram consideradas à época.

Os critérios

É fundamental, ao se trabalhar com qualquer fonte, **discutir os critérios possivelmente adotados por quem a produziu**, de modo a melhor decifrar a informação que ela nos fornece.

Um exemplo que julgo bastante significativo são as conhecidas listas nominativas de habitantes. Bastante comuns para São Paulo, e raras para outras regiões do Brasil, costumam ser erroneamente chamadas de "censos" ou "recenseamentos" coloniais. Denominações essas incorretas, pois indicam um improvável interesse das autoridades coevas para recensear populações na acepção mais moderna, com o objetivo de levantar informações com fins estatísticos. Como foi dito, essas listagens foram elaboradas, a partir de meados do século XVIII, com fins de recrutamento militar, passando, já na década de 1790, a também servir como instrumento para conhecer o volume, o valor e a diversidade da produção econômica da população.

Essas listas nominativas têm sido intensamente empregadas pela historiografia muitas vezes sem certos cuidados e ressalvas fundamentais, o que tem merecido algumas críticas significativas. A primeira delas diz respeito à representatividade das informações contidas em tais listas. Embora sejam um notável esforço, diante dos escassos recursos da época, de levantamento populacional, percebemos, facilmente, que contêm erros. Alguns domicílios podem ficar de fora sem explicação plausível, mas possivelmente pelo esquecimento de incluí-los; outros, surgem duplicados, também por esquecimento de quem a redigiu, ou por terem sido efetivamente abrangidos duas vezes. Os domicílios, por sua vez, são numerados, mas essa numeração usualmente se confunde, pulando dezenas ou retrocedendo dezenas. Por fim, os totais de habitantes são somados no final das listas, sob a forma de mapas de população, e tais contas trazem de modo invariável erros de cálculo, devendo, sempre que possível, serem verificadas.

Mas o mais complexo é a discussão dos critérios que nortearam a realização das listas. Tradicionalmente, define-se que cada bloco a reunir pessoas na listagem, que em sua origem eram denominados *fogos*, dizem respeito a um domicílio. Os historiadores da família partiram da consideração de que *fogo* significa local onde se prepara refeições, a cozinha, que seria, assim, o centro em torno do qual conviviam as pessoas de um espaço muito definido, o domicílio. Isso, no entanto, não é algo seguro, posto que há indícios de que nem sempre tal consideração foi efetivamente a norma orientadora concreta dos responsáveis pela confecção das listas. Isso passa pela definição, também, do conceito de agregação de indivíduos e famílias. *Agregados*, em determinados casos, parecem mudar de situação de uma lista para outra, em uma aparecendo listados submetidos a um chefe de família, na seguinte surgindo autônomos, em fogo próprio. Embora essa constatação possa induzir o pesquisador a pensar em uma mudança de condição – o ganho da autonomia, deixando o *status* de agregado –, seria preciso considerar que essa alteração de condição nada mais seria que uma opção descritiva diferenciada de quem está descrevendo ou interpretando a realidade.

Situação semelhante pode ser também encontrada em domicílios onde hora um filho é o chefe da casa e sua mãe viúva é sua agregada, e depois, em lista subsequente, a situação se inverte, e no ano seguinte volta à primeira situação. Mudança de relações de subordinação no domicílio? Difícil acreditar. Mais provável, também aqui, é a mudança de critério do responsável pela lista. Presume-se, em vista disso, que a organização em domicílios não era algo tão óbvio e pacífico como se pretende inferir, dando margem a interpretações conflitantes.

Podemos apontar para outros problemas semelhantes comuns às listas. A atividade econômica de cada fogo, descrita em detalhes a partir do ano de 1798, também pode levar o pesquisador a conclusões apressadas. Teoricamente, o impulso inicial seria de considerar que ali estão descritas as ocupações econômicas dos moradores de dada comunidade, mas tal aposta pode ser perigosa, se não relativizada. Em primeiro lugar, teríamos de levar em conta que tais levantamentos tinham um propósito muito claro de apontar as riquezas e as potencialidades econômicas de uma vila, sempre pensando em termos de agricultura. Esse viés de observação tende, infelizmente, a menosprezar atividades outras, que seriam, no contexto dos domicílios, secundárias ou sazonais. E, ainda mais, o que interessa, em geral, é a atividade relacionada à chefia do domicílio, deixando de declarar atividades econômicas complementares ou paralelas de filhos adultos, agregados e mesmo de escravos.

Desse modo, se a grande maioria dos domicílios vem identificada como dedicada à lavoura, e embora saibamos que essa era a realidade do mundo rural de nosso passado, não obstante **temos a obrigação de ser cuidadosos.** Um exemplo significativo pode ser ressaltado de nossa análise longitudinal das listas nominativas de Sorocaba, capitania de São Paulo. Era o principal centro de comercialização de muares do sudeste brasileiro, em que parcelas significativas dos moradores se envolvia com as lides anuais do gado. Não obstante, as listas fornecem um panorama radicalmente oposto: raríssimos chefes de família são descritos como envolvidos com atividades relacionadas ao gado: tropeiros, condutores, seleiros, ferreiros e arreadores, entre outros, são ocupações que praticamente inexistem para quem listou os habitantes. Todos são, e de fato eram, lavradores.

Lavradores, no entanto, que exerciam atividades outras, sazonais. O **cruzamento de fontes** permite vislumbrar outra realidade: a de artesãos que também vivem da lavoura. Ou de tropeiros e condutores que, embora descritos como cultivadores de milho, eventualmente, em alguma rara lista, surgem como maridos "ausentes para o Sul". Por um motivo qualquer, em certos momentos os autores da lista resolvem entrar nesses detalhes, deixando transparecer a atividade periódica do homem de tropas, que permanece alguns meses distante dos seus.

A mesma situação pode ser percebida com as prostitutas. Atividades inevitáveis mesmo nas pequenas vilas, muito raramente são mencionadas nas listas, embora saibamos, por outras fontes, de sua presença no local. Autores há que buscaram relacionar o excesso de costureiras ou fiandeiras a uma maneira de ocultar o fenômeno do meretrício, sem no entanto desmerecer o fato de que aquelas ocupações eram exercidas, de fato, por grande número de mulheres. Todavia, seria possível imaginar que a prostituição nem sempre seria uma atividade permanente, e poderia estar relacionada a situações limítrofes de miséria de diversas mulheres que enfrentavam no cotidiano dificuldades de sobrevivência.

Os vieses

Uma questão importante ao se **avaliar as possibilidades de uma fonte documental** é buscar **perceber a qualidade das informações que ela pode ou não nos fornecer**, de acordo com a problemática de cada pesquisa.

Documentos do passado não foram elaborados para o historiador, mas sim para atender a necessidades específicas do momento. É o caso dos inventários e testamentos. Bastante usados pelos historiadores econômicos, da família e da escravidão, são muito informativos e cobrem extensos períodos de tempo, permitindo análises de longa duração. Não obstante, **devem ser entendidos em suas particularidades.**

Inicialmente, vejamos o que se pode dizer a respeito dos testamentos no tempo da escravidão. Última vontade de uma pessoa, que em algumas páginas busca deixar manifestos seus derradeiros desejos materiais e espirituais, além de direcionar sua sucessão e mesmo tentar resolver possíveis impasses em seus relacionamentos pessoais com familiares, parentes e amigos em geral. Dessa maneira, um inventário começa sempre com as disposições em assuntos de religião, com passagens de encomenda da alma e de solicitação de missas para si e para outros. A seguir, encontram-se as disposições relativas aos bens materiais, com eventuais declarações sobre o destino da terça, que podia ser livremente legada, e com outras declarações de bens e dívidas.

Se o testamento traz a versão do falecido, o inventário consiste na listagem formal de todo seu patrimônio material, com o consequente encaminhamento do processo sucessório, respeitadas as disposições do testamento e as regras da lei. Bens são listados e avaliados, inclusive os cativos, quando existissem.

Toda essa gama de informações constitui-se, claramente, em fonte privilegiada para a História. Contudo, alguns cuidados devem também ser tomados, em particular pelo fato de que tal documentação retrata o patrimônio de um indivíduo em um momento muito específico, e a qualidade desse patrimônio deve, necessariamente, ser considerada segundo esse momento. Dessa forma, um proprietário de grande escravaria que falecesse em elevada idade teria um perfil econômico provavelmente diferenciado do de um jovem, porém rico, proprietário. Dito em outras palavras, as informações de cada inventário devem ser analisadas tendo, como pano de fundo, o ciclo de vida. A escravaria de um senhor idoso reflete a história de vida desse indivíduo, e não pode ser automaticamente tratada como uma escravaria típica de qualquer senhor. Em sentido contrário, a escravaria de um jovem senhor tende a ser diminuta, com escravos jovens e mesmo poucas crianças cativas.

A identificação de indivíduos

A análise nominativa de fontes documentais é tendência cada vez mais crescente. Originalmente preocupação quase exclusiva de genealogistas e memorialistas, hoje faz parte da rotina de quem trabalha com História da família, Demografia histórica ou Microanálise. Reconstituir histórias de vida, acompanhar as gerações de famílias de livres e cativos, são possibilidades cada vez mais interessantes em termos historiográficos.

Todavia, o acompanhamento nominativo de indivíduos apresenta problemas metodológicos consistentes. O mais complexo é, evidentemente, a falta de regras na transmissão de sobrenomes que imperou nos diversos segmentos de população livre durante todo o período colonial e mesmo mais adiante. Filhos herdavam nomes sem qualquer lógica, fosse em diversas combinações dos sobrenomes familiares de pais e avós, seja adotando sobrenomes de padrinhos ou outros conhecidos que se julgasse interessante homenagear.

O problema, contudo, não para aí. Esses sobrenomes podiam ser alterados ao longo da vida da pessoa, pelo acréscimo ou pela retirada de um deles. Como, na realidade, os atos de batismo religiosos até fins do Império não registravam o nome completo das crianças, mas tão somente o prenome simples ou composto, ficamos na impossibilidade de saber qual composição o batizado adotaria ao longo de sua vida. Nem mesmo sabemos, na verdade, se no ato de batismo, embora não registrado, lhe era atribuída uma nomeação completa com prenomes e nomes de família. O resultado de nosso desconhecimento e de uma prática de não valorização do nome de família tornava normal e corriqueiro a pessoa se autodenominar, nas mais diversas oportunidades, com sobrenomes cambiantes.

Para os escravos, a situação é ainda mais complexa. Eventualmente podem ter seus nomes acrescidos de uma espécie de identificação, tirada de sua origem africana ("Congo", "Angola"). Mas nem todas as fontes assim o informam, e é mais comum encontrarmos a forma "Antonio, Angola" do que "Antonio Angola", o que, ao final das contas, dá exatamente no mesmo. Desse modo, acompanhar longitudinalmente um cativo ao longo de sua vida requer o uso de referências cruzadas de outras fontes, ou mesmo sua identificação pelo nome de seu senhor. Mas, em certos momentos, a repetição de Marias em um mesmo inventário torna a coisa complicada e, muitas vezes, insolúvel.

O acompanhamento nominativo também é dificultado por outro problema concreto: a inconsistência das idades declaradas. De maneira geral, idades são problemáticas para populações coloniais em geral, e mesmo para o século xx o problema persiste em consideráveis partes da população. A constatação mais nítida com relação às idades de livres e escravos é sua inconstância. Em São Paulo, graças à existência de grandes séries de listas nominativas de habitantes, o problema pode ser mais bem percebido. Normalmente, de um ano para outro a maioria das idades declaradas não segue uma sequência lógica. Saltos ocorrem, e o problema torna-se cada vez mais agudo à medida que o indivíduo envelhece. Os idosos são aqueles que pior declaravam sua longevidade.

Muitos documentos trazem a conhecida expressão "declarou possuir vinte anos pouco mais ou menos". Essa imprecisão é fruto de uma sociedade em que não havia qualquer preocupação com a contagem do tempo, à exceção, aparentemente, com a adolescência, quando era preciso ter ciência das idades hábeis para o casamento, para o serviço nas milícias e para a maioridade diante do pátrio poder. Mesmo nesses casos, contudo, é sensível, nas próprias listas nominativas, as tentativas nada veladas de se mascarar a real idade de um jovem para menos, na tentativa, nem sempre bem-sucedida, de burlar o tão temido recrutamento para as tropas.

Uma simples análise estatística das fontes que indicam idades – listas nominativas, listas de votantes, listas de classificação de escravos, inventários – demonstra o fenômeno da "atração" pelas idades redondas, ou seja, aquelas terminadas em zero e, em segundo plano, as terminadas em cinco. Predominam de modo bastante claro, sugerindo que a idade era muitas vezes uma mera questão de estimativa, e nada mais.

Olhar de historiador

Munido das armas e precauções dispostas anteriomente, de conhecimento prévio sobre o assunto (fruto de muita pesquisa bibliográfica a respeito do período estudado e do que concluíram historiadores que trabalharam antes dele), o pesquisador está pronto para prosseguir na análise e na interpretação de suas fontes. Já pode **cotejar informações, justapor documentos, relacionar texto e contexto, estabelecer constantes, identificar mudanças e permanências e produzir um trabalho de História**.

DICAS

Repetem-se aqui as sugestões dadas ao longo do texto. Trata-se de simples listagem, não hierarquizada por grau de importância. Os aspectos teóricos envolvidos em cada item já foram discutidos.

- ❑ Conhecer a origem dos documentos (estudar o funcionamento da máquina administrativa para entender o contexto de produção dos documentos).
- ❑ Descobrir onde se encontram os papéis que podem ser úteis para a pesquisa.
- ❑ Preparar-se para enfrentar as condições de trabalho do arquivo escolhido.
- ❑ Localizar as fontes no arquivo com base em instrumentos de pesquisa e investigações adicionais, munido de muita paciência.
- ❑ Usar luvas, máscara e avental no contato direto com os documentos.
- ❑ Manusear os papéis com cuidado, respeitando seus limites. Trabalhar com lupa de aumento e régua leve. Colocar sob o documento frágil uma folha de papel sulfite.
- ❑ Manter os documentos guardados na ordem encontrada.
- ❑ Assenhorear-se da caligrafia e das formas de escrita do material. Se for o caso, aprender paleografia.
- ❑ Aprender e aprimorar-se em técnicas de levantamento, seleção e anotação do que é interessante e de registro das referências das fontes para futura citação.
- ❑ Observar as regras existentes para transcrições e edições. Anotar a referência do documento transcrito e indicar todos os dados que permitam identificá-lo. Diferenciar com rigor o texto não copiado do texto cuja leitura foi impossível. Se o documento for extenso, devem-se registrar as mudanças de página, indicando a numeração, quando existente, ou indicando a folha (frente e verso) em questão.
- ❑ Trabalhar com número adequado de casos que garantam margem aceitável de segurança para fazer afirmações, especialmente de caráter quantitativo e generalizante.
- ❑ Contextualizar o documento que se coleta (entender o texto no contexto de sua época, inclusive o significado das palavras e das expressões empregadas).
- ❑ Estar atento às medidas utilizadas por quem produziu o documento, assim como a seus critérios, vieses e problemas de identificação de pessoas.
- ❑ Cruzar fontes, cotejar informações, justapor documentos, relacionar texto e contexto, estabelecer constantes, identificar mudanças e permanências.

Notas

[1] Essas instituições, por sua natureza, deveriam, a princípio, preservar e acessar à consulta somente papéis oriundos do Executivo; mas, ao longo das décadas, tenderam a acumular, na rarefação de instituições arquivísticas, documentos provenientes de outras origens.

[2] Maria Luiza Marcílio, Crescimento demográfico e evolução agrária paulista, 1700-1836, São Paulo, Hucitec/Edusp, 2000.

[3] Carlos A. P. Bacellar, Os senhores da terra: família e sistema sucessório entre os senhores de engenho do Oeste paulista, 1765-1855, Campinas, Centro de Memória da Unicamp, 1997.

[4] Carlos A. P. Bacellar, Viver e sobreviver em uma vila colonial: Sorocaba, séculos XVIII e XIX, São Paulo, Annablume/Fapesp, 2001.

[5] Eni de Mesquita Samara, "O papel do agregado na região de Itu, 1780-1830", em Coleção Museu Paulista, São Paulo, Museu Paulista, Série História, v. 6, 1977, pp. 13-121.

[6] A edição original americana é de Francisco Vidal na e Herbert S. Klein, Slavery and the economy of São Paulo, 1750-1850 (Escravidão e a economia de São Paulo, 1750-1850), Stanford, Stanford University Press, 2003.

[7] Richard Graham, Clientelismo e política no Brasil do século XIX, Rio de Janeiro, Editora UFRJ, 1997.

[8] Sílvia Cristina Lambert Siriani, Uma São Paulo alemã: vida quotidiana dos imigrantes germânicos na região da capital (1827-1889), São Paulo, Arquivo do Estado/Imprensa Oficial, 2003 (Coleção Teses e Monografias, v. 6).

[9] Evanice Maria Högler Ribeiro, Os alemães dos núcleos coloniais de Santo Amaro e Itapecerica da Serra (1831/1914), Tese (doutorado), São Paulo, FFLCH-USP, 2002.

[10] Maria Luiza Marcílio, História da Escola: em São Paulo e no Brasil, São Paulo, Imprensa Oficial do Estado/Instituto Braudel, 2005.

[11] Thomas H. Holloway, Polícia no Rio de Janeiro: repressão e resistência numa cidade do século XIX, Rio de Janeiro, FGV, 1997.

[12] A coleção, publicada pelo próprio Arquivo do Estado em parceria com a Imprensa Oficial, já lançou vários títulos: Alemanha; Os subversivos das arcadas; Shindô-Renmei: terrorismo e repressão; República espanhola: um modelo a ser evitado; Os seguidores do Duce: os italianos fascistas no Estado de São Paulo; O porto vermelho: a maré revolucionária (1930-1951) e Bolchevismo e judaísmo: a comunidade judaica sob o olhar do Deops.

[13] Carlos A. C. Lemos, Alvenaria burguesa, São Paulo, Nobel, 1989.

[14] Lígia Osório Silva, Terras devolutas e latifúndio: efeitos da lei de 1850, Campinas, Editora da Unicamp, 1996.

[15] Ruy Cirne Lima, Pequena história territorial do Brasil: sesmarias e terras devolutas, São Paulo, Edições do Arquivo do Estado, 1991, edição fac-similar; José da Costa Porto, O sistema sesmarial no Brasil, Brasília, Ed. Unb, s.d.

[16] Hebe Maria Mattos de Castro, Ao sul da história: lavradores pobres na crise do trabalho escravo, São Paulo, Brasiliense, 1987.

[17] Célia Maria Marinho Azevedo, Onda negra, medo branco: o negro no imaginário das elites, século xix, Rio de Janeiro, Paz e Terra, 1987.

[18] Cláudia Damasceno Fonseca, Des terres aux Villes de l'or. Pouvoir et territoires urbains au Minas Gerais. Brésil, xviii⁰ siècle (Poder e territórios urbanos em Minas Gerais, Brasil, século xviii), Paris, Centre Culturel Calouste Gulbenkian, 2003.

[19] Este arquivo-depósito tornou-se muito conhecido dos pesquisadores não somente pelas grandes dificuldades de pesquisa em um acervo de dimensões gigantescas e mal-identificado, mas também pelas enchentes periódicas, que o alagavam com quase um metro de água no interior, destruindo muitos maços de documentação.

[20] Muriel Nazzari, O desaparecimento do dote. Mulheres, famílias e mudança social em São Paulo, Brasil, 1600-1900, São Paulo, Companhia das Letras, 2001.

[21] Alcântara Machado, Vida e morte do bandeirante, Belo Horizonte/São Paulo, Itatiaia/Edusp, 1980.

[22] Manolo Garcia Florentino, Em costas negras: uma história do tráfico atlântico de escravos entre a África e o Rio de Janeiro (séculos xviii e xix), São Paulo, Companhia das Letras, 1997.

[23] Boris Fausto, Crime e cotidiano: a criminalidade em São Paulo (1880-1924), São Paulo, Edusp, 2001.

[24] Márcia Maria Menendes Motta, Nas fronteiras do poder: conflito e direito à terra no Brasil do século xix, Rio de Janeiro, Vício de Leitura/Arquivo Público do Estado do Rio de Janeiro, 1998.

[25] Silvia Hunold Lara, Campos da violência. Escravos e senhores na Capitania do Rio de Janeiro, 1750-1808, Rio de Janeiro, Paz e Terra, 1988.

[26] Stanley J. Stein, Vassouras. Um município brasileiro do café, 1850-1900, Rio de Janeiro, Nova Fronteira, 1990.

[27] Guia Brasileiro de fontes para a história da África, da escravidão negra e do negro na sociedade atual: fontes arquivísticas, 2. ed. rev., Rio de Janeiro, Arquivo Nacional, 1988, 2v.

[28] Hebe Maria Mattos de Castro, Das cores do silêncio: os significados da liberdade no sudeste escravista, Brasil, século xix, Rio de Janeiro, Arquivo Nacional, 1995.

[29] Os registros paroquiais de batismo, casamento e óbito foram, até finais do Império, únicos registros do gênero, e certamente tinham caráter oficial, mesmo que velado. Na década de 1870, quando da chegada dos primeiros imigrantes de confissão não católica, surgiu a necessidade da instauração de um registro civil, que permitisse que as novas populações recém-chegadas registrassem seus atos fora das instâncias da Igreja Católica. Ao contrário de uma crença bastante comum, não foi a proclamação da República que estabeleceu o registro civil, mas sim sua obrigatoriedade para toda a população. Portanto, até 1890, o registro civil é opcional, e disponibilizado apenas em alguns cartórios, justamente aqueles situados em áreas onde a presença de estrangeiros de outras crenças era mais forte.

[30] Maria Luiza Marcílio, Caiçara: terra e população: estudo de demografia histórica e da história social de Ubatuba, São Paulo, Paulinas/Cedhal, 1986.

[31] Sheila de Castro Faria, A colônia em movimento: fortuna e família no cotidiano colonial, Rio de Janeiro, Nova Fronteira, 1998.

[32] John Manuel Monteiro, Negros da terra: índios e bandeirantes nas origens de São Paulo, São Paulo, Companhia das Letras, 1994.

[33] Maria Luiza Andreazza, O paraíso das delícias: um estudo da imigração ucraniana, 1895-1995, Curitiba, Aos Quatro Ventos, 1999.

[34] Fernando Torres Londoño, A outra família: concubinato, igreja e escândalo na Colônia, São Paulo, Loyola/Programa de Educação em História Social da Faculdade de Filosofia da USP, 1999.

[35] Eliana Rea Goldschmidt, Casamentos mistos: liberdade e escravidão em São Paulo colonial, São Paulo, Annablume/Fapesp, 2004.

[36] Luciano Raposo de Almeida Figueiredo, Barrocas famílias: vida familiar em Minas Gerais no século XVIII, São Paulo, Hucitec, 1997.

[37] Trata-se do célebre Archivum Romanum Societatis Iesu, em Roma.

[38] Registro civil de nascimento, casamento e óbito, listas nominativas, censos, inventários, testamentos e genealogias constituem o principal do acervo mórmon, sempre em microfilmes.

[39] Linda Lewin, Política e parentela na Paraíba: um estudo de caso da oligarquia de base familiar, Rio de Janeiro, Record, 1993.

[40] Darrell E.Levi, A família Prado, São Paulo, Cultura 70, 1977.

[41] Maria Thereza Schorer Petrone, O Barão de Iguape: um empresário da época da independência, São Paulo, Companhia Editora Nacional, 1976.

[42] Graça Salgado (coord.), Fiscais e meirinhos: a administração no Brasil colonial, Rio de Janeiro/ Brasília, Nova Fronteira/INL, 1985. Poucas são as salas de consulta, no entanto, que disponibilizam essa obra ao público.

[43] A legislação em vigor regulamenta a classificação de documentos em quatro categorias de restrição de acesso, a saber: 1) ultrassecretos, no máximo por trinta anos; 2) secretos, no máximo vinte anos; 3) confidenciais, no máximo dez anos; e 4) reservados, no máximo cinco anos. Esses prazos podem ser, a princípio, considerando-se "o interesse de segurança da sociedade e do Estado", renovados por uma única vez, por no máximo igual período. Cf. Decreto n. 2.134, de 24 de janeiro de 1997 – regulamenta o art. 23 da Lei n. 8.159, de 8 de janeiro de 1991, que dispõe sobre a categoria dos documentos públicos sigilosos e o acesso a eles e dá outras providências.

[44] Alguns fundos documentais, no entanto, podem ser consultados antes de serem encaminhados ao arquivo permanente, desde que obtida a competente autorização dos órgãos produtores e observadas algumas regras de preservação da privacidade. Sempre é conveniente, nesse sentido, consultar os funcionários da instituição arquivística para se informar sobre os procedimentos burocráticos e legais que devem ser observados.

[45] Alguns guias bastante significativos já foram publicados e constituem excelente instrumento introdutório para a detecção de acervos documentais. Ver, por exemplo, o Guia Brasileiro de Fontes para a História da África, da Escravidão Negra e do Negro na Sociedade Atual, 2v., Rio de Janeiro, Arquivo Nacional, 1988; John Manuel Monteiro (org.), Guia de Fontes para a História Indígena e do Indigenismo em Arquivos Brasileiros: acervos das Capitais, São Paulo, Núcleo de

História Indígena e do Indigenismo da USP/Fapesp, 1994; Guia dos Documentos Históricos na Cidade de São Paulo: 1554-1954, São Paulo, Hucitec/Neps, 1998. Além de outros guias de abrangência mais restrita ou referentes a acervos específicos, também publicados, merece atenção a crescente menção a guias na internet.

[46] Um instrumento de pesquisa é uma "obra de referência, publicada ou não, que identifica, localiza, resume ou transcreve, em diferentes graus e amplitudes, fundos, grupos, séries e peças documentais existentes em um arquivo permanente, com a finalidade de controle e de acesso ao acervo". Podem ser de variadas espécies, como catálogos, catálogos seletivos, edições de textos, guias, guias de fontes, índices e inventários (Cf. Dicionário de Terminologia Arquivística, São Paulo, Associação dos Arquivistas Brasileiros, Núcleo Regional de São Paulo, Secretaria de Estado da Cultura, 1996). São importantes, e merecem uma consulta prévia, as diversas revistas e anais produzidas pelas instituições detentoras de acervos documentais, como, dentre outros, o Arquivo Nacional, a Biblioteca Nacional, o Instituto Histórico e Geográfico Brasileiro e o Museu Paulista da USP.

[47] Cf. Dicionário de terminologia arquivística, São Paulo, Associação dos Arquivistas Brasileiros, Núcleo Regional de São Paulo, Secretaria de Estado da Cultura, 1996.

[48] O único dicionário do gênero disponível no Brasil é: Maria Helena Ochi Flexor, Abreviaturas: manuscritos dos séculos XVI ao XIX, 2. ed. ampl., São Paulo, Arquivo do Estado, 1990.

[49] Rafael Bluteau, Vocabulario Portuguez e Latino, Aulico, Anatomico, Architectonico, Bellico, Botanico, Brasilico, Comico, Critico, Chimico, Dogmatico etc. autorizado com exemplos dos melhores escriptores portuguezes e latinos, e oferecido a el-rey de Portugal D. João V, Coimbra, Officina de Pascoal da Sylva, 1712-1721, 8v.

[50] Disponível em <http://www.aab.org/normtec.htm>. Essas normas são fruto de dois encontros organizados especificamente para esse propósito: os I e II Encontros Nacionais de Normatização Paleográfica e de Ensino de Paleografia, ocorridos em São Paulo, respectivamente, em 1990 e 1993.

[51] Entre as regras preconizadas, encontra-se a manutenção da acentuação e da pontuação original, a manutenção de maiúsculas e minúsculas tal qual se apresentam e a não realização de correções gramaticais.

[52] Tratava-se, no caso, da amostragem de senhores de engenho que haviam sido abrangidos em minha dissertação de mestrado. Cf. Carlos A. P. Bacellar, op. cit., 1997.

[53] Gilberto Freyre, Casa-grande e senzala, 19. ed., Rio de Janeiro, José Olympio, 1978.

[54] Muitas vezes, essa referência se perde nos arquivos, quando a documentação em questão passa por rearranjos, sem que se faça uma tabela de equivalência entre a referência antiga e a nova, recém-adotada.

[55] Ver, por exemplo, Afonso de Escragnolle Taunay, São Paulo nos primeiros anos: ensaio de reconstituição social; São Paulo no século XVI: história da vila Piratiningana, São Paulo, Paz e Terra, 2003.

[56] A introdução do sistema métrico no Império deu-se pela Lei n. 1.157, de 26 de junho de 1862 ("Substitue em todo o Império o actual systema de pesos e medidas pelo systema métrico francez").

Bibliografia

ANDREAZZA, Maria Luiza. *O paraíso das delícias*: um estudo da imigração ucraniana, 1895-1995. Curitiba: Aos Quatro Ventos, 1999.

AZEVEDO, Célia Maria Marinho. *Onda negra, medo branco*: o negro no imaginário das elites, século XIX. Rio de Janeiro: Paz e Terra, 1987.

BACELLAR, Carlos A. P. *Os senhores da terra*: família e sistema sucessório entre os senhores de engenho do Oeste Paulista, 1765-1855. Campinas: Centro de Memória da Unicamp, 1997.

_____. *Viver e sobreviver em uma vila colonial*: Sorocaba, séculos XVIII e XIX. São Paulo: Annablume/Fapesp, 2001.

BLUTEAU, Rafael, *Vocabulario portuguez e latino, aulico, anatomico, architectonico, bellico, botanico, brasilico, comico, critico, chimico, dogmatico, etc.*: autorizado com exemplos dos melhores escriptores portuguezes e latinos, e ofenecido a el-rey de Portugal D. João V. Coimbra: Officina de Pascoal da Sylva, 1712-1721, 8v.

CASTRO, Hebe Maria Mattos de. *Ao sul da história*: lavradores pobres na crise do trabalho escravo. São Paulo: Brasiliense, 1987.

_____. *Das cores do silêncio*: os significados da liberdade no sudeste escravista, Brasil, século XIX. Rio de Janeiro: Arquivo Nacional, 1995.

DICIONÁRIO de Terminologia Arquivística. São Paulo: Associação dos Arquivistas Brasileiros/Núcleo Regional de São Paulo/Secretaria de Estado da Cultura, 1996.

FARIA, Sheila de Castro. *A colônia em movimento*: fortuna e família no cotidiano colonial. Rio de Janeiro: Nova Fronteira, 1998.

FAUSTO, Boris. *Crime e cotidiano*: a criminalidade em São Paulo (1880-1924). São Paulo: Edusp, 2001.

FIGUEIREDO, Luciano Raposo de Almeida. *Barrocas famílias*: vida familiar em Minas Gerais no século XVIII. São Paulo: Hucitec, 1997.

FLEXOR, Maria Helena Ochi, *Abreviaturas*: manuscritos dos séculos XVI ao XIX. 2. ed. ampl. São Paulo: Arquivo do Estado, 1990.

FLORENTINO, Manolo Garcia. *Em costas negras*: uma história do tráfico atlântico de escravos entre a África e o Rio de Janeiro (séculos XVIII e XIX). São Paulo: Companhia das Letras, 1997.

FONSECA, Cláudia Damasceno. *Des terres aux Villes de l'or. Pouvoir et territoires urbains au Minas Gerais. Brésil, XVIIIᵉ siècle* (Poder e territórios urbanos em Minas Gerais, Brasil, século XVIII). Paris: Centre Culturel Calouste Gulbenkian, 2003.

FREYRE, Gilberto. *Casa-grande e senzala*. 19. ed. Rio de Janeiro: José Olympio, 1978.

GOLDSCHMIDT, Eliana Rea. *Casamentos mistos*: liberdade e escravidão em São Paulo colonial. São Paulo: Annablume/Fapesp, 2004.

GRAHAM, Richard. *Clientelismo e política no Brasil do século XIX*. Rio de Janeiro: Ed. UFRJ, 1997.

GUIA Brasileiro de fontes para a história da África, da escravidão negra e do negro na sociedade atual: fontes arquivísticas. 2. ed. rev. Rio de Janeiro: Arquivo Nacional, 1988, 2v.

GUIA dos Documentos Históricos na Cidade de São Paulo: 1554-1954. São Paulo: Hucitec/ Neps, 1998.

HOLLOWAY, Thomas H. *Polícia no Rio de Janeiro*: repressão e resistência numa cidade do século XIX. Rio de Janeiro: Ed. FGV, 1997.

LARA, Silvia Hunold. *Campos da violência*: escravos e senhores na Capitania do Rio de Janeiro, 1750-1808. Rio de Janeiro: Paz e Terra, 1988.

LEVI, Darrell E. *A família Prado*. São Paulo: Cultura 70, 1977.

LEWIN, Linda. *Política e parentela na Paraíba*: um estudo de caso da oligarquia de base familiar. Rio de Janeiro: Record, 1993.

LIMA, Ruy Cirne. *Pequena história territorial do Brasil*: sesmarias e terras devolutas. São Paulo: Edições do Arquivo do Estado, 1991, edição fac-similar.

LONDOÑO, Fernando Torres. *A outra família*: concubinato, igreja e escândalo na Colônia. São Paulo: Loyola/Programa de Educação em História Social da Faculdade de Filosofia da USP, 1999.

LUNA, Francisco Vidal; KLEIN, Herbert S. *Slavery and the economy of São Paulo*, 1750-1850 (Escravidão e a economia de São Paulo, 1750-1850). Stanford: Stanford University Press, 2003.

MACHADO, Alcântara. *Vida e morte do bandeirante*. Belo Horizonte/São Paulo: Itatiaia/ Edusp, 1980.

MARCÍLIO, Maria Luiza. *Caiçara*: terra e população. Estudo de demografia histórica e da história social de Ubatuba. São Paulo: Paulinas/Cedhal, 1986.

_____. *Crescimento demográfico e evolução agrária paulista*: 1700-1836. São Paulo: Hucitec/ Edusp, 2000.

_____. *História da escola*: em São Paulo e no Brasil. São Paulo: Imprensa Oficial do Estado/ Instituto Braudel, 2005.

MONTEIRO, John Manuel. *Negros da terra*: índios e bandeirantes nas origens de São Paulo. São Paulo: Companhia das Letras, 1994.

_____ (org.). *Guia de fontes para a história indígena e do indigenismo em Arquivos Brasileiros*: acervos das Capitais. São Paulo: Núcleo de História Indígena e do Indigenismo da USP/Fapesp, 1994.

MOTTA, Márcia Maria Menendes. *Nas fronteiras do poder*: conflito e direito à terra no Brasil do século XIX. Rio de Janeiro: Vício de Leitura/Arquivo Público do Estado do Rio de Janeiro, 1998.

NAZZARI, Muriel. *O desaparecimento do dote*. Mulheres, famílias e mudança social em São Paulo, Brasil, 1600-1900. São Paulo: Companhia das Letras, 2001.

PETRONE, Maria Thereza Schorer. *O Barão de Iguape*: um empresário da época da independência. São Paulo: Companhia Editora Nacional, 1976.

Porto, José da Costa. *O sistema sesmarial no Brasil*. Brasília: Ed. Unb, s.d.

Ribeiro, Evanice Maria Högler. *Os alemães dos núcleos coloniais de Santo Amaro e Itapecerica da Serra* (1831/1914). São Paulo, 2002. Tese (Doutorado) – FFLCH-USP.

Salgado, Graça Salgado (coord.). *Fiscais e meirinhos*: a administração no Brasil colonial. Rio de Janeiro/Brasília: Nova Fronteira/INL, 1985.

Samara, Eni de Mesquita. *O papel do agregado na região de Itu*, 1780-1830. Coleção Museu Paulista, São Paulo: Museu Paulista, Série História, v. 6, 1977, pp. 13-121.

Silva, Lígia Osório. *Terras devolutas e latifúndio*: efeitos da lei de 1850. Campinas: Editora da Unicamp, 1996.

Siriani, Sílvia Cristina Lambert. *Uma São Paulo alemã*: vida quotidiana dos imigrantes germânicos na região da capital (1827-1889). São Paulo: Arquivo do Estado/Imprensa Oficial, 2003. (Coleção Teses e Monografias, v. 6).

Taunay, Afonso de Escragnolle. *São Paulo nos primeiros anos*: ensaio de reconstituição social. São Paulo: Paz e Terra, 2003.

_____. *São Paulo no século XVI*: história da vila piratiningana. São Paulo: Paz e Terra, 2003.

Stein, Stanley J. *Vassouras: Um município brasileiro do café, 1850-1900. Rio de Janeiro: Nova Fronteira, 1990*.

FONTES ARQUEOLÓGICAS

Os historiadores e a cultura material[1]

Pedro Paulo Funari

Os historiadores e as fontes arqueológicas

As origens

A História surgiu, com esse nome, entre os gregos antigos, que designaram com esse termo a "pesquisa" sobre as origens dos conflitos e contradições de sua época. É assim que se iniciam as *Histórias*, de Heródoto (484-424 a.C.), no século v a.C.:

> Estas são as Histórias de Heródoto de Halicarnasso tornadas públicas na esperança de poder preservar, dessa maneira, a lembrança do que fizeram os homens e de impedir que as grandes e maravilhosas ações de gregos e bárbaros deixem de receber o devido reconhecimento e, assim, registrar quais as causas de suas lutas.

Heródoto foi, posteriormente, reconhecido como o pai da História, o primeiro historiador. Suas *Histórias*, contudo, eram pesquisas, investigações sobre as causas do presente, sendo por essa busca que ele se voltou para o passado. A História, como estudo do passado, deriva, portanto, de uma busca da compreensão do presente e só por um uso metafórico é que se passou a designar História o estudo do passado. Outros estudiosos, historiadores, que sucederam a Heródoto também deixaram explícito que investigavam as causas de sua própria época, como fica ainda claro com Tucídides (464-401 a.C.), autor da *Guerra do Peloponeso*, um conflito que vivenciou:

> Tucídides, ateniense, escreveu a História da guerra entre os peloponésios e os atenienses, começando do início das hostilidades, acreditando que seria uma grande guerra e mais importante do que as anteriores.

A História, como disciplina acadêmica, é apenas herdeira indireta da História dos antigos, que era, antes de tudo, um gênero literário. Heródoto e Tucídides escreviam para serem lidos e apreciados como autores de belas obras, de leitura agradável e prazerosa. No século XIX, quando surgiu a moderna disciplina, a História continuava a ser um gênero literário, mas, por tradição cristã, apresentava um cunho moralista e teleológico que a distanciava dos modelos originais greco-romanos. Em certo sentido, a História escrita pelos antigos também era de cunho moral, como fica claro, por exemplo, na introdução do historiador romano do primeiro século a.C. Salústio (86-34 a.C.), à sua *Guerra de Jugurta* (4):

> Muitas vezes ouvi dizer que Quinto Máximo e P. Cipião, além de outros homens ilustres de nossa pátria, costumavam afirmar que, ao contemplarem as imagens de cera de seus antepassados, sentiam um enorme estímulo em direção à virtude. É de se supor que nem a cera nem os retratos tivessem tanta força, mas que, ao contrário, o relato dos feitos passados fizesse crescer no peito dos homens egrégios esta chama que não se extinguiria senão ao igualarem sua virtude à fama e à gloria daqueles.

A História, como relato do passado, tinha, pois, um caráter ético, no sentido de que impulsionava os homens a agirem em certa direção. Não era esse o caráter moralista da História que prevalecia até o século XIX, contudo. Era uma moralidade cristã, como se a História tivesse um começo – a criação do mundo por Deus –, um meio – a vinda do filho de Deus, Jesus Cristo –

e um fim – o julgamento final, moral, dos vivos e dos mortos, a acontecer a qualquer momento. É nesse contexto que surge a História moderna, da luta iluminista contra as concepções religiosas do mundo.

A História surge como parte, ou consequência, da Filologia, o estudo da língua. Por longos séculos, a língua culta havia sido o latim e o estudo da sua gramática constituía a base do conhecimento. Língua morta, falada como meio de comunicação internacional, mas não materna, o latim era estudado por sua gramática, como um conjunto de regras a serem decoradas. Todas as línguas faladas, como o português ou o alemão, foram submetidas aos conceitos da gramática latina, toda a terminologia dela derivava e, até hoje, muito dessa tradição persiste na nomenclatura que aprendemos na escola sobre o português. O latim foi mesmo considerado língua sagrada e a própria *Bíblia*, texto básico da fé cristã, que havia sido escrita em hebraico, aramaico e grego, era consultada apenas na sua versão latina até o início do Protestantismo, quando se começaram a ler os originais.

A Filologia surgiu, como parte do movimento iluminista e racionalista, representando uma mudança de paradigma, ao deslocar a gramática latina do centro do conhecimento. A Filologia postulava um estudo objetivo, ou positivo, das línguas, de suas estruturas e relações, da língua como sistema, não de uma língua específica, o latim. Estudaram-se línguas nunca antes dignas de atenção e relacionaram-se as línguas entre si, de modo a buscar reconstituir suas inter-relações, suas possíveis origens comuns. Latim e grego foram relacionados ao sânscrito da Índia, o russo ao polonês, o alemão ao inglês, todas aparentadas, derivadas de uma única fonte, que designaram de indo-europeu. O mesmo foi feito com outros grupos linguísticos, como no caso do Hebraico e do Árabe, que denominaram de línguas semitas.

Os primeiros historiadores foram, antes de tudo, filólogos e isso porque buscavam conhecer "aquilo que realmente aconteceu", *wie es eigentlich gewesen*, na famosa frase do historiador alemão Leopold von Ranke (1795-1886), de 1823, e, para isso, precisavam conhecer as fontes, os documentos escritos, em sua língua original. Essa foi uma verdadeira revolução epistemológica: *a ideia de que a História se faz com documentos e que os devemos conhecer muito bem*. Precisamos diferenciar documentos falsos de verdadeiros e isso só é possível com um conhecimento aprofundado da língua utilizada. Os documentos escritos tornaram-se sinônimos de História, a tal ponto que, até hoje, usamos a expressão Pré-História para referirmo-nos a um passado sem escrita. Por sua origem filológica, a História mantém, portanto, uma ligação fortíssima com o documento escrito.

No entanto, se voltarmos aos historiadores antigos lembrados no início do capítulo, Heródoto, Tucídides ou Salústio, nós perceberemos que, para eles, *a História se faz com testemunhos, com objetos, com paisagens, não necessariamente com documentos escritos*, consultados apenas marginalmente e citados de forma indireta, reportada. Heródoto viajou pelos lugares em que haviam ocorrido os combates ou que eram de alguma forma relacionados ao seu tema e lá consultou os habitantes, visitou lugares, templos, edifícios, conheceu paisagens. Não saía a copiar documentos e, menos ainda, conhecia as línguas locais para que o pudesse fazer com o rigor exigido a um historiador moderno. Os discursos reportados pelos historiadores, como a famosa "oração de Péricles em Tucídides", eram criação do autor, baseada no que havia ouvido ou mesmo se supunha fosse plausível para as circunstâncias dadas.

Os antigos, portanto, já faziam uso das **fontes materiais**, daquilo que nós chamaríamos de **fontes arqueológicas**. O predomínio da preocupação dos historiadores modernos com o documento escrito marcaria a maneira como a Arqueologia foi encarada, por muito tempo, como uma disciplina auxiliar, como uma fonte complementar apenas, às vezes como mera ilustração.

A Arqueologia como disciplina histórica e as fontes

A Arqueologia deriva, ela própria, da História, tendo surgido como uma maneira de se disponibilizar as fontes escritas sobre o passado e de *complementar* as informações existentes com evidências materiais sem escrita. Pressupondo que a História se escreve com documentos, a primeira providência dos historiadores, a partir das décadas iniciais do século XIX, foi a publicação de documentos antigos, transmitidos pela tradição textual dos copistas, em edições com aparato crítico, ou seja, com notas sobre as diferenças entre os manuscritos. Iniciou-se, pois, a publicação de coleções de obras latinas e gregas, primeiro, e depois de uma infinidade de textos em línguas antigas, medievais e modernas. Ao mesmo tempo, começou a surgir a preocupação com a preservação de documentos de arquivos, com a criação de instituições arquivísticas públicas e com critérios próprios.

Uma consequência natural dessa preocupação com a documentação fez surgir grandes iniciativas arqueológicas de coleta e publicação de artefatos, edifícios e outros aspectos da *cultura material*, que deve ser entendida como *tudo que é feito ou utilizado pelo homem*. Esculturas romanas eram conhecidas desde o Renascimento, assim como pinturas parietais, tendo servido de base, inclusive, para que os renascentistas estabelecessem seus cânones. O próprio nome, Renascimento, deve-se não só à leitura das obras antigas, como à coleta de objetos artísticos antigos, que passavam a fazer parte de coleções privadas, papais ou de autoridades. Por alguns séculos, do Renascimento no século XVI até o século XX, esses objetos e mesmo os edifícios antigos, como o Pantheon, em Roma, faziam parte daquilo que se chama Antiquariato, o culto ao antigo, e constitui, em certo sentido, uma atividade precursora da Arqueologia. Desde meados do século XVIII, a cidade de Pompeia, que havia sido recém-descoberta, começou a ser escavada e seus objetos colecionados da mesma maneira. Seria apenas no século XIX, como resultado da Filologia e da História, que a cultura material passaria a ter um estatuto completamente diverso, não mais como objeto artístico, como modelo ou como curiosidade, para tornar-se *uma fonte histórica*.

A noção mesma de fonte é originária do cientificismo que prevalecia no século XIX, preocupada que estava a História com a descoberta dos fatos verdadeiros. Fonte é uma metáfora, pois o sentido primeiro da palavra designa uma bica d'água, significado esse que é o mesmo nas línguas que originaram esse conceito, no francês, *source*, e no alemão, *Quell*. Todos se inspiraram no uso figurado do termo *fons* (fonte) em latim, da expressão "fonte de alguma coisa",[2] no sentido de origem, mas com um significado novo. Assim como das fontes d'água, das documentais jorrariam informações a serem usadas pelo historiador. Tudo que antes era coletado como objeto de colecionador, de estátuas a pequenos objetos de uso quotidiano, passou a ser considerado não mais algo para o simples deleite, mas uma fonte de informação, capaz de trazer novos dados, indisponíveis nos documentos escritos.

Iniciaram-se, assim, a catalogar os acervos de objetos existentes nas coleções, a desenhar e publicar, em livros e artigos científicos, as descrições detalhadas dos edifícios antigos que passavam, dessa forma, da categoria do estético ou pessoal, para o científico e coletivo. Se antes era comum que objetos, edifícios e mesmo pinturas antigas fossem retratados por artistas, em cópias, portanto, artísticas, a partir desse momento passaram a ser reproduzidas em desenhos técnicos, e não mais artísticos, segundo critérios técnicos e científicos, com uso de medição e escala. Com o advento da fotografia, seriam então retratados por meio de imagens que se queriam neutras e objetivas. Portanto, os primeiros documentos arqueológicos, antes mesmo de se iniciarem as escavações científicas, foram todo aquele imenso material acumulado na forma de "antiguidades" que passavam por um processo de transformação em fonte científica de informação.

Os museus exerceram papel significativo nesse primeiro momento. Criados no contexto dos novos estados nacionais surgidos a partir do século XVIII e no XIX, eles contribuíram tanto para a formação de uma identidade nacional como, também, para reforçar a ideologia imperial das grandes potências, empenhadas em conquistas coloniais. Reuniam artefatos vindos do próprio país e do mundo, como no caso do Museu Britânico ou o Museu do Louvre ou mesmo do Museu Nacional do Rio de Janeiro. Esses artefatos reunidos já não eram coleções privadas de antiquário, como nos séculos anteriores, mas estavam nos museus públicos, instituições científicas, e serviam, de forma explícita, como fonte de informação para os historiadores positivistas. Cada objeto era registrado e, se possível, publicado segundo critérios acadêmicos, de modo a que pudesse servir ao historiador especializado naquela civilização e período. Civilizações sem escrita ou com escrita não decifrada até recentemente, como a maia, da América Central, passaram a ser objeto de atenção de historiadores que se valiam para seus estudos de fontes primárias como artefatos, transportados e custodiados em museus.

As pesquisas arqueológicas desenvolvidas posteriormente começaram a revelar uma quantidade crescente de edifícios, ruas, estradas, aquedutos, artefatos de todo tipo, descobertos, estudados, publicados. Visando à transformação da cultura material em fonte histórica, foram sendo criados métodos científicos para esse trabalho arqueológico. Os responsáveis pelas primeiras escavações nas ruínas de Pompeia, no século XVIII, retiravam objetos sem qualquer registro de campo, recortavam pinturas das paredes sem muitas vezes sequer anotar de onde vinham. As escavações científicas surgidas no século XIX tinham como princípio básico, como prescreviam os bons historiadores, o registro detalhado de tudo que se encontrava, o desenho das estruturas e dos objetos e até mesmo o descarte adotava parâmetros da nascente História.

Busca de vestígios de cultura material que serão utilizados como fonte histórica pelos pesquisadores. a) Escavação arqueológica em imagens do século XIX (Fonte: *Gentleman´s Magazine*, 1852.). b) Escavação arqueológica, cem anos depois, segundo um método mais atual, por quadrículos.

De fato, um dos primeiros desafios dos historiadores que se viam diante de arquivos documentais modernos, com uma quantidade enorme de documentos repetitivos – como ordens de serviço nas burocracias dos estados –, foi o estabelecimento de critérios para que se preservassem amostras de séries de documentos escritos repetitivos. O mesmo se aplicou à escavação arqueológica, pois não se pode conservar tudo que se escava. Naquela época, caracterizada pelo positivismo, acreditava-se que esses critérios de descarte eram objetivos e que nada se perdia de informação, mas, com o tempo, tanto com relação aos documentos de arquivo como os arqueológicos, ficou claro que há um grau de subjetividade inevitável às escolhas. Gradativamente, para limitar ou pelo menos controlar essa subjetividade, criaram-se duas praxes quanto a fontes a serem descartadas: em primeiro lugar, deve-se explicitar os critérios usados para o descarte, para que as gerações futuras saibam o que foi excluído. Em seguida, deve-se seguir o parecer de uma comissão científica que estabelece o que, num determinado momento, se considera importante preservar. Nada disso diminui os prejuízos do processo de eliminação dessas fontes descartadas, elas se perdem mesmo para sempre, mas os pósteros podem sempre julgar quais foram os vieses adotados em cada caso.

Fontes epigráficas e artefatos

Da imensa quantidade de material arqueológico que começou a vir à luz no século XIX, aquele que mais atenção mereceu por muitas décadas e ainda continua a ser particularmente valorizado são *as inscrições*. Muitas civilizações utilizaram-se de inscrições em pedra, que se conservam arqueologicamente muito bem, mas também em outros suportes duráveis, como cerâmica, tijolos, telhas, estelas, sarcófagos. A decifração dos hieróglifos egípcios levou ao início da publicação sistemática das inscrições do Egito, assim como à publicação, também, do que estava registrado nos papiros. Em meados do século XIX o historiador alemão Theodor Mommsen começou a publicar as inscrições gregas e latinas, surgindo as coleções *Corpus Inscriptionum Latinarum* e *Inscriptiones Graecae*. Essas inscrições eram de todo tipo, monumentais em pedra, mas também cursivas parietais, incisas ou pintadas nas paredes ou nos vasos de cerâmica, estampilhas em tijolos ou ânforas, grafites em todo tipo de suporte.

A variedade de informações que surgiam transformaram de forma radical o próprio conceito de fonte histórica, pois, nas primeiras décadas do século XIX, as duas grandes categorias eram os documentos de arquivo e as obras copiadas pela tradição textual. As inscrições constituíram a primeira categoria substancial de fontes arqueológicas que passaram a determinar e influenciar, de maneira decisiva, a escrita da História, ainda no século XIX. A História do Egito antigo não se basearia mais apenas em Heródoto e outras fontes gregas da tradição textual, mas estaria calcada, acima de tudo, nas inscrições e manuscritos paleográficos egípcios vindos à luz graças à Arqueologia. Mesmo uma civilização como a romana, da qual nos chegaram um grande número de obras literárias preservadas, passou a ser estudada pelo historiador, necessariamente, também com as informações advindas das fontes arqueológicas epigráficas. A publicação do *Corpus Inscriptionum Semiticarum*, com as inscrições em línguas semitas, marcou uma expansão das fontes sobre diversos povos antes conhecidos apenas por meio da *Bíblia* ou por referências nas literaturas grega e latina. Até mesmo a periodização da História passou a ser tributária dessas fontes, como no caso do Egito antigo, de modo que as próprias categorias do historiador passaram, já no século XIX, a ser tributárias da Arqueologia. Essa tendência acentuar-se-ia no século seguinte, com a explosão de pesquisas arqueológicas e a ampliação, cada vez maior, dos objetos de pesquisa, dos campos de interesse do historiador.

O final do século XIX e o início do século XX viriam conhecer uma ampliação significativa do conjunto de fontes arqueológicas e isso se deveu tanto a avanços técnicos, quanto a mudanças epistemológicas e políticas. O avanço do capitalismo pelo mundo, a expansão imperialista das potências europeias e dos Estados Unidos, tudo isso forneceu um quadro para um aumento exponencial das pesquisas arqueológicas, com a criação de Escolas de Arqueologia ligadas às grandes potências em diversos lugares. Regiões como a América Central, a Índia e a África receberam atenção dos arqueólogos e, nos países centrais, as pesquisas arqueológicas estenderam-se no tempo e no espaço. Em busca dos vestígios pré-históricos, cada vez mais se recuava no tempo, seja na Europa, seja nas Américas e na África. Se o século XIX havia se interessado quase que exclusivamente pelo passado com escrita, o passado mais recuado cada vez mais chamava a atenção dos historiadores, ou pré-historiadores. No contexto nacionalista, a busca da História de gauleses e germanos (que justificariam nacionalismos na França e na Alemanha), por exemplo, não mais se limitaria às fontes literárias gregas e romanas que desses povos tratava, como o famoso *Germânia* de Tácito, historiador romano antigo. Buscavam-se agora vestígios arqueológicos, em sua maioria sem traços de escrita, desses que eram considerados os antepassados de franceses (gauleses) e alemães (germanos).

A História também passava por mudanças conceituais que iriam se aprofundar no decorrer do século XX, com consequências profundas para o entendimento de fontes históricas em geral e arqueológicas em particular. O positivismo, que havia caracterizado a disciplina por muitas décadas, em sua busca pela objetividade do que realmente aconteceu, *wie es wirklich war,*[3] passou a ser questionado, primeiro em outras searas das Ciências Humanas e, em seguida, na História. A Filosofia fora a primeira a pôr em questão as certezas do positivismo, sua convicção de que se podia chegar à verdade. Mostrava-se como o sujeito de conhecimento, aquele que busca a verdade, não pode desvencilhar-se de si mesmo, de suas características e interesses e sempre terá uma interpretação subjetiva do mundo. Outras disciplinas começavam a surgir, já neste contexto um pouco mais subjetivista, como a Sociologia e logo a Linguística. Todas partiam do pressuposto de que a sociedade não é algo que se possa conhecer sem mediação de teorias, de quadros conceituais interpretativos. Isso tudo teria consequências e repercussões na História. Os historiadores começaram a ler esses estudos e a se convencer de que a História não poderia apenas buscar a verdade, que ela tampouco poderia deixar de recorrer a teorias sobre o funcionamento e transformação das sociedades. A ênfase no fato histórico, irrepetível e único, deveria ser substituída pela atenção às regularidades históricas. Os grandes personagens, reis, imperadores, papas não eram mais compreensíveis sem os seus colegas da elite e mesmo sem as grandes massas de trabalhadores que permitiam que eles governassem ou guerreassem.

Isso tudo levou a uma ampliação considerável das fontes históricas, pois passavam a interessar as séries, as permanências, as trivialidades, o quotidiano das pessoas comuns. A Arqueologia passava a fornecer uma grande quantidade de informações precisamente sobre tais aspectos do passado, já que a maioria do que se encontra, em uma pesquisa arqueológica, são artefatos banais, em série, de uso quotidiano, assim como vestígios de casas vernaculares simples. O historiador e arqueólogo russo Mikhail Rostovtzeff foi um dos pioneiros nessa História pós-positivista, baseada não mais na tradição textual, mas calcada, em grande parte, nos vestígios arqueológicos do quotidiano, tendo publicado duas obras monumentais sobre o mundo antigo, *História social e econômica do mundo helenístico* e *História social e econômica do Império Romano*. Sua narrativa sobre o período helenístico e romano mostrava-se como uma interpretação, não como um relato do que aconteceu. Sua História não era política, como no positivismo que se centrava nos governantes, mas social e econômica. Historiador russo inserido na tradição erudita germânica, Rostovtzeff destacava, em notas alentadas, as origens de cada afirmação, a tal ponto que três quartas partes das cinco mil páginas de sua obra eram dedicadas às fontes, também em sua imensa maioria arqueológicas, tanto inscrições como artefatos sem escrita.

A partir daí, as fontes arqueológicas passaram a ser parte integrante e essencial da pesquisa histórica e os bons historiadores, mesmo quando não se dedicam, no detalhe, à cultura material, não deixam de levá-la em conta. Os grandes movimentos historiográficos do século xx mostram bem essa preocupação, como no caso da chamada Escola dos *Annales*, com suas origens nas primeiras décadas do século, na Filosofia de Henri Berr e na Sociologia de Émile Durkheim. Desde seus inícios, a ênfase dos renovadores da História, em sua luta contra a História positivista, consistiu tanto na busca dos referenciais teóricos nas Ciências Humanas, como na ampliação significativa das fontes, para além da tradição textual e dos arquivos. A *paisagem*, como resultado material da ação humana, foi objeto de preocupação pioneira de Lucien Febvre,[4] assim como a cultura material esteve na base da obra do historiador francês Adolphe Lods[5] sobre Israel antigo, na obra de Lucien Febvre sobre o surgimento do 'objeto' livro,[6] para culminar com Fernand Braudel,[7] em 1952, e sua monumental obra sobre a *civilização material*:

> Vida material são homens e coisas, coisas e homens. Estudar as coisas – os alimentos, as habitações, o vestuário, o luxo, os utensílios, os instrumentos monetários, a definição de aldeia ou cidade –, em suma, tudo aquilo de que o homem se serve, não é a única maneira de avaliar a existência quotidiana... De qualquer maneira, proporciona-nos um excelente "indicador".

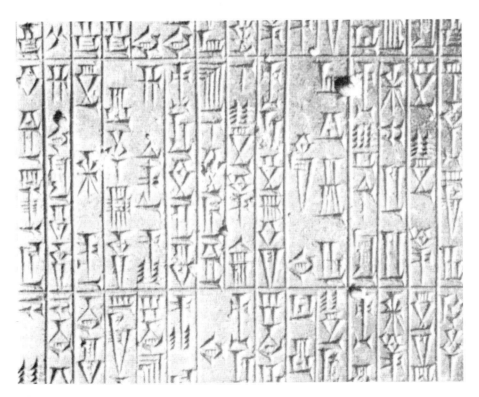

Tabletas de argila da Mesopotâmia. Sua decifração permitiu aos historiadores conhecerem aspectos importantes da vida cotidiana do terceiro milênio a.C.

O uso extensivo das fontes arqueológicas, as referências às escavações, aos artefatos, transformou a monumental obra de Braudel, com seus três grandes volumes, num clássico, ao mostrar que as fontes arqueológicas não eram importantes apenas para os historiadores da Antiguidade, mas também para os que lidam com a História moderna. Com a descoberta arqueológica das tabletas de argila da Mesopotâmia e sua decifração, o historiador Samuel Noah Kramer[8] mostrou que podíamos saber mais sobre a vida quotidiana do terceiro milênio a.C. do que sobre como viviam nossos bisavós! Braudel não achava isso aceitável e lançou-se na empreitada de explorar as fontes arqueológicas de épocas mais recentes, de modo que, em pouco tempo, não estivéssemos nessa situação de conhecermos melhor o mais antigo do que o mais recente. No ambiente acadêmico francês, a materialidade do mundo moderno passou a constituir objeto de crescente interesse e a obra do filósofo Michel Foucault[9] teve peso singular, ao estudar as clínicas e as prisões, instituições que antes pareciam naturais e que Foucault mostrou serem de fato históricas e muito recentes. Foucault tratou os edifícios de clínicas, prisões e escolas como construções destinadas a controlar as pessoas, e outros estudiosos, na mesma linha de raciocínio, propuseram que o espaço se tornara, desde o século XIX, cada vez mais individual e pessoal. Se antes havia casas com cômodos de múltiplas funções, as moradias passaram a separar os ambientes (quarto do casal, quarto de cada filho, banheiros para cada membro da casa, e assim por diante). A História cultural, também de matriz francesa, não deixa de buscar a materialidade de seus objetos de estudo, como no caso mais conhecido do livro, analisado historicamente na obra clássica de Roger Chartier.[10]

Outros contextos intelectuais historiográficos também valorizaram a cultura material como fonte histórica. As correntes que se inspiram em Marx constituem um bom exemplo, até mesmo por designar-se como *materialismo histórico*. Marx havia, em pleno século XIX, propugnado que as relações sociais e a História fundam-se em relações materiais. O estudo da cultura material, com esse nome, surge no horizonte intelectual do marxismo e toda a historiografia marxista, em suas múltiplas e variadas formas, enfatizou a importância da análise das fontes materiais. Como dizia Vere Gordon Childe,[11] historiador e arqueólogo marxista atuante dos anos 1910 a 1950,

> a História deve ser o estudo científico dos documentos: no arquivo arqueológico – relíquias e monumentos do passado – e nos documentos transmitidos oral ou pictoricamente e, ainda, o melhor de todos, por escrito.

Em outra vertente, Walter Benjamin, filósofo e pesquisador alemão da literatura, estudou a materialidade do mundo moderno no seu clássico *A obra de arte na época das reproduções técnicas*,[12] mostrando como a arte é, antes de tudo, algo material. Esse aspecto físico da arte constitui sua parte integrante, sem cuja devida atenção não se pode entender algo tão aparentemente etéreo e distante do material, como a arte. O pensador e ativista político italiano Antonio Gramsci,[13] ainda em outra esfera, preocupava-se com os efeitos da industrialização da cultura, na forma de livros, jornais, revistas, o que criava um novo tipo de intelectual a serviço do poder: jornalistas, escritores, produtores de cinema, chamados de *intelectuais orgânicos*. O aspecto material dessa produção cultural em série foi destacado por Gramsci e, posteriormente, por seus seguidores.

Poderia parecer, contudo, que a cultura material, por essa ligação com o materialismo, seria pouco valorizada pela historiografia assumidamente mais subjetivista, que enfatiza o papel do estudioso na interpretação da História, mas esse não é o caso. Na esteira de Hegel e Croce, dois dos grandes filósofos idealistas, o arqueólogo Roger G. Collinwood, na década de 1930, publicou um clássico da historiografia de língua inglesa, ainda hoje referência, citado nos livros mais recentes dos pós-modernos, *A ideia de História*.[14] Collinwood mostrou como os indícios, os vestígios materiais, constituem parte essencial do raciocínio subjetivo do historiador, pois uma Estela funerária de um legionário romano, por exemplo, pode muito nos dizer sobre os sentimentos de um soldado, assim como uma oferenda em um templo sobre a religiosidade de um peregrino. Suas duas grandes obras sobre temas históricos concretos mostram essa centralidade da cultura material, seja em *Roman Britain*, de 1936, seja na obra de referência *Roman Inscriptions of Britain*,[15] voltada para o recolhimento de inscrições e sua análise.

As fontes arqueológicas também encontraram terreno fértil em diversas correntes historiográficas, preocupadas com a multiplicidade de quotidianos. Brinquedos de crianças, artefatos femininos, edifícios escolares, tudo permite ampliar o olhar do historiador sobre o passado. O estudo das camadas subalternas muito tem se ampliado e, para isso, as fontes arqueológicas contribuem de forma notável, com seu caráter anônimo e involuntário. Cultura espiritual e material revelam-se parte de um mesmo todo, como discursos a serem interpretados pelo historiador. Nunca as fontes arqueológicas foram tão difundidas entres os historiadores e seu êxito só tende a aumentar.

Como usar
As ferramentas interpretativas e as informações prévias

Após esse passeio pela trajetória do estudo das fontes arqueológicas, convém acrescentar as maneiras como os historiadores podem usá-las. Para isso, nada melhor do que o recurso aos estudos de caso, aos exemplos do que já se tem feito e do que se pode propor como exercícios, tanto com referências à História universal, como do Brasil.

Um grande desafio surge quando não há documentação escrita produzida pela sociedade estudada, naquilo que chamamos, por convenção, de Pré-História. O historiador que se volta para o passado mais recuado confronta-se com vestígios materiais, em geral, muito limitados. Ossos fossilizados de animais e ou de humanos, indícios de ocupação no solo, como fogueiras ou buracos feitos por suportes de barracas, restos de objetos de pedra, ou líticos, e, nos casos mais recentes, de cerâmica. Como então avançar na pesquisa?

Em primeiro lugar, é necessário **buscar ferramentas interpretativas**, como em qualquer pesquisa histórica. Sem modelos interpretativos, corremos o risco de pensar que estamos, diretamente e sem mediação, "descobrindo" o que aconteceu, o mundo tal como ele é, *Dinge an sich*,[16] como proclama o positivismo: a coisa em si. Na verdade, o historiador deve promiscuir-se com as teorias sociais, para usar a expressão do historiador britânico Michael M. Postan em artigo célebre sobre as fontes históricas,[17] e não por acaso muitos historiadores publicaram obras sobre *História e Ciências Sociais* (F. Braudel[18]) ou *Sociologia e História* (Peter Burke[19]). O historiador britânico Alun Munslow retoma o também historiador britânico Collinwood e lembra que:

> a evidência não constitui conhecimento histórico disponível e pronto, que pode ser simplesmente engolido e digerido pelo historiador. As fontes tornam-se úteis como fatos históricos apenas quando o historiador as submeter a uma série de conhecimentos contextualizados que ele já possui.[20]

Na pesquisa e análise histórica, as fontes que surgem integram-se ao que já é conhecido sobre a sociedade estudada e sobre as sociedades humanas, em geral, e em particular sobre aquelas semelhantes ou comparáveis àquela que nos interessa. No caso das sociedades sem escrita, há que se estudar, antes, o que se disse ou se registrou sobre tais sociedades, o que se sabe sobre o papel da oralidade nesses grupos sociais, as relações pessoais e face a face, sua interação com o meio ambiente, sua religiosidade. São, portanto, leituras de caráter metodológico, antropológico, sociológico e filosófico que devem ser feitas pelo pesquisador.

Em seguida, e não menos importante, é **o estudo, se houver, de informações já registradas** sobre aquela sociedade sem escrita em especial. Por exemplo, os índios tupis e guaranis da época colonial foram descritos pelos antigos colonizadores; povos guaranis e tupis de tempos recentes ou mesmo atuais foram descritos e estudados por etnólogos em nossa época. Os celtas, por exemplo, foram descritos por gregos e romanos antigos.

Entretanto, nem todos os povos do passado nos são conhecidos por essas vias indiretas, pela escrita de outros. Quanto mais antigos os vestígios, menor a possibilidade de termos quaisquer dados fornecidos por povos com escrita. De fato, nada que tenha mais do que cinco mil anos conta com informações escritas, mesmo indiretas. O historiador que se dedicar aos primeiros milhões de anos dos hominídeos até a invenção da escrita terá como ponto de partida muito pouco, contando apenas com um objeto aqui outro acolá, com diferenças de milhares de anos. Mesmo assim, **muito poderá conhecer, se estiver atento aos achados arqueológicos, às evidências materiais.** Talvez a evidência material mais conhecida e estudada desses milhões de anos iniciais seja os restos dos próprios hominídeos, mandíbulas, ossos da bacia e da perna, crânios, tudo potencialmente capaz de fornecer uma grande quantidade de informações.

Um exemplo será o suficiente para avaliar a importância desse tipo de fontes para o historiador. Por alguns milhares de anos, entre cem e quarenta mil anos atrás, encontramos esqueletos que correspondem a dois tipos de humanos: o *homo sapiens* e o homem de neandertal.[21] Os primeiros são nossos antepassados diretos, enquanto os segundos, com capacidade cerebral maior do que a nossa, poderiam ser mesmo mais inteligentes que os seres humanos, mas, provavelmente, extinguiram-se sem deixar descendentes. As comparações entre os crânios das duas espécies de antropoides permitem notar que havia duas diferenças, uma aparente e outra mais sutil. Na aparência, o neandertal apresentava uma cavidade ocular muito mais marcada do que a nossa, de modo que sua face se parecia muito mais do que a nossa com a de alguns tipos de macacos. Contudo, isso não explica como, tendo um cérebro tão grande, acabou por extinguir-se, à diferença do homem. O estudo da sua cavidade bucal, entretanto, levou os estudiosos a proporem que o neandertal, à diferença do homem, emitia sons, mas não os poderia articular como o *homo sapiens*, de modo que a comunicação entre eles nunca poderia desenvolver-se como entre os humanos. Assim, apesar da capacidade cerebral menor, o *homo sapiens* teve uma grande vantagem histórica e fundamental: a possibilidade de transmitir informações oralmente, de geração a geração, formando o que chamamos de cultura. A fonte arqueológica, portanto, se estudada no detalhe, permite ao historiador formular hipóteses tanto sobre a época mais antiga, como mesmo posterior, pois se essa interpretação for válida, então mais ainda poderemos considerar que a vida social depende da comunicação e da transmissão cultural.

Para tempos mais recentes, **as fontes arqueológicas devem ser abordadas tendo em vista a possibilidade da analogia com outros povos em situação semelhante**, no que chamamos de **paralelo etnográfico**. Por meio da observação do comportamento de grupos vivos, formularam-se alguns conceitos que foram aplicados ao passado da humanidade e ao estudo das fontes arqueológicas.

A partir do critério de destacar o principal meio de subsistência, formularam-se os conceitos de *grupos de caçadores-coletores* e *grupos de agricultores ceramistas*. O antropólogo e pré-historiador francês André Leroi-Gourhan[22] pesquisou, em grupos vivos e em grupos antigos (por meio de fontes arqueológicas), como povos que caçam, pescam e coletam desenvolvem, por conta dessas suas atividades, um modo de vida específico, que inclui formas de relacionar-se, de construir cabanas, de comer e de beber, de se vestir, de dispor do corpo dos mortos. Fez o mesmo com os povos agricultores e ceramistas, constatando especificidades de seu modo de vida em função de sua atividade econômica principal. Sua obra clássica, *Milieu et Techniques* (Meio e Técnicas), de 1945, estuda, de forma comparativa, mais de mil artefatos, de povos do presente e de povos do passado remoto (por meio de fontes arqueológicas), e mostra como há condicionantes técnicos para a existência dos artefatos – sua função, o meio ambiente em que foram criados –, mas também como variam conforme a diversidade das culturas.

Leroi-Gourhan constata a imensa variedade de artefatos, em uso ou arqueológicos, empregados na atividade da pesca e, ao fazê-lo, revela como apenas uma parte dos artefatos de pesca consegue preservar-se com o tempo, pelo que as fontes arqueológicas referentes à pesca são uma ínfima parte do que já foi produzido por povos pescadores: a madeira e a corda, por exemplo, pouco sobrevivem, restando apenas vestígios de objetos de pedra. Quanto às sociedades agrícolas e produtoras de cerâmica, Leroi-Gourhan observa que muitos aspectos da vida social, como o vestuário, podem ser conhecidos apenas com relação a povos do presente, pois vestes são muito perecíveis.

O importante, no entanto, é a indicação metodológica de que as fontes arqueológicas podem dizer muito mais ao historiador se este utilizar a analogia etnográfica para melhor compreender os vestígios que encontrar.

Assim, por exemplo, como interpretar uma escultura em pedra, encontrada em um concheiro,[23] construído por um determinado povo coletor, em que aparecem dois pássaros copulando? Por analogia etnográfica, podemos afirmar que, nessa sociedade coletora, assim como noutras, a fertilidade dos animais era associada à fertilidade humana, à abundância alimentar, à sorte ou ao favorecimento religioso, assim, a escultura teria sido feita com o objetivo de lembrar ou reforçar tais benesses.

Nessa mesma sociedade, como interpretar o enterramento de pessoas no próprio concheiro, entre os restos de conchas? Com o recurso ao mesmo método, podemos propor que, de alguma forma, o povo acreditava que os mortos continuavam a atuar entre os vivos, como espíritos ou de alguma outra forma simbólica.

Fontes arqueológicas e fontes escritas

Nos casos em que o historiador conta com escritos que se referem, direta ou indiretamente, a uma sociedade sem escrita, **o estudo desses textos aliado à análise dos indícios materiais encontrados** será fundamental. Muitas sociedades europeias, que estiveram por longo tempo em contato com gregos e romanos e que depois foram anexadas, tornando-se parte de uma nova unidade, como o Império Romano, podem, como foi dito, ser estudadas graças a registros desse tipo. Alguns casos são particularmente relevantes até para o entendimento da História de nosso país, pois remontam às origens de diversos aspectos da realidade secular brasileira. Por exemplo, no noroeste da Península Ibérica, desenvolveu-se, nos últimos séculos a.C., uma sociedade celta cujos vestígios chegaram até nós, na forma de construções muradas em elevações conhecidas pelo nome de castros. Esse nome, muito comum nessa região, tanto do lado espanhol como português, deriva do termo latino *castrum*, usado pelos romanos para designar um local fortificado. (O sobrenome Castro, também muito usado no Brasil, provém da quantidade de castros na região da península.) Os vestígios dos castros mostram restos não apenas das muralhas, como também das casas e dos alimentos usados por essa sociedade de agricultores e criadores de animais, com destaque para os restos de bois e vacas, a indicar o consumo de carne bovina e de derivados de leite. Os povos que viviam nesses castros foram encontrados pelos romanos e incorporados ao domínio romano.

Como usar essas fontes? Inês Sastre,[24] arqueóloga e historiadora espanhola, mostrou que houve mudanças nos castros, os do período anterior à chegada dos romanos eram distintos dos da época de sua inclusão no império. Sastre detectou que, nos assentamentos pré-romanos, havia diferenciação de *status* entre os habitantes, com conflitos internos e entre os diversos castros. A chegada dos romanos acentuou essas diferenças e, mais, criou condições para o aparecimento de uma autêntica classe dominante, parte da estratégia imperial de cooptação das lideranças locais, em todo o império. Essa preocupação estratégica está presente nas fontes literárias romanas e há inúmeros exemplos que a isso se referem. As fontes arqueológicas dos castros da época da dominação romana revelam uma transformação social importante deduzida pela pesquisadora a partir da constatação de que, nessa nova fase, surgiram construções voltadas para o armazenamento e controle da distribuição de alimentos por parte da elite nascente, assim como ocupações de regiões periféricas menos férteis pelos segmentos empobrecidos da antiga comunidade celta.

O estudo do processo de surgimento das primeiras elites nessa região é relevante tanto em termos metodológicos, em geral, como para a compreensão da dinâmica específica que ocorreu no Brasil por ocasião dos primeiros contatos dos nativos com os europeus na época do Descobrimento. Isso porque o processo de constituição de elites em sociedades mais ou menos igualitárias, com a participação de um poder externo, de uma sociedade altamente estratificada, como a romana, encontra paralelos em muitos outros locais e períodos da História, como no contato entre europeus e indígenas na América ou nativos, na África, em Época moderna. O surgimento das cidades medievais portuguesas e coloniais brasileiras seguiu a tradição da ocupação das áreas altas, em assentamentos irregulares e com hierarquização, a influência do período romano é nítida.[25]

Nesse caso temos também um bom exemplo de como as fontes arqueológicas foram utilizadas pelo historiador, tanto em conjunção com o recurso à tradição literária, quanto com o emprego da analogia etnográfica, resultando em uma análise original que rompe com a visão tradicional, que encarava a ocupação celta em toda Europa sob o mesmo prisma, como se tivesse ocorrido do mesmo modo em todos os locais. A especificidade de cada contexto histórico pode ser revelada pelo historiador que se vale de fontes arqueológicas.

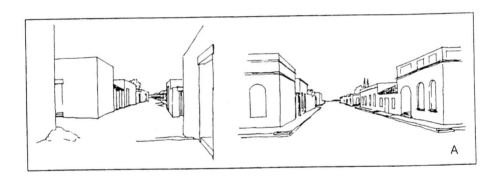

Os achados arqueológicos permitem aos historiadores comparar sociedades distintas.
a) Perspectivas urbanas na Grécia antiga e no Pampa colonial argentino.
b) Pátio grego e colonial hispânico, segundo os estudiosos Contin e Larcamón.

Mesmo nas sociedades que utilizam a escrita, mantêm-se largos contingentes populacionais à margem das letras e podemos dizer que, em grande parte da história, os iletrados constituem maiorias ausentes das fontes escritas que apenas as descrevem distante e negativamente. Nesse caso, também, **as fontes arqueológicas são importantes para os historiadores que procuram ter acesso a segmentos sociais pouco visíveis** ou conhecidos. Isso se passa, por exemplo, com o estudo do Jesus histórico e dos seus primeiros seguidores da Galileia, todos analfabetos. As fontes literárias sobre Jesus são os Evangelhos, escritos ao menos quarenta anos após sua morte, em grego (segundo os estudos mais recentes), língua que nem mesmo Jesus dominava, falante que era do aramaico. As fontes arqueológicas mostraram-se importantes para o estudo da figura de Jesus e do contexto em que ele viveu, pregou e morreu. Por meio de escavações de aldeias judaicas da época de Cristo, sabemos que Jesus provinha de uma aldeia muito pequena, Nazaré, com poucas centenas de pessoas, e que as aldeias da Galileia que Jesus frequentava eram também pequenas e com casas de pau a pique e cobertas com tetos de cobertura vegetal.[26] Os barcos dos pescadores como Pedro, o apóstolo, eram pequenos e simples. Já os indícios arqueológicos da presença das elites mostram outra realidade: a inscrição com o nome de Pilatos, os vestígios monumentais das casas da elite sacerdotal judaica, com sua decoração romana, o ossuário de Caifás, tudo isso atesta uma vida cosmopolita, além do bom entendimento entre a elite local e as autoridades romanas. Essas fontes arqueológicas nos permitem melhor compreender as palavras atribuídas a Jesus, registradas muito depois, contra a riqueza e em prol dos pobres, como o famoso Sermão da Montanha.[27]

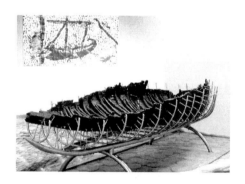

Barco usado na Galileia no século I.

Casas e trabalho cotidiano da gente simples de Cafarnaum no século I. (reconstituição de Crossan e Reed)

Interior da casa de um rico sacerdote judeu em Jerusalém
(reconstituição de Crossan e Reed).

As fontes arqueológicas não apenas ajudam a entender melhor, não só contribuem para esclarecer o que nos dizem as fontes literárias e arquivísticas. O historiador pode e deve **explorar as diferenças e contradições entre as fontes**, de modo a tentar melhor interpretar seu objeto de estudo. Conhecíamos a chamada República de Palmares apenas pelos documentos oficiais, escritos por aqueles que combateram o quilombo rebelde, o maior e mais duradouro assentamento resistente à escravidão.[28] Durante todo o século XVII, até sua destruição em 1694, um grupo de fugitivos das plantações escravistas canavieiras nordestinas refugiou-se na zona da mata, a mais de cinquenta quilômetros da costa, para viver em liberdade. Os revoltosos foram atacados, inúmeras vezes, pelas forças coloniais, sem êxito. Durante a ocupação holandesa, a luta entre portugueses ao sul, na Bahia, e os flamengos ao norte, em Pernambuco, favoreceu para que o assentamento crescesse, ainda que continuasse a ser atacado, agora pelos holandeses. Com a retomada portuguesa, em 1654, renovam-se os ataques, incapazes de fazer frente aos rebeldes, até que as autoridades contratam paulistas, sob o comando de Domingos Jorge Velho, que consegue destruir o quilombo e matar seu líder, Zumbi, em 1695. Todo esse relato nos chegou dos documentos portugueses e holandeses, em tudo contrários aos revoltosos e que pouco entendiam, mesmo quando o queriam, as motivações, aspirações e características do quilombo. Os quilombolas foram descritos como africanos que viviam como na África, mas também como aculturados, convertidos que estariam à religião cristã. Zumbi teria sido treinado em latim para ser sacerdote, antes de tornar-se líder rebelde.

As escavações, por sua vez, produziram fontes arqueológicas que permitiram questionar as visões enviesadas das fontes escritas. Encontraram-se vestígios cerâmicos que atestam uma variedade de influências e origens, com destaque para as peças vidradas populares dos colonos, as formas de origem indígena e as mesclas originais também possivelmente inspiradas em tradições africanas. A participação indígena no quilombo, apenas muito parcialmente perceptível nas fontes escritas, mostrou-se vigorosa. A mescla cultural, tampouco clara na tradição textual, mostrou-se determinante do assentamento que mais do que um simples estado africano, parece ter sido uma criação original, na luta pela liberdade em contexto americano. No sítio arqueológico, encontrou-se cerâmica vidrada apenas em certas áreas, o que poderia ser interpretado como evidência de que haveria lugares onde viveria uma elite, que tinha acesso a artefatos importados, enquanto a maioria usava apenas cerâmica comum.

As fontes arqueológicas e o estudo dos conflitos

Muitas outras pesquisas têm produzido fontes arqueológicas únicas para a História, mesmo quando abundam documentos escritos. Os aldeamentos jesuítas no Brasil, tema bastante conhecido pelas fontes eclesiásticas e laicas, exemplificam bem como **as fontes arqueológicas podem fornecer indícios de conflitos e resistência**, em geral subestimados pela literatura produzida pelos letrados. Nanci Vieira de Oliveira,[29] ao estudar o aldeamento de São Barnabé, no Rio de Janeiro, pôde mostrar como os esforços de transformação dos índios encontraram resistência ativa por parte das comunidades, que mantiveram atividades de subsistência tradicionais, com técnicas de cultivo ancestrais. A coleta de moluscos, ignorada pelas fontes escritas, abunda nas fontes arqueológicas. As restrições oficiais às atividades artesanais tradicionais, de cerâmica e cestaria, foram burladas, como atestam os restos materiais. O desmantelamento dos aldeamentos durante o século XVIII, portanto, não foi casual, mas uma medida oficial contra a rebeldia indígena, que conhecemos pelas fontes arqueológicas.

A resistência torna as fontes arqueológicas particularmente importantes para os historiadores, pelo viés erudito e elitista das fontes escritas. Não que os documentos não se refiram à resistência, mas o fazem a partir de um ponto de vista do grupo dominante, o que muitas vezes pode induzir o historiador a considerar o comportamento dos subalternos como desviantes, desrespeitosos das normas sociais que deveriam ser aceitas e compartilhadas. Essa interpretação, chamada de normativa, considera que existem normas sociais compartilhadas e que as pessoas se sentem parte da sociedade, sentem-se pertencentes. Usa-se o conceito de pertença, *belonging*, para, por contraste, considerar que as pessoas que não aceitam os valores dominantes, as normas, são desviantes. Esse modelo funda-se, em grande parte, em uma leitura superficial dos documentos escritos. Assim, em uma sociedade baseada no trabalho escravo, é comum que os autores da elite defendam a instituição "escravidão", seu caráter natural ou divino, os benefícios sociais, para todos, senhores e escravos, da própria escravidão. O filósofo grego Aristóteles (384-322 a.C.) tentara demonstrar o caráter natural da escravidão, o filósofo romano Sêneca (4 a.C.-65 d.C.) tentara mostrar os aspectos éticos da escravidão, já o apóstolo Paulo (morto na década de 60 d.C.) comparava a obediência do escravo ao seu dono àquela do cristão a Deus, chamado com o mesmo nome do senhor de escravos (*despotés*, Senhor). No mundo moderno, a esses autores antigos sempre lembrados somaram-se outras justificativas da escravidão, em especial a possibilidade de salvação da alma do escravo africano que, deixado na África, morreria pagão, mas que na América cristianizada teria seu espírito salvo. Os documentos escritos, se lidos pelo prisma normativo, induziriam a pensar, como muito se afirmou, que os próprios escravos aceitavam e interiorizavam tais valores e, em sua maioria, submetiam-se às normas dominantes. Os outros seriam os desviantes, uma minoria.[30]

As fontes arqueológicas da vida em cativeiro, entretanto, têm mostrado tanto as limitações das fontes escritas como dos modelos normativos. Mark P. Leone e Gladys-Marie Fry[31] e Lourdes Domínguez[32] estudaram, em dois contextos diferentes, no Estados Unidos e em Cuba respectivamente, como africanos e descentes de africanos adotaram práticas religiosas de origem africana (vudu), cujo caráter secreto explica sua ausência tanto da literatura da época, como das análises equivocadas feitas a partir de modelos normativos. Os autores norte-americanos examinaram todos os artefatos provenientes de sítios arqueológicos afro-americanos na Virgínia, no período entre 1702 e 1920 e descobriram uma quantidade imensa de objetos usados para fins religiosos, tais como botões, contas, alfinetes, barbantes, empregados como encantamentos protetores. Dominguez mostrou que os colares da *santería* cubana também eram usados para fins religiosos não sancionados pelo cristianismo dominante e oficial e demonstrou, ainda, que esses objetos, no contexto cubano, não eram apenas de origem africana, como indígena aruaque, mas também derivado da religiosidade católica popular da Península Ibérica. Em ambos os casos, a religião dos subalternos não se conformava aos ditames das normas dominantes e, até pelo seu caráter secreto, foram as fontes arqueológicas a ajudar o historiador a melhor entender o relacionamento entre senhores e escravos.

Leone mostrou, também, que fontes arqueológicas descobertas nas fazendas escravistas americanas tardaram a ser estudadas e interpretadas corretamente devido, justamente, ao predomínio da leitura tradicional de que os escravos seguiam sem contestar as normas ditadas pelos senhores. Nos cruzamentos das paredes das casas-grandes norte-americanas, escondidos nos fundamentos, foram encontrados objetos usados pelos africanos para prejudicar os donos da casa, tais como pó de cobra, escorpião, unhas, cabelos, entre muitos outros que, segundo as crenças (descrita nos estudos de religiões afro-americanas), tinham a capacidade de provocar doenças, enlouquecer, controlar, inchar, envenenar, causar reumatismo, cansaço, cegar, matar. Nesse caso, constata-se que os subalternos não apenas não aceitavam os valores impostos, como usavam de uma simbologia e práticas desconhecidas por seus dominadores para prejudicá-los. Essas fontes arqueológicas riquíssimas haviam passado, anteriormente, despercebidas dos historiadores, acostumados que estavam à leitura imediatista das fontes escritas e pouco preparados para o entendimento dos códigos usados pelos escravos.

As fontes arqueológicas constituem **um manancial extremamente variado para o historiador de todos os períodos da História, do mais recuado passado da Humanidade, até os mais recentes períodos e épocas.** Se é verdade, como propõe o historiador alemão Thomas Welskopp,[33] que a História da sociedade é sempre uma História das relações sociais, das identidades em confronto, das leituras plurais do passado, então as fontes arqueológicas têm um papel importante a jogar. No contexto contemporâneo, em que se valoriza a diversidade cultural como um dos maiores aspectos da humanidade, do viver em sociedade, as fontes arqueológicas ajudam o historiador a dar conta de um passado muito mais complexo, contraditório, múltiplo e variado do que apenas uma única fonte de informação permitiria supor.

Como se aprofundar no estudo das fontes arqueológicas

Por fim, antes de encerrar este capítulo, convém apresentar ao leitor um **guia das leituras**, mesmo que introdutórias, que poderá fazer para aprofundar-se no mundo das fontes arqueológicas. Há obras genéricas que tratam da relação entre fontes arqueológicas e documentais no estudo da História, como *Antiguidade clássica, a história e a cultura a partir dos documentos* (2. ed., Campinas, Ed. Unicamp, 2002), *Arqueologia* (São Paulo, Contexto, 2003), *Cultura material e arqueologia histórica* (Campinas, IFCH/Unicamp, 1998), de Pedro Paulo Funari. O papel da leitura moderna dos autores antigos foi explorado por Sylvia Ewel Lenz, *Francesco Guicciardini* (Londrina, Eduel, 2004). No âmbito internacional, o uso das fontes arqueológicas tem sido assunto de diversos livros, como *Text-Aided Archaeology* (Boca Raton, CRC, 1992), organizado por Barbara Little, *Historical and Archaeological Views on Texts and Archaeology* (Leiden, E. J. Brill, 1995), organizado por David B. Small, *An Archaeology of Capitalism* (Oxford, Blacwell, 1996), de Matthew Johnson, e *Historical Archaeology, Back from the edge* (Londres e Nova York, Routledge, 1999), organizado por Pedro Paulo Funari, Martin Hall e Siân Jones. O papel das fontes arqueológicas nos museus e na gestão patrimonial foi estudado por Josep Ballart, *El Patrimônio Histórico y Arqueológico: valor y uso* (Barcelona, Ariel, 1997).

O uso de fontes arqueológicas expandiu-se, também, nos **livros de apoio didático de História**, como *Os primeiros habitantes do Brasil* (São Paulo, Atual, 1995), de Norberto Luiz Guarinello, *O contato de culturas* (São Paulo, Atual, 1996), de Maria Cristina Mineiro Scatamacchia, *Os antigos habitantes do Brasil* (São Paulo, Ed. Unesp, 2002), de Pedro Paulo Funari, todos sobre o Brasil, destinados ao trabalho com crianças, alunos de terceira a sexta séries do ensino fundamental. As fontes arqueológicas sobre outras civilizações, ainda para a mesma faixa etária, estão em obras como *Império e família em Roma* (São Paulo, Atual, 2003), de

Pedro Paulo Funari e, para estudantes do ensino médio, *Nascer, viver e morrer na Grécia Antiga* (São Paulo, Atual, 2002), de Maria Beatriz Borba Florenzano. Para aprofundamento, há obras brasileiras sobre temas específicos, como *Arqueologia até debaixo d'água* (São Paulo, Maranta, 2003), de Gilson Rambelli, *Pré-História do Brasil* (2. ed., São Paulo, Contexto, 2005), de Pedro Paulo Funari e Francisco Noelli, *Arquitetura escolar capitalista* (Buenos Aires, Fapesp, 2002), de Andrés Zarankin.

No âmbito internacional, há boas **enciclopédias**, como *Encyclopaedia of Historical Archaeology* (Londres, Routledge, 2002), organizada por Charles E. Orser Jr. E *Encyclopaedia of Archaeology* (Santa Bárbara, ABC/Clio, 2001), organizada por Tim Murray, com cinco volumes. Há **revistas** que publicam bastante informação sobre as fontes arqueológicas, como *Historical Archaeology, International Journal of Historical Archaeology*.

Para que se entenda a trajetória da História nos séculos XVIII e XIX, à qual este capítulo se referiu no seu início, convém consultar *Orientalismo* (São Paulo, Companhia das Letras, 2000), de Edward Said, e *Black Athena* (Nova York, 1986), de Martin Bernal, do qual se pode consultar, em nossa língua, Pedro Paulo Funari (org.), *Repensando o mundo antigo*, textos de Martin Bernal e Laurent Olivier, tradução de Fábio Adriano Hering e Glaydson José da Silva (Campinas, IFCH/Unicamp, 2003, Coleção Textos Didáticos, n. 49); Pedro Paulo Abreu Funari e Renata Senna Garraffoni, *História antiga na sala de aula*. (Campinas, IFCH /Unicamp, jul. de 2004, Coleção Textos Didáticos, n. 51).

Sobre o aproveitamento em sala de aula do material obtido com o estudo de fontes arqueológicas consulte-se *História na sala de aula* (São Paulo, Contexto, 2003), organizado por Leandro Karnal.

Multiplicam-se, nos últimos anos, os sites **na internet** com fontes arqueológicas, como os nacionais www.historiaehistoria.com.br e www.nethistoria.com, assim como não param de sair publicações em meio digital, como CD-roms, sobre as mais variadas fontes arqueológicas, em produções bem cuidadas da *British Broadcasting Corporation* (BBC) ou da *National Geographic Society*, como *Pompeia, o último dia* (BBC e Editora Abril, 2005).

As fontes arqueológicas podem ser conhecidas, ao vivo, nos **Museus**, como o Museu de Arqueologia e Etnologia da Universidade de São Paulo, o Museu Nacional do Rio de Janeiro, o Museu Paraense Emílio Goeldi, o Museu de Sambaqui de Joinville, entre uma infinidade de outros espalhados pelo Brasil afora. Alguns deles contam com cursos, visitas monitoradas, *kits* pedagógicos, oferecidos a professores e alunos, como o MAE/USP. As fontes arqueológicas inserem-se, também, no Turismo cultural, sobre o qual tratam Pedro Paulo Funari e Jaime Pinsky no livro que organizaram, *Turismo e patrimônio cultural* (3. ed., São Paulo, Contexto, 2004).

Escavações arqueológicas também permitem um contato de primeira mão com as fontes arqueológicas e, hoje, multiplicam-se as oportunidades de participar, mesmo como voluntário, de trabalhos de campo, tanto em empreitadas científicas, como em atividades de resgate arqueológico de empresas privadas. Não faltará, portanto, oportunidade para que o historiador interessado conheça e explore as fontes arqueológicas e possa usufruir dessa importante ferramenta no estudo do passado.

Condições de acesso

As **condições de acesso** às fontes arqueológicas merecem menção especial, antes de concluirmos este capítulo. O historiador que participar de escavações, consultar as coleções arqueológicas em museus ou mesmo utilizar-se de estudos publicados precisará estar atento a alguns procedimentos metodológicos, para que seu esforço seja útil em sua pesquisa histórica.

A situação mais comum e mais fácil para o estudioso consiste na pesquisa daquilo que já foi publicado, em livros, revistas ou mesmo em meio digital, como na internet. As formas mais comuns de publicação das fontes arqueológicas são o **relatório de escavação** e o **catálogo de peças** e, em ambos os casos, o historiador deve preparar-se para a sua leitura, procurando **tornar-se apto a compreender o que lê**. Descrições de procedimentos de escavação, de estratos, assim como uma profusão de tabelas, desenhos e gráficos podem confundir um historiador não acostumado a lidar com esse tipo de material, mas que muito poderá aprender com a leitura atenta da interpretação dos dados proposta pelos arqueólogos. O fato é que o historiador não precisa tornar-se um especialista em ânforas, por exemplo, para aproveitar-se das conclusões econômicas, sociais, políticas e culturais de um estudo sobre esses objetos de cerâmica.

O mesmo se aplica, ainda com mais razão, aos livros e artigos que fazem uso das fontes arqueológicas, cuja leitura é facilitada pelo seu componente argumentativo. Como vimos no decorrer deste capítulo, muitos historiadores são também arqueólogos, especialmente aqueles que estudam sociedades antigas, como a grega ou a romana, o que, torna seu texto imediatamente compreensível a qualquer historiador.

Em todo caso, **o estudioso que estiver interessado nas fontes arqueológicas deve fichá-las como fontes, separando as interpretações da documentação primária,** como faz com os documentos de arquivo ou com os autores antigos. Assim, os vestígios cerâmicos de Palmares ou de um aldeamento, como nos exemplos citados neste capítulo, devem ser fichados à parte das interpretações.

Nas **fichas de artefatos,** deve constar uma reprodução do objeto, com escala, em que se mencionam matéria-prima, técnica de produção, proveniência, local de produção (se for conhecido), dimensões em centímetros, de forma que o historiador possa contar com um *corpus* de documentação arqueológica, assim como acontece com as fontes escritas. Poderá, dessa maneira, formular suas próprias hipóteses, sem ter que seguir, necessariamente, a interpretação do estudioso que publicou o material. O historiador brasileiro que quiser seguir a rica tradição europeia poderá, assim, usar as fontes arqueológicas como parte integrante e essencial da pesquisa histórica.

DICAS

- ❑ Buscar ferramentas interpretativas.
- ❑ Estudar as informações já registradas sobre a sociedade analisada.
- ❑ Abordar as fontes arqueológicas tendo em vista a possibilidade do paralelo etnográfico.
- ❑ Estudar os indícios materiais e os textos em conjunto.
- ❑ Estar atento às diferenças e contradições entre as fontes arqueológicas, escritas e outras.
- ❑ Explorar também as fontes arqueológicas referentes aos segmentos sociais pouco presentes nas fontes escritas.
- ❑ Atentar para os indícios de conflitos e tensões sociais presentes nas fontes arqueológicas.
- ❑ Fichar o conteúdo das fontes arqueológicas em separado, com procedimentos próprios.

Notas

[1] Agradeço aos colegas Josep Ballart, Lourdes Dominguez, Maria Beatriz Borba Florenzano, Raquel dos Santos Funari, Clive Gamble, Martin Hall, Matthew Johnson, Siân Jones, Sylvia Ewel Lenz, Mark P. Leone, Bárbara Little, Nanci Vieira Oliveira, Charles E. Orser, Carla Bassanezi Pinsky, Jaime Pinsky, Margareth Rago, David Small, Andrés Zarankin. Devo mencionar, ainda, o apoio institucional do Núcleo de Estudos Estratégicos (NEE/Unicamp), Fapesp e CNPq. A responsabilidade pelas ideias restringe-se ao autor.

[2] Cf. Cícero, De Natura Deorum, 3, 19, 48: *omnes omnium rerum, quae ad dicendum pertinerent, fontes animo ac memória continere* ("todas as fontes, de todas as coisas que pertencem ao que se pode dizer, mantêm-se no espírito e na memória").

[3] "O que realmente foi", também de Leopold von Ranke.

[4] Lucien Febvre, La Terre et l'evolution humaine, Paris, Albin Michel, 1923.

[5] Adolphe Lods, Israel des origines aux milieu du VIIIe. S. a. J. C., Paris, Albin Michel, 1928.

[6] L. Febvre; M. Martin, L'apparition du livre, Paris, Albin Michel, 1934.

[7] Fernand Braudel, Civilisation matérielle, économie et capitalisme, Paris, Armand Colin, 1979; Civilização Material, economia e capitalismo, trad. Telma Costa, São Paulo, Martins Fontes, 1997; o trecho citado está na p. 19 da edição em português.

[8] Samuel Noah Kramer, A história começa na Suméria, Lisboa, Europa/América, 1963.

[9] Michel Foucault, Histoire de la folie à l'âge classique, Paris, Gallimard; Surveiller et punir, Paris, Gallimard, 1975.

[10] Rober Chartier, A aventura do Livro: do leitor ao navegador, trad. Reginaldo de Moraes, São Paulo, Ed. Unesp, 1999; cf. Pascal Ory, L'Histoire Culturelle, Paris, PUF, 2004.

[11] Vere Gordon Childe, Teorias da História, Lisboa, Portugália, 1964, p. 15.

[12] Publicado, originalmente, no início da década de 1930 na revista do Instituto de Pesquisa Social (Escola de Frankfurt), depois recolhido em Gesammelte Schriften, Frankfurt, Surhkamp, 1972.

[13] Escritos na prisão da Itália Fascista, foram publicados após a Segunda Guerra Mundial como Cadernos do Cárcere, em diversos idiomas.

[14] Traduzido para o português, A ideia de história, Lisboa, Presença, 1981.

[15] R. G. Collinwood; J. N. L. Myres, Roman Britain and the English Settlements, Oxford, Claredon Press, 1936; R. G. Collinwood e R. P. Wright, The Roman Inscriptions of Britain, Oxford, Oxford University Press, 1965. Sobre Collinwood, consulte-se Aaron Ridley e R. G. Collinwood, São Paulo, Ed. Unesp, 2001 e Evaldo Cabral de Mello, Collinwood e o ofício do historiador, Folha de S.Paulo, 16 abr. 2000, Mais!, pp.12-3.

[16] "A coisa em si", em alemão.

[17] "Historical data and scientific relevance in historiographical methodology", em Historical Studies, n. 13, v. 51, University of Melbourne.

[18] Fernand Braudel, La historia y las ciencias socials, Madri, Alianza, 1990. Os originais franceses foram publicados de 1950 a 1960.

[19] Peter Burke, Sociología e Historia, Madri, Alianza, 1987. Original inglês de 1980.

[20] Alun Munslow, Deconstructing History, Londres, Routledge, 1997.

[21] Cf. Clive Gamble, Timewalkers, The Prehistory of Global Colonization, Hardmondsworth, Penguin, 1993.

[22] André Leroi-Gourhan, Milieu et Techniques, Paris, Albin Michel, 1945.

[23] Concheiro, ou sambaqui, é um sítio arqueológico composto pelos restos de conchas, que formam colinas que podem atingir mais de 10 metros de altura; cf. André Prous, Arqueologia brasileira, Brasília, Ed. UnB, 1995.

[24] Inés Sastre, "Forms of social inequality in the Castro culture of North-West Iberia", em European Journal of Archaeology, n. 5, v. 2, 2002, pp. 213-48.

[25] Cf. Pedro Paulo A. Funari, "The Comparative Method in the Archaeological Study of Spanish and Portuguese South American Material Culture", em Pedro Paulo A. Funari, Andrés Zarankin e Emily Stovel (eds.), Global archaeological theory, Contextual voices and contemporary thoughts, Nova York, Springer, 2005.

[26] Cf. John Dominic Crossan e Jonathan Reed, Excavating Jesus, Beneath the Stones, behind the texts, Nova York, HarperCollins, 2002; P. P. A. Funari, O Jesus histórico e a contribuição da Arqueologia, em livro organizado por André Leonardo Chevitarese, Gabriele Cornelli e Mônica Selvatici (no prelo).

[27] Evangelho segundo Mateus, Capítulo 5.

[28] Sobre as fontes escritas e arqueológicas de Palmares, consultar Pedro Paulo A. Funari e Aline Vieira de Carvalho, Palmares, Rio de Janeiro, Jorge Zahar, 2005.

[29] Nanci Vieira Oliveira, "Arqueología e historia: estúdio de un poblado Jesuítico em Rio de Janeiro", em Pedro Paulo A. Funari e Andrés Zarankin (eds.), Arqueologia Histórica em América del Sur: los desafios del siglo xxi, Bogotá, Uniandes, 2004, pp. 73-92.

[30] Sobre isso, com bibliografia, consulte-se Pedro Paulo A. Funari, Conflict and interpretation of Palmares, a Brazilian runaway polity, em Historical Archaeology, n. 37, v. 3, 2003, pp. 81-92 e Pedro Paulo A. Funari, Conflicto e interpretación en Palmares, em Pedro Paulo A. Funari e Andrés Zarankin (eds.), Arqueologia Histórica em América del Sur: los desafios del siglo xxi, Bogotá, Uniandes, 2004, pp.11-29.

[31] Mark P. Leone e Gladys-Marie Fry, "Spirit management among Americans of African descent", em Charles E. Orser Jr. (ed.), Race and the Archaeology of Identity, Salt Lake City, The University of Utah Press, 2001, pp. 143-67.

[32] Lourdes Domínguez, Arqueología colonial cubana, Havana, Ed. Ciencias Sociales, 1995; Los collares de la santería cubana, Habana, Ed. José Martí, 1999.

[33] Die Sozialgeschichte der Vater, "Grenzen und Perspektiven der historischen Sozialwissenschaft", em Geschichte und Gesellschaft, n. 24, 1998, pp. 173-98.

FONTES IMPRESSAS
História dos, nos e por meio dos periódicos[1]

Tania Regina de Luca

Na década de 1970, ainda era relativamente pequeno o número de trabalhos que se valia de jornais e revistas como fonte para o conhecimento da história no Brasil. A introdução e difusão da imprensa no país e o itinerário de jornais e jornalistas já contava com bibliografia significativa, além de amiudarem-se as edições fac-símiles e os catálogos dando conta de diários e revistas que haviam circulado em diferentes partes do território nacional.[2] Reconhecia-se, portanto, a importância de tais impressos e não era nova a preocupação de se escrever a História **da** imprensa, mas relutava-se em mobilizá-los para a escrita da História **por meio da** imprensa.

Vários fatores explicam tal situação, que não constituía particularidade brasileira. Não se pode desprezar o peso de certa tradição, dominante durante o século XIX e as décadas iniciais do XX, associada ao ideal de busca da verdade dos fatos, que se julgava atingível por intermédio dos documentos, cuja natureza estava longe de ser irrelevante. Para trazer à luz o acontecido, o historiador, livre de qualquer envolvimento com seu objeto de estudo e senhor de métodos de crítica textual precisa, deveria valer-se de fontes marcadas pela objetividade, neutralidade, fidedignidade, credibilidade, além de suficientemente distanciadas de seu próprio tempo. Estabeleceu-se uma hierarquia qualitativa dos documentos para a qual o especialista deveria estar atento. Nesse contexto, os jornais pareciam pouco adequados para a recuperação do passado, uma vez que essas "enciclopédias do cotidiano" continham registros fragmentários do presente, realizados sob o influxo de interesses, compromissos e paixões. Em vez permitirem captar o ocorrido, dele forneciam imagens parciais, distorcidas e subjetivas.

A crítica a essa concepção, realizada já na década de 1930 pela chamada Escola dos *Annales*, não implicou o reconhecimento imediato das potencialidades da imprensa, que continuou relegada a uma espécie de limbo. Percorrer o caminho que vai da desconsideração à centralidade dos periódicos na produção do saber histórico implica acompanhar, ainda que de forma bastante sucinta, a renovação dos temas, as problemáticas e os procedimentos metodológicos da disciplina.

A História Nova e além

A prática historiográfica alterou-se significativamente nas décadas finais do século xx. Na França, a terceira geração dos *Annales*[3] realizou deslocamentos que, sem negar a relevância das questões de ordem estrutural perceptíveis na longa duração, nem a pertinência dos estudos de natureza econômica e demográfica levados a efeito a partir de fontes passíveis de tratamento estatístico, propunha "novos objetos, problemas e abordagens".

Os aportes analíticos provenientes de outras Ciências Humanas, como a Sociologia, a Psicanálise, a Antropologia, a Linguística e a Semiótica, ao mesmo tempo em que incentivavam a interdisciplinaridade e traziam contribuições metodológicas importantes, forçavam o historiador a refletir sobre as fronteiras da sua própria disciplina, cada vez mais difíceis de precisar. Na introdução da coletânea que pretendia dar conta das transformações em curso, Jacques Le Goff e Pierre Nora explicitaram:

> Obra coletiva e diversificada, pretende, no entanto, ilustrar e promover um novo tipo de história [...]. A novidade parece-nos estar ligada a três processos: *novos problemas* colocam em causa a própria história; *novas abordagens* modificam, enriquecem, subvertem os setores tradicionais da história; *novos objetos*, enfim, aparecem no campo epistemológico da história.[4]

A face mais evidente do processo de alargamento do campo de preocupação dos historiadores foi a renovação temática, imediatamente perceptível pelo título das pesquisas, que incluíam o inconsciente, o mito, as mentalidades, as práticas culinárias, o corpo, as festas, os filmes, os jovens e as crianças, as mulheres, aspectos do cotidiano, enfim uma miríade de questões antes ausentes do território da História. Outras menos visíveis, apesar de talvez mais profundas, apontavam para a "passagem de um paradigma em que a análise macroeconômica era primordial para uma História que focaliza os sistemas culturais", a fragmentação da disciplina, o esmaecer do projeto de uma História total e o interesse crescente pelo episódico e pelas diferenças, processo que recebeu elegante formulação do historiador Michel de Certeau:

> O historiador não é mais um homem capaz de construir um império. Nem visa mais o paraíso de uma história global. Ele chega a circular em torno das racionalizações conquistadas. Ele trabalha nas margens. Sob esse aspecto, ele se torna um erradio.[5]

Tais mudanças alteraram a própria concepção de documento e sua crítica, cujos pontos essenciais foram sistematizados pelo historiador francês Jacques Le Goff.[6]

Ao lado do vendaval causado pela História Nova, há que se mencionar a profunda renovação do marxismo, particularmente marcante nos estudos de Raymond Williams, Perry Anderson, Christopher Hill, Eric Hobsbawm e, sobretudo, E. P. Thompson, reunidos em torno da *New Left Review* (1960). O abandono da ortodoxia economicista, o reconhecimento da importância dos elementos culturais, não mais encarados como reflexo de realidades mais profundas, o que era comum em leituras reducionistas, e a verdadeira revolução copernicana efetuada por Thompson ao propor que se adotasse a perspectiva dos vencidos, a história vista de baixo (*history from below*), trouxeram ao centro da cena a experiência de grupos e camadas sociais antes ignorados e inspiraram abordagens muito inovadoras, inclusive a respeito de culturas de resistência.[7]

Não cabe acompanhar aqui cada um dos abalos epistemológicos da disciplina. O que parece relativamente assente no momento é o fortalecimento da História cultural, tributária, em grau bastante variável, da Antropologia e ancorada no estudo das práticas e representações sociais. A imagem de que se valeu o historiador Le Roy Ladurie para descrever o itinerário das pesquisas de seu colega Michel Vovelle – da adega ao celeiro (*de la cave au grenier*) –, ou seja, das estruturas econômicas e sociais à cultura, pode ser tomada como metáfora para o campo historiográfico, tantos foram os que percorreram a mesma estrada.[8]

Ao longo do trajeto, a visão telescópica, proveniente do amplo campo de observação e das séries quantificáveis que não prescindiam do auxílio do computador – o mesmo Ladurie afirmou, em tom de ironia, "de agora em diante ou o historiador será programador, ou não será historiador" – foi confrontada com o olhar da micro-história, sensível aos detalhes e objetos modestos, o que colocou em pauta a questão dos complexos "jogos de escalas" manipulados pelos historiadores.[9]

Já a virada linguística ou desafio semiótico (*lingustic turn, semiotic challege*), ao mesmo tempo em que evidenciou o caráter narrativo do texto historiográfico e forçou a discussão de sua natureza, gerou ácidas polêmicas quanto à (in)existência de referências externas ao próprio discurso.[10] Os debates ultrapassaram as fronteiras dos novos objetos, abordagens e/ou problemas e introduziram outras fissuras no trato documental. Como assinalou o historiador Antoine Prost, alterou-se o modo de inquirir os textos, que "interessará menos pelo que eles dizem do que pela maneira como dizem, pelos termos que utilizam, pelos campos semânticos que traçam" e, poderíamos completar, também pelo interdito, pelas zonas de silêncio que estabelecem.[11]

No cenário atual, dois outros pontos, relacionados e não coincidentes, merecem destaque: a história imediata, voltada para o tempo presente, seara até bem pouco exclusiva de jornalistas e sociólogos, e o que se consagrou como "retorno" da História política, nunca totalmente abandonada, mas vítima de significativo ostracismo durante grande parte do século xx. René Rémond, organizador da coletânea que se tornou emblema da reivindicação de cidadania historiográfica para o político, distinguiu entre a História política e a do presente:

Muito frequentemente misturamos as duas porque os mesmos historiadores militam pelas duas causas. Mas as duas não coincidem. O interesse pelo político não é próprio da história recente e o político não está exclusivamente ligado à proximidade no tempo.[12]

A observação é importante, pois evidencia o esforço para libertar a abordagem política da acusação de apego ao efêmero. Rémond rebateu outros óbices que pesavam sobre a História política (factual, subjetiva, psicologizante, idealista) e, como convém num texto manifesto, sublinhou a profundidade das mudanças:

> Abraçando os grandes números, trabalhando na duração, apoderando-se dos fenômenos mais globais, procurando nas profundezas da memória coletiva, ou do inconsciente, as raízes das convicções e as origens dos comportamentos, a história política descreveu uma revolução completa. Como então acreditar que seu renascimento possa ser apenas um veranico de maio?[13]

No lugar de "retorno" do político parece mais apropriado usar revivescência ou renovação, uma vez que não se prescinde das contribuições teórico-metodológicas alcançadas nas últimas décadas, como bem atestam não apenas a enfática declaração citada, mas também as aproximações e cruzamentos entre os âmbitos da História cultural, que está no centro das renovações historiográficas, e da História política, na sua acepção renovada, expressas em termos de política cultural e cultura política, que receberam formulação precisa na importante coletânea assinada por Jean-Pierre Rioux e Jean-François Sirinelli.[14]

O panorama traçado, ainda que muito breve e esquemático, permite divisar as grandes linhas de força do campo historiográfico, com as quais os especialistas brasileiros têm mantido constante diálogo. Podemos então juntar os fios da meada: diante do quadro sempre mutável de desafios e inquietações teórico-metodológicas, que lugar a historiografia brasileira tem reservado à imprensa?

A imprensa sob suspeição

Na terceira edição de *Teoria da História do Brasil* (1968), o historiador José Honório Rodrigues dedicou dois parágrafos à História da imprensa e, embora tomasse o jornal como uma das "principais fontes de informação histórica", ponderava que "nem sempre a independência e exatidão dominam o conteúdo editorial", caracterizado como "mistura do imparcial e do tendencioso, do certo e do falso". E alertava:

> a discussão de problemas desta natureza pouco tem preocupado os historiadores da imprensa no Brasil. Eles se limitaram sempre à exata ou inexata narração dos periódicos e jornalistas que desde os tempos da independência formaram ou expressaram a opinião pública.[15]

Jean Glénisson, professor francês que atuou no Departamento de História da Universidade de São Paulo, autor do manual *Iniciação aos estudos históricos*, sucessivamente reeditado e que inspirou a criação de cursos de introdução à disciplina pelo país afora, comungava posição bastante similar.[16] Ao comentar os procedimentos críticos demandados pelos jornais, Glénisson ponderou que estes se revestiam de "complexidade desanimadora. Sempre será difícil sabermos que influências ocultas exerciam-se num momento dado sobre um órgão de informação, qual o papel desempenhado, por exemplo, pela distribuição da publicidade, qual a pressão exercida pelo governo". Ele endossou as palavras do historiador Pierre Renouvin, que insistia na importância crucial de se inquirir a respeito das fontes de informação de uma dada publicação, sua tiragem, área de difusão, relações com instituições políticas, grupos econômicos e financeiros, aspectos que continuavam negligenciados seja pelos historiadores que recorriam à imprensa, seja pelos que se dedicavam a escrever sua História.[17]

Nos dois casos, já não se questionava o uso dos jornais por sua falta de objetividade – atributo que, de fato, nenhum vestígio do passado pode ostentar –, antes se pretendia alertar para o uso instrumental e ingênuo que tomava os periódicos como meros receptáculos de informações a serem selecionadas, extraídas e utilizadas ao bel prazer do pesquisador. Daí o amplo rol de prescrições que convidavam à prudência e faziam com que alguns só se dispusessem a correr tantos riscos quando premidos pela falta absoluta de fontes. Outros, por seu turno, encaravam as recomendações com grande ceticismo, uma vez que tomavam a imprensa como instância subordinada às classes dominantes, mera caixa de ressonância de valores, interesses e discursos ideológicos. Assim, ainda que por motivos muito diferentes, tais leituras contribuíam para alimentar o desprezo que os profissionais da área seguiam conferindo à imprensa.[18]

Num texto pioneiro, Ana Maria de Almeida Camargo foi além das recomendações metodológicas próprias dos ensaios teóricos e avaliou como os desafios estavam sendo enfrentados na prática. Depois de reiterar as armadilhas reservadas pela imprensa – "corremos o grande risco de ir buscar num periódico precisamente aquilo que queremos confirmar, o que em geral acontece quando desvinculamos uma palavra, uma linha ou um texto inteiro de uma realidade" –, apresentou diagnóstico preciso da situação:

> A pouca utilização da imprensa periódica nos trabalhos de História do Brasil parece confirmar nossas suposições. Alguns, talvez, limitem seu uso por escrúpulo, já que encontram, tão em evidência e abundância, as "confirmações" de suas hipóteses – e com a mesma facilidade, também, argumentos contrários. A maioria, porém, pelo desconhecimento, pela ausência de repertórios exaustivos, pela dispersão das coleções. Quando o fazem, tendem a endossar totalmente o que encontram, aproximando-se de seu objeto de conhecimento sem antes filtrá-lo através de crítica mais rigorosa.[19]

Apesar do balanço pouco animador, a autora defendeu com veemência as possibilidades ensejadas pelos jornais, que ela mesma se incumbiu de evidenciar a partir da análise dos trabalhos que até aquele momento (final dos anos 1960) haviam se valido de forma sistemática dessas fontes. Se o pioneirismo incontestecabia a Gilberto Freyre, que por meio dos anúncios de jornais estudou diferentes aspectos da sociedade brasileira do século XIX,[20] a produção de vários pesquisadores, formados segundo padrões de excelência acadêmica e que ocupavam lugar de destaque no meio universitário – caso de Emília Viotti da Costa, Fernando Henrique Cardoso, Stanley J. Stein, Nícia Vilela Luz e Leôncio Martins Rodrigues[21] –, não dispensava a ida aos jornais, seja para obter dados de natureza econômica (câmbio, produção e preços) ou demográfica, seja para analisar múltiplos aspectos da vida social e política, sempre com resultados originais e postura muito distante da tão temida ingenuidade.[22] Foi justamente no momento em que a imprensa passava a figurar como importante fonte primária que veio a público o trabalho de Nelson Werneck Sodré, um dos poucos a abordar a história da imprensa brasileira desde os seus primórdios até os anos 1960.[23]

A imprensa como objeto

O estatuto da imprensa sofreu deslocamento fundamental ainda na década de 1970: ao lado da História **da** imprensa e **por meio da** imprensa, o próprio jornal tornou-se **objeto** da pesquisa histórica. A tese de doutoramento de Arnaldo Contier, *Imprensa e ideologia em São Paulo* (1973), já indicava esse caminho ao valer-se da Linguística e da Semântica para estudar o vocabulário político-social presente num conjunto de jornais publicados entre o fim do Primeiro Reinado e o início da Regência (1827 e 1835) e identificar os matizes da ideologia dominante num momento de acirrada disputa pelo controle dos quadros políticos e burocráticos da nação recém-independente.[24]

A partir de outra perspectiva metodológica, as dissertações de Maria Helena Capelato e Maria Ligia Prado (1974), fundidas no livro intitulado *O bravo matutino* (1980), voltaram sua atenção para um jornal republicano de grande circulação e bem afirmaram a novidade da abordagem escolhida:

> Os estudos históricos no Brasil têm dado pouca importância à imprensa como objeto de investigação, utilizando-se dela apenas como fonte confirmadora de análises apoiadas em outros tipos de documentação. A presente pesquisa ensaia uma nova direção ao instituir o jornal *O Estado de S. Paulo* como fonte única de investigação e análise crítica. A escolha de um jornal como objeto de estudo justifica-se por entender-se a imprensa fundamentalmente como instrumento de manipulação de interesses e de intervenção na vida social; nega-se, pois, aqui, aquelas perspectivas que a tomam como mero "veículo de informações", transmissor imparcial e neutro dos acontecimentos, nível isolado da realidade político-social na qual se insere.[25]

A partir da análise dos editoriais (1927-1937), as autoras evidenciaram a atuação do matutino como porta voz dos interesses de setores da classe dominante paulista e a maleabilidade do liberalismo abraçado pelos seus responsáveis, reformulado diante dos desafios impostos por circunstâncias sociopolíticas específicas: Crise de 1929; movimentos de 1930 e 1932; implantação do Estado Novo. Em trabalho posterior, Maria Helena Capelato continuou a investigar os fundamentos do liberalismo, num período mais amplo (1920-1945) e valendo-se de uma dezena de periódicos que tiveram participação prolongada e ativa na política paulista e do país.[26]

Ainda na década de 1970, merece destaque a rigorosa e extensa pesquisa levada a cabo por Vavy Pacheco Borges que, por intermédio dos jornais que compunham a grande imprensa paulistana – *O Estado de S.Paulo, Correio Paulistano* e *Diário Nacional* –, investigou as relações entre Getúlio Vargas e a oligarquia do estado, desde o momento em que o político assumiu a liderança da bancada gaúcha na Câmara Federal (1926) até às vésperas do movimento de 1932. (Borges, 1979)

Trabalho, cidade e imprensa

A História do movimento operário, que desfrutou de grande prestígio nos círculos acadêmicos brasileiros especialmente entre 1970 e 1990, encontrou na imprensa uma de suas fontes privilegiadas. Agora não se tratava mais de lidar com jornais de cunho empresarial, capazes de influenciar a vida política, mas de manejar folhas sem periodicidade ou número de páginas definidas, feitas não por profissionais, mas por militantes abnegados, por vezes redigidas em língua estrangeira, sobretudo italiano e espanhol, impressas em pequenas oficinas, no formato permitido pelo papel e máquinas disponíveis, sem receita publicitária e que, no mais das vezes, contava com subscrição dos próprios leitores para sobreviver, características que foram estudadas por Maria Nazareth Ferreira.[27]

A organização de arquivos, com destaque para o Arquivo Edgard Leuenroth (AEL, 1974) da Unicamp, que publica os *Cadernos do AEL*, e da reunião no Centro de Documentação e Memória da Unesp (CEDEM, 1996) dos arquivos Mário Pedrosa e do Movimento Operário Brasileiro, antes sediado em Milão, colaboraram decididamente para evidenciar a riqueza desse corpo documental. Dados acerca das formas de associação e composição do operariado, correntes ideológicas e cisões internas, greves, mobilizações e conflitos, condições de vida e trabalho, repressão e relacionamento com empregadores e poderes estabelecidos, intercâmbios entre lideranças nacionais e internacionais, enfim, respostas para as mais diversas questões acerca dos segmentos militantes puderam ser encontradas nas páginas de jornais, panfletos e revistas, que se constituíam em instrumento essencial de politização e arregimentação.

Quando, sob o influxo das renovações da disciplina, a atenção ampliou-se para além do movimento organizado com o acréscimo de questões sobre gênero, etnia, raça, identidade, modos de vida, experiências e práticas políticas cotidianas, formas de lazer e sociabilidade, produção teatral e literária, a imprensa operária continuou a ser um manancial imprescindível, ao lado dos depoimentos orais, das fontes judiciais e dos arquivos policiais, os últimos só mais recentemente abertos aos pesquisadores, caso do Departamento de Ordem Política e Social do Rio de Janeiro e Departamento Estadual de Ordem Política e Social de São Paulo. Vale assinalar também o surgimento de investigações historiográficas consagradas a períodos bem mais recentes, rompendo-se a tendência, antes majoritária, dos estudos sobre a classe operária concentrarem-se no período da chamada República Velha. [28]

Importância de ordem equivalente teve a imprensa para as pesquisas acerca da imigração, intensificada a partir das últimas décadas do século XIX e que teve propósitos e sentidos bastante distintos nas regiões cafeeiras e no Sul do país.[29]

O mundo do trabalho industrial não pode ser dissociado das cidades e do processo de urbanização, com os quais guarda a mais estreita vinculação. Os estudos sobre o urbano constituíram-se em importante campo temático da pesquisa histórica.[30] As transformações conhecidas por algumas capitais brasileiras nas décadas iniciais do século XX foram, em várias investigações, perscrutadas por intermédio da imprensa, tal como na levada a efeito por Heloisa Cruz, que bem apontou as relações entre o periodismo, que também se difundia e diversificava, cultura letrada e o viver urbano em São Paulo.[31] A aceleração do tempo e o confronto com os artefatos que compunham a modernidade (automóveis, bondes, eletricidade, cinemas, casas noturnas, fonógrafos, câmaras fotográficas), a difusão de novos hábitos, aspirações e valores, as demandas sociais, políticas e estéticas das diferentes camadas que circulam pelas cidades, os conflitos e esforços das elites políticas para impor sua visão de mundo e controlar as "classes perigosas", a constituição dos espaços públicos e os meandros que regiam seu usufruto e circulação, as intervenções em nome do sanitarismo e da higiene, a produção cultural e as renovações estéticas, tudo isso passou a integrar as preocupações dos historiadores, que não se furtaram de buscar parte das respostas na imprensa periódica, por cujas páginas formularam-se, discutiram-se e articularam-se projetos de futuro.[32]

O novo cenário citadino do início do século XX abrigava uma infinidade de publicações periódicas: almanaques; folhetos publicitários de casas comerciais e indústrias; jornais de associações recreativas, de bairros e das destinadas a etnias específicas; folhas editadas por mutuais, ligas e sindicatos operários, até os grandes matutinos e as revistas ditas de variedades, principal produto da indústria cultural que então despontava. A publicação de catálogos relativos a acervos institucionais abarca o itinerário da imprensa em diferentes espaços e, além de se constituírem em importantes instrumentos de pesquisa, permitem apreender o rápido incremento e a diversidade desses materiais.[33]

"Tempos eufóricos": revistas, imagens, publicidade...

O impresso revista merece ser analisado com vagar. O gênero aos poucos se individualizou em face de outras formas de impressos periódicos. A *Revista da Semana* (Rio de Janeiro, 1900), de Álvaro Teffé, é unanimemente apontada como marco do surto – que se prolongaria por décadas – das chamadas revistas ilustradas ou de variedades. Com apresentação cuidadosa, de leitura fácil e agradável, diagramação que reservava amplo espaço para as imagens e conteúdo diversificado, que poderia incluir acontecimentos sociais, crônicas, poesias, fatos curiosos do país e do mundo, instantâneos da vida urbana, humor, conselhos médicos, moda e regras de etiqueta, notas policiais, jogos, charadas e literatura para crianças, tais publicações forneciam um lauto cardápio que procurava agradar a diferentes leitores, justificando o termo variedades. Pode-se supor que tal uso cumpria função estratégica: diante do relativamente minguado público leitor/consumidor, o sucesso do negócio revista dependia de se conseguir ampliar ao máximo os possíveis interessados, daí o recurso a uma rubrica ampla, que permitia incluir de tudo um pouco.

Eram os "tempos eufóricos" de *Ilustração Brasileira* (Paris, 1901), *O Malho* (RJ, 1902), *A Avenida* (RJ, 1903), *Kosmos* (RJ, 1904), *Fon-Fon* (RJ, 1907), *Careta* (RJ, 1908), *O Pirralho* (SP, 1911), *A Cigarra* (SP, 1914), *Dom Quixote* (RJ, 1917) e de muitas outras, algumas efêmeras, outras ativas por décadas a fio. Renovação significativa somente ocorreria com *O Cruzeiro* (1928), quando a fotografia e a reportagem ganharam novos sentidos e asseguraram à revista a liderança no mercado nacional. Semanários como *Manchete* (1952) e *Fatos e Fotos* (1961) não romperam com o padrão herdado de décadas anteriores, efetivamente alterado mais tarde pelas revistas semanais de informação, como *Veja* (1968).

A locução adjetiva "de variedades" é aplicada para dar conta de uma gama extremamente diversa de situações. Como já se destacou, sua escolha não era arbitrária, antes apontava para a relativamente pequena segmentação de mercado. Entretanto, o pesquisador deve estar atento para as armadilhas que ela pode encerrar, pois tal caracterização, por si só, pouco colabora para que se percebam diferenças e nuances existentes entre as revistas em circulação nas primeiras décadas do século passado. Ainda que grande parte se autodenominasse "de variedades", é possível distinguir a intenção de atingir públicos diversificados. Eram revistas de variedades, mas ao mesmo tempo femininas, masculinas, infantis, esportivas, pedagógicas e educacionais, humorísticas, dedicadas ao rádio, teatro e cinema, étnicas, religiosas, científicas, literárias, voltadas para os interesses do comércio, lavoura ou indústria, sem esquecer o mundo do trabalho, que seguia caminhos próprios, fora do âmbito do mercado.

Essa verdadeira explosão do mundo dos impressos periódicos tem sido objeto de reflexão específica. No caso das revistas, conta-se com a alentada pesquisa de Ana Luiza Martins, que enfrentou o desafio de conceituar esse gênero de impresso, esclarecer suas condições de produção, mapear o seu processo de difusão e inquirir acerca da natureza da amplíssima gama de semanários e mensários que circularam pela cidade de São Paulo entre 1890-1922. Estudos dessa natureza, que exigem larga pesquisa, domínio de ampla bibliografia e rigor conceitual são fundamentais não só pelos dados que inventariam e organizam, mas pelo muito que sugerem e ensinam acerca dos procedimentos teórico-metodológicos adotados no tratamento das fontes.[34]

À medida que se avança no século XX, a especialização aumenta. Para períodos mais recentes, vale destacar o livro de Maria Celeste Mira, *O leitor e a banca de jornal*, que traz um histórico da trajetória do impresso revista no país, mas centra o foco nos anos 1960. A obra discute, de forma circunstanciada, as origens e o contexto no qual ocorreram os principais lançamentos editorias (*Cláudia, Nova, Quatro Rodas, Placar, Playboy, Realidade, Veja, Contigo, Caras*, por exemplo) e enfatiza o diálogo com modelos estrangeiros, além de informar, sempre que possível, as tão perseguidas tiragens. A análise da segmentação mais contemporânea do mercado de revistas, e sua relação com a construção de identidades a partir do consumo, é das mais instigantes. Indicação clara de que o interesse pelas revistas extrapola o círculo dos especialistas está no fato de a Editora Abril comemorar o seu cinquentenário com o lançamento de uma publicação, vendida em bancas de jornal, que esboçou a trajetória da revista no Brasil e foi elaborada "no estilo revista: variada, multifacetada e viva", observação que nos informa acerca do entendimento que os proprietários de um dos principais grupos editoriais do país têm acerca da natureza desse impresso.[35]

A publicidade também se articulou às novas demandas da vida urbana do início do século xx e, no que diz respeito à imprensa periódica, transformou-se na sua principal fonte de recursos. O anúncio trilhou, então, novos caminhos em relação à estrutura e linguagem e, ainda, no que concerne à profissionalização da atividade, com o agenciador individual cedendo lugar, no decorrer da década de 1910, às empresas especializadas.[36] A voracidade dos cartazes e reclames parecia insaciável, e eles se faziam presentes nos mais diferentes espaços: muros, bondes, casas de espetáculos, restaurantes, almanaques, jornais e revistas.

Sua importância como fonte para a compreensão da paisagem urbana e das representações e idealizações sociais é atestada por pesquisas historiográficas como a de Márcia Padilha, que, por meio da publicidade presente nas páginas de *Ariel* e *A Cigarra*, discute o caráter multifacetado da cidade de São Paulo, os diferentes estilos e padrões de vida que comportava, a diversidade de expectativas, posturas e nuances dos vários grupos sociais diante da modernidade que se prenunciava.[37]

A ilustração, com ou sem fins comerciais, tornou-se parte indissociável dos jornais e revistas e os historiadores incumbiram-se de transformá-la em outro fértil veio de pesquisa. Ana Maria Mauad valeu-se da perspectiva histórico-semiótica da mensagem fotográfica para discutir os quadros de representação social e os códigos de comportamento da classe dominante carioca na primeira metade do século xx, tendo como fontes privilegiadas imagens provenientes das revistas *Careta* e *Cruzeiro*.[38]

A imprensa e o mundo das letras

O imbricamento entre História e Literatura, por seu turno, abriu outras sendas. Uma delas colocava a questão da produção e do consumo dos impressos. Para a São Paulo das duas primeiras décadas do século xx, conta-se com o estudo de Teresinha del Fiorentino, que, por intermédio da própria imprensa periódica, traçou um quadro circunstanciado a respeito da prosa de ficção – gêneros, tiragens, distribuição, publicidade, produção propriamente dita, editores, livreiros e livrarias. Ainda que a profissionalização do trabalho intelectual não fosse seu objetivo central, abordou o problema e evidenciou as tensões que envolveram o processo, que teve na imprensa periódica seu local privilegiado.[39]

A problemática foi decisivamente enfrentada por Sérgio Miceli, preocupado em discernir o processo de constituição do campo intelectual no Brasil, o que o levou a investigar a relação entre os homens de letras e a imprensa. Num trecho, destacou:

> No início do século xx, o jornalismo tornara-se um ofício compatível com o *status* de escritor [...]. O que fora para alguns autores românticos (por exemplo, Alencar e Macedo) uma atividade e uma prática "tolerada", tornando-se depois para certos escritores da geração de 1870 (por exemplo, Machado de Assis) uma atividade regular, que lhes proporcionava uma renda suplementar cada vez mais indispensável, tornou-se a atividade central do grupo dos "anatolianos".[40]

As várias tarefas desempenhadas por esses intelectuais subordinavam-se, não raro, às demandas políticas das facções oligárquicas proprietárias dos jornais e que igualmente detinham as chaves que controlavam o acesso ao cenário da política. Mas sobreviver da pena implicava transitar pelo mundo da publicidade, a exemplo de Olavo Bilac e Emílio de Menezes, e produzir textos de natureza variada, adequados às demandas do cliente em termos de forma e conteúdo. O inquérito realizado pelo escritor João do Rio em 1908 acerca das relações entre Literatura e imprensa constitui-se num testemunho importante na medida em que oferece indícios sobre como os próprios escritores (e as poucas escritoras) percebiam e vivenciavam os impasses da nova condição social.[41]

Ainda que os literatos tendessem a separar o que consideravam "as obras" do "trabalho para a imprensa", tido como algo menor, a pesquisadora Flora Süssekind evidenciou como a convivência com os "modernos meios de reprodução, impressão e difusão coletiva de imagens técnicas, textos, vozes e reclames" vincaram "na técnica e na sensibilidade literária, novas formas de compreender o tempo, o personagem, a narração, a subjetividade".[42] Ou seja, as exigências diárias de produzir em consonância com os ditames impostos por jornais e revistas deixaram suas marcas no processo de escritura desses que foram chamados pela autora de "homens sanduíches".

Partindo de problemática diversa, Mônica Velloso acompanhou a trajetória do grupo de intelectuais boêmios atuantes na cidade do Rio de Janeiro na virada do século XIX para o XX – Bastos Tigre, Emílio de Menezes, Lima Barreto, José do Patrocínio Filho, Raul Pederneiras, Kalixto, J. Carlos, Storn, Yantok e Julião Machado. A pesquisadora evidenciou como esses escritores e caricaturistas construíram um pensar sobre a nacionalidade ancorado no humor e na irreverência, sem deixar de ter o moderno como horizonte. Sua estratégia de abordagem não foi "discutir a instauração da modernidade brasileira a partir da ideia de um movimento organizado e datado", mas antes "adentrar pelo domínio acidentado do cotidiano", a fim de verificar "por meio de que ideias, imagens e linguagens se exprimia o moderno".[43]

Movendo-se no mesmo universo espaço-temporal, Nicolau Sevcenko igualmente esquadrinhou a situação do literato no meio social e reconstituiu o ambiente intelectual e a atmosfera cultural do Rio de Janeiro no início da República. Adentrou a produção da época, mais especificamente a de Lima Barreto e Euclides da Cunha, para, a partir dela, elucidar, "quer as tensões históricas do período, quer os seus dilemas culturais".[44]

Configura-se, portanto, um vigoroso conjunto de obras que, com abordagens e perspectivas distintas, discutiu a produção e o universo dos homens de letras alocados no período "pré-moderno" e cujos resultados tornaram patente a inadequação da terminologia e do lugar que a História literária lhes tem reservado.

A relação dos grupos literários com a imprensa comporta, ainda, outros aspectos. As revistas em especial foram polos aglutinadores de propostas estéticas, bastando lembrar o exemplo clássico de *Niterói: Revista Brasiliense, Ciências, Letras e Artes*, lançada em Paris em 1836, apontada como marco da introdução do romantismo em nossas letras. Os movimentos de vanguarda souberam usar as revistas como instrumento de luta e as elegeram como veículo privilegiado para divulgar seus manifestos.[45] O estudo de publicações literárias e culturais tem rendido frutos significativos, que colaboram, inclusive, para relativizar outras periodizações e fissuras consagradas na produção historiográfica, caso do modernismo e de projetos de modernidade, discutidos por Angela de Castro Gomes a partir de *Lanterna Verde* e *Festa*.[46] Aqui os conceitos de *lugares* e *redes de sociabilidade, geração* e *cultura política* constituem-se importante grelha de leitura para compreender as formas de organização e ação dos intelectuais.

Propostas estéticas, culturais e científicas não se dissociam de batalhas e perspectivas sociopolíticas, como atestaram não apenas os trabalhos já citados, mas também o de Lilia Schwarcz, que esquadrinhou publicações editadas por museus, faculdades de Medicina e institutos históricos entre as últimas décadas do Império e as primeiras da República. Sua análise torna patente o lugar central ocupado pela questão racial nos debates e embates travados em torno da construção da nacionalidade e os estreitos limites adquiridos pela noção de cidadania. De forma análoga, publicações classificadas como de cunho estreitamente cultural foram espaço privilegiado da articulação e difusão de leituras sobre o país e os caminhos que deveria tomar, a exemplo do que ocorreu na *Revista do Brasil* (1916-1925), epicentro do discurso em prol da grandeza paulista.[47]

Imprensa, gênero e infância

Observa-se uma relação estreita entre a diversificação das temáticas historiográficas e a escolha dos periódicos como fonte de pesquisa. Outro campo temático que corrobora a afirmação é o dos estudos de gênero, que se constitui num dos mais dinâmicos da historiografia contemporânea brasileira, responsável por periódicos acadêmicos, centros de documentação e linhas de pesquisas em programas de pós-graduação. Sem intenção de fazer um inventário exaustivo, cumpre destacar os trabalhos de Dulcília Buitoni, que no início da década de 1980 já evidenciavam as potencialidades da imprensa para a apreensão do lugar reservado às mulheres em diferentes épocas.[48] Com abordagem propriamente historiográfica, Joana Maria Pedro percorreu a imprensa de Desterro/Florianópolis entre 1880 e 1920 e compôs um vivo quadro dos estereótipos construídos sobre mulheres "honestas" e "faladas"; imagens essas que ganham rigor na medida em que são analisadas e articuladas a contextos e conjunturas específicas. A autora tampouco deixou de enfrentar a tortuosa questão das filiações político-partidárias da imprensa local e suas relações com a elite, num paciente trabalho de crítica das fontes, que se constitui em importante contribuição metodológica.[49]

Outros pesquisadores voltaram-se para as fotonovelas, ou elegeram como fonte publicações específicas, a exemplo da *Revista Feminina* ou do *Suplemento Feminino* do jornal *O Estado de S.Paulo*. Merece particular destaque a investigação de Carla Bassanezi, que, a partir de uma perspectiva comparativa, revisita as páginas de *Querida*, *O Cruzeiro* e, sobretudo, *Jornal das Moças* e *Cláudia*, com o objetivo de evidenciar as mudanças e as muitas permanências que marcaram as relações homem-mulher entre 1945 e 1964.[50]

Em registro diverso inscreve-se o livro de Alessandra El Far, que pacientemente recompõe a literatura popular e pornográfica que circulou no Rio de Janeiro entre 1870-1924, os ditos "romances de sensação" que encontravam amplo público leitor, sem descuidar dos jornais do chamado "gênero alegre", como *O Rio Nu*.[51]

A grande imprensa diária brasileira de 15 estados da federação foi vasculhada entre 1995 e 1996 pelos integrantes do Movimento Nacional de Direitos Humanos com o objetivo de coletar as notícias sobre homicídios. O resultado, no que tange à violência contra as mulheres, é a coletânea *Primavera já partiu*, que, ao lado dos muitos dados (aterradores) que fornece, cuidadosamente discriminados e problematizados, traz densas reflexões acerca da construção do discurso jornalístico, sua pretensa neutralidade e objetividade. Observações semelhantes aplicam-se ao livro *A cor do medo*, volume que enfocou a questão das relações raciais no Brasil, a partir do mesmo tipo de fonte.[52]

A infância é outro tema recorrente nas pesquisas historiográficas atuais. No que tange à imprensa, uma das produções mais emblemáticas destinadas a esse público foi a revista *O Tico-Tico*, com circulação ininterrupta de 1905 a 1962. Várias gerações de brasileiros deleitaram-se com os personagens Reco-Reco, Bolão, Azeitona e acompanharam as aventuras de Chiquinho, Faustina e Zé Macaco. Zita de Paula Rosa não apenas mergulhou nos mais de dois mil exemplares da revista, como entrevistou leitores fiéis, numa das raras investidas para enfrentar o sempre tão complexo problema da recepção. Na suas palavras, a revista

> [...] criou novos hábitos e respondeu a diferentes necessidades de entretenimento de crianças, pretendendo exercer, também, uma ação pedagógica informal [...]. Suas histórias, ilustrações e editorias falam da casa, da rua, da idade, do campo, do quintal, da família, da escola, da fábrica, da comunidade, da pátria entre outros temas e fornecem um instigante quando de visões de mundo de diferentes classes sociais. Essas visões de mundo se expressam em atitudes, comportamentos e concepções de vida, de sociedade e de homem. [53]

Entre as muitas possibilidades ensejadas pela fonte, Rosa explora as imagens de mulher e de família, pontuando as transformações que experimentaram ao longo de mais de meio século de circulação da revista. As razões para o desaparecimento do semanário, por sua vez, são discutidas a partir de um amplo contexto que inclui, mas não se esgota na, a chegada dos produtos de Walt Disney no Brasil.

Ainda no que diz respeito à imprensa voltada para o público infantil, merece destaque o livro de Gonçalo Júnior, *A guerra dos quadrinhos*. O autor realizou ampla pesquisa acerca da trajetória das histórias em quadrinhos no Brasil e descreveu de forma envolvente os calorosos debates travados em torno dos "perigos" que cercavam a leitura de gibis, termo que, como ensina Gonçalo, já nasceu pejorativo. Partidários e opositores dessa literatura mantiveram acirrada disputa, que durou décadas e atravessou conjunturas de particular recrudescimento. Envolveram-se na questão destacados escritores, educadores, pedagogos, jornalistas e políticos. Mas o problema não se restringiu aos aspectos educativos ou morais, antes comportou interesses políticos e editoriais – não se pode esquecer a vendagem dos quadrinhos envolviam somas avultadas – num enredo que incluiu jogadas nem sempre nobres.[54]

Imprensa, política e censura

As renovações no estudo da História política, por sua vez, não poderiam dispensar a imprensa, que cotidianamente registra cada lance dos embates na arena do poder. Os questionamentos desse campo, imbricados com os aportes da História cultural, renderam frutos significativos. A título de exemplo, pois seria impossível qualquer arrolamento exaustivo, pode-se mencionar os estudos acerca do comunismo e do anticomunismo no Brasil, levados a cabo, com ampla utilização da imprensa, por Bethânia Mariani e Rodrigo Motta.[55]

Estudo exemplar, que também alia a perspectiva política e cultural, é o de Silvia Miskulin acerca da trajetória do suplemento *Lunes*, publicado pelo jornal cubano *Revolución* entre o início de 1959 e o final de 1961. Por intermédio das páginas de *Lunes* pode-se acompanhar as várias propostas culturais e os intensos debates travados sobre elas no início do processo revolucionário, bem como a crescente tensão com as diretivas governamentais, cada vez mais estritas, o que culmina com o encerramento da publicação e a imposição de uma política cultural oficial, consoante com as metas da revolução.[56]

A riqueza da fonte periódica e suas múltiplas possibilidades de abordagem também são atestadas pelo exemplo da revista *Seleções*, lançada no Brasil em 1942, no contexto da política de boa vizinhança arquitetada por Roosevelt. Ao lado de outros veículos como o rádio e o cinema, a publicação cumpria função estratégica na difusão dos valores e modo de vida norte-americano e, apesar de não ser uma iniciativa oficial, ajustava-se às demandas do poder, como bem mostrou Antonio Pedro Tota. A mesma publicação foi abordada por Mary Junqueira com o objetivo de discernir, a partir do universo simbólico norte-americano, as representações construídas acerca da América Latina, encarada como um novo oeste a ser domado e civilizado.[57]

Não há como deixar de lado o espectro da censura. Em vários momentos, a imprensa foi silenciada, ainda que por vezes sua própria voz tenha colaborado para criar as condições que levaram ao amordaçamento. O papel desempenhado por jornais e revistas em regimes autoritários, como o Estado Novo e a ditadura militar, seja na condição difusor de propaganda política favorável ao regime ou espaço que abrigou formas sutis de contestação, resistência e mesmo projetos alternativos, tem encontrado eco nas preocupações contemporâneas, inspiradas na renovação da abordagem do político.[58]

História e historiadores, de Angela de Castro Gomes, constituiu-se contribuição original, que colabora para a compreensão da historicidade da própria disciplina. Tendo por fonte a revista *Cultura Política* e o suplemento literário "Autores e Livros", do jornal governista *A Manhã*, a autora discerniu o lugar reservado à História na política cultural do Estado Novo e precisou a versão do passado nacional sancionada e propagada pelo regime, consoante com seu caráter autoritário e centralizador.[59]

Maria Aparecida de Aquino, a partir de uma perspectiva comparativa, discute a ação e os efeitos da censura imposta pelo regime militar ao semanário *Movimento* e ao jornal *O Estado de S. Paulo*, que emprestou seu apoio ao golpe e, posteriormente, sentiu o peso do regime autoritário, que tratou de denunciar por meio de estratégias criativas.[60] Se há exemplos de resistência tenaz, como a pungente imprensa alternativa das décadas de 1960 a 1980,[61] outros veículos de comunicação, no mesmo período, aceitaram a autocensura e resvalaram no colaboracionismo – não se pode subestimar a força persuasiva dos empréstimos, verbas publicitárias e outros favores estatais –, limite que foi largamente ultrapassado pela *Folha da Tarde*, como atesta a pesquisa de Beatriz Kushnir.[62]

As ambiguidades e hesitações que marcaram os órgãos da grande imprensa, suas ligações cotidianas com diferentes poderes, a venalidade sempre denunciada, o peso dos interesses publicitários e dos poderosos do momento também podem ser apreendidos a partir de determinadas conjunturas, caso do governo João Goulart e da morte do jornalista Wladimir Herzog, que foram alvo de estudos específicos,[63] ou a partir da atuação de figuras paradigmáticas como Samuel Wainer, Carlos Lacerda e Assis Chateaubriand.[64]

A pesquisa sistemática nos arquivos do Deops tem colaborado para o conhecimento da imprensa política militante, que amargou a ilegalidade e foi duramente perseguida pelos poderes constituídos, como revela o impressionante acervo de jornais confiscados pela polícia política.[65]

Os exemplos poderiam ser multiplicados, mas importa destacar que, em todos os casos citados – e certamente em outros não referidos –, a importância da palavra impressa nos periódicos está plenamente assente. O seu uso generalizou-se a ponto de se tornar um dos traços distintivos da produção acadêmica brasileira a partir de 1985. Analisando a situação paulista, a historiadora Vavy Pacheco Borges fez observações que podem ser extrapoladas para a historiografia como um todo:

> [...] parece-me interessante registrar que o pequeno uso da imprensa como fonte, apontado no início dos anos 1970 [...], inverteu-se completamente; nota-se hoje nos resumos [das teses e dissertações consultadas] um frequente uso da imprensa, seja como meio fundamental de análises das ideias e projetos políticos, da questão social, da influência do Estado e da censura etc., seja como fonte complementar para a História do ensino, dos comportamentos, do cotidiano.[66]

Diante do novo quadro, já não é possível comentar ou mesmo listar os trabalhos que recorreram à imprensa. Entretanto, parece pertinente destacar alguns aspectos metodológicos que têm guiado a utilização dessas fontes e que podem inspirar futuras pesquisas. Note-se que as observações que seguem não devem ser encaradas como um roteiro rígido e tampouco espécie de fórmula ou elixir aplicável a quaisquer impressos, circunstâncias ou períodos. Trata-se simplesmente de um esforço de sistematização de procedimentos e sugestões analíticas que têm orientado as pesquisas na área, bastante úteis para os que pretendem se debruçar sobre documentos dessa natureza.

Técnicas de impressão e lugar social da imprensa

O primeiro aspecto a destacar diz respeito à **materialidade** de jornais e revistas em diferentes momentos, fato que se tornaria evidente se percorrêssemos uma hemeroteca ideal que colocasse, lado a lado, exemplares de épocas diversas. A atenção do visitante seria atraída pela notável variedade de formatos, tipos de papel, qualidade da impressão, cores, imagens. O inebriante apelo visual, como assinalou Ana Luiza Martins, de imediato cria "o risco da leitura amena e ligeira, decorrente do mero folhear dessas publicações de época que acabam por envolver o leitor/historiador no tempo pretérito que busca reconstruir".[67]

A título de exemplo, pode-se consultar as edições fac-símiles do *Correio Braziliense*, fundado pelo jornalista Hipólito José da Costa, que circulou mensalmente de junho de 1808 a dezembro de 1822.[68] O jornal sempre foi impresso em Londres, o que o livrou do peso da rígida censura portuguesa. O leitor acostumado aos matutinos atuais talvez se surpreenda com o formato, mais próximo de um livro, com o número de páginas, que podia chegar a 150, com a extensão dos artigos, que se prolongavam por vários números, e com a divisão interna da matéria, que podia incluir as seguintes seções: política; comércio e artes; literatura e ciências; miscelânea e correspondência. Há mesmo dúvidas a respeito da melhor forma de caracterizar o *Correio*, não faltando aqueles que consideram mais apropriado denominá-lo de revista.

A fixação dos gêneros foi lenta e pode ser acompanhada a partir dos sentidos atribuídos a termos como *jornal, revista, magazine, hebdomadário* em dicionários e compêndios de diferentes épocas. As definições hoje correntes, que reservam o termo *jornal* para a publicação diária, em folhas separadas, e *revista* para as de periodicidade mais espaçada, enfeixadas por uma capa e com maior diversidade temática, tampouco esgotam a questão, pois sempre se pode citar os jornais semanais e seu afã de também tudo abarcar, ou as revistas extremamente especializadas. As classificações abstratas e generalizantes, por muito útil que sejam, não prescindem da caracterização específica construída a partir da análise do próprio corpo documental selecionado, das funções autoatribuídas, em articulação constante com a sociedade, o tempo e o espaço no qual a fonte se insere.[69] Em outras palavras, as diferenças na apresentação física e estruturação do conteúdo não se esgotam em si mesmas, antes apontam para outras, relacionadas aos sentidos assumidos pelos periódicos no momento de sua circulação.

A materialidade dos impressos

Deve-se ter em vista que a grande variação na aparência, imediatamente apreensível pelo olhar diacrônico, resulta da interação entre métodos de impressão disponíveis num dado momento e o lugar social ocupado pelos periódicos.

No que diz respeito ao primeiro aspecto, nas páginas dos exemplares inscreve-se a própria história da indústria gráfica, dos prelos simples às velozes rotativas até a impressão eletrônica. O mesmo poderia ser dito em relação ao percurso das imagens, que se insinua de forma tímida nos traços dos caricaturistas e desenhistas e chega a açambarcar o espaço da escrita com a fotografia e o fotojornalismo. Páginas amarelecidas que também trazem as marcas do processo de trabalho que juntou máquinas, tintas, papel, texto e iconografia, fruto da paciente ordenação do paginador e da composição manual e caprichosa de cada linha do texto pelo tipógrafo, passando pelos ágeis operadores das linotipos e, agora, pelos meios digitais.[70] **É importante estar alerta para os aspectos que envolvem a materialidade dos impressos e seus suportes, que nada têm de natural.** Das letras miúdas comprimidas em muitas colunas às manchetes coloridas e imateriais nos vídeos dos computadores, há avanços tecnológicos, mas também práticas diversas de leituras.[71]

Historicizar a fonte requer ter em conta, portanto, as condições técnicas de produção vigentes e a averiguação, dentre tudo que se dispunha, do que foi escolhido e por quê. É obvio que as máquinas velozes que rodavam os grandes jornais diários do início do século xx não eram as mesmas utilizadas pela militância operária, o que conduz a outro aspecto do problema: **as funções sociais desses impressos.**

A bibliografia sobre a História da imprensa tem insistido nas diferenças entre folhas, gazetas, pasquins e jornais da maior parte do século xix, não raro produto de um único indivíduo que arcava com os custos envolvidos para se valer da palavra impressa como instrumento de combate, e os imperantes a partir das décadas iniciais do século xx, quando os proprietários das empresas jornalísticas abandonaram os métodos artesanais e, em consonância com os interesses ditados pelo lucro, passaram a administrar racionalmente o empreendimento, atentos à otimização dos recursos e à constante atualização da maquinaria e material tipográfico, essencial para uma atividade inserida no circuito capitalista.[72] Ainda que se possa discordar quanto ao grau de mercantilização atingido nas décadas iniciais do século xx, sobretudo se contrapostos a padrões imperantes em épocas posteriores, parece adequado pontuar as mudanças em relação às práticas vigentes na maior parte da centúria anterior.[73]

Há que se considerar que, até a chegada da Família Real (1808), as tipografias eram proibidas no Brasil e os que se atreveram a violar as regras foram duramente perseguidos. A *Gazeta do Rio de Janeiro*, publicação do governo lançada em setembro de 1808, foi o primeiro jornal legalmente impresso em terras brasileiras. Informava acerca dos atos do governo e trazia notícias do exterior, porém cuidadosamente filtradas pelos censores. Nesse contexto, compreende-se o papel fundamental desempenhado pelo *Correio Braziliense*, que continha amplo noticiário sobre os acontecimentos internacionais, europeus e americanos, e colocava o Brasil em contato com o mundo. Objetivos divergentes moviam os responsáveis pelas duas publicações. Se a *Gazeta* era a porta voz da ordem estabelecida, Hipólito pretendia

> [...] informar os brasileiros do que se passava no mundo, para influir sobre seus espíritos direcionando-os no sentido das ideias liberais, para chamar a atenção para o caráter daninho do Absolutismo ou de qualquer forma de despotismo que Hipólito escrevia. Por isso boa parte do jornal era dedicada a comentar e a criticar as autoridades portuguesas e os seus equívocos administrativos.[74]

O caráter doutrinário, a defesa apaixonada de ideias e a intervenção no espaço público caracterizaram a imprensa brasileira de grande parte do século xix, que, é bom lembrar, contava com contingente diminuto de leitores, tendo em vista as altíssimas taxas de analfabetismo. Os aspectos comerciais da atividade eram secundários diante da tarefa de interpor-se nos debates e dar publicidade às propostas, ou seja, divulgá-las e torná-las conhecidas.[75] A imprensa teve papel relevante em momentos políticos decisivos, como a Independência, a Abdicação de D. Pedro I, a Abolição e a República.

Insultos impressos, de Isabel Lustosa, é um exemplo significativo de pesquisa dedicada à imprensa militante que proliferou às vésperas da Independência e por cujas páginas esgrimiam-se diferentes projetos de futuro. Ao percorrer as polêmicas sustentadas por jornais cariocas como *O Amigo do Rei e da Nação, O Bem da Ordem, O Constitucional, O Espelho, A Malagueta, O Papagaio, A Sentinela da Liberdade à Beira do Mar da Praia Grande, O Revérbero Constitucional Fluminense*, nomes que muitas vezes já estampavam uma declaração de princípios, a autora precisou os recursos retóricos, satíricos e de linguagem mobilizados pelos redatores na tentativa de fazer valer seu ponto de vista, ou melhor, do grupo social a que se ligavam:

> Para demolir o adversário valia a sátira, a ironia e a descrição dos aspectos físicos. Nenhum dos jornais daquele período surgiu com o objetivo exclusivo de fazer humor. O humor brotava da polêmica, quando se esgotava o estoque de argumentos. Era uma de suas armas, ao lado da agressão verbal pura e simples. A ausência de caricaturas era compensada pela presença nos textos das descrições dos personagens que os jornais combatiam [...]. O que tornou diferente, o que deu um toque novo e original ao debate político da Independência, obrigando a imprensa a adotar recursos da oralidade popular, foram o fim da censura e a democratização do prelo. A liberação da imprensa, em 1821, possibilitou a escritores e leitores brasileiros a abertura para uma multiplicidade de ideias e atitudes que lhes passaram a ser oferecidas todos os dias pelos jornais. No lugar da unicidade da linguagem da *Gazeta*, a polifonia proporcionada pelas diversas vozes que se propuseram a entrar no debate e conquistar o público para suas ideias.[76]

Imprensa ilustrada

O advento da ilustração foi essencial para o impulso e a diversificação do impresso periódico, ainda mais em um país onde o rarefeito público leitor, que incluía um modesto contingente feminino, avançava lentamente "entre os anônimos leitores de folhetins e os assíduos frequentadores de teatros, circulavam intelectuais, homens de letras, estudantes, jornalistas, algumas sinhás-moças e até velhotas capazes de leitura".[77] Admite-se que o introdutor da novidade foi o pintor e escritor romântico Manoel de Araújo Porto-Alegre. Feito registrado com alvoroço em 14 de dezembro de 1837 nas páginas do *Jornal do Comércio*: "saiu à luz o primeiro número de uma nova invenção artística, gravada sobre magnífico papel [...] e, sem dúvida, receberá do público aqueles sinais de estima que ele tributa às coisas úteis, necessárias e agradáveis".[78]

Porto-Alegre vivera em Paris entre 1831 e 1837, num cenário urbano já pleno de imagens provenientes da imprensa ilustrada, dos cartazes de rua, das pranchas satíricas e da nascente propaganda, muito diferente do imperante no Rio de Janeiro, capital do país e sua cidade mais cosmopolita. Deve-se a ele o lançamento de uma das primeiras publicações a se valer de forma sistemática de ilustrações, *A Lanterna Mágica, periódico plástico-filosófico* (RJ, 1844). O título evocava a experiência parisiense dos espetáculos ambulantes das lanternas mágicas, aparelhos que projetavam por meio de lentes e espelhos imagens pintadas em lâminas de vidro.[79]

As publicações ilustradas de cunho satírico, em geral de curta duração, proliferaram rapidamente. Elas não pouparam os poderosos do momento e nem mesmo o Imperador, alvo constante dos chistes; passavam em revista costumes e hábitos em charges sensíveis e mordazes que compõem um registro social dos mais significativos. Da longuíssima lista de títulos desses momentos inaugurais da litografia pode-se citar, por exemplo, *A Marmota* (1849), *Ilustração Brasileira* (1854), *Brasil Ilustrado* (1855), *Semana Ilustrada* (1860), *Vida Fluminense* (1868), *O Mosquito* (1869), *Revista Ilustrada* (1876), no Rio de Janeiro; *O Diabo Coxo* (1864) e *O Cabrião* (1866), em São Paulo. A contribuição de artistas estrangeiros que por aqui passaram ou se fixaram foi marcante, caso do alemão Henrique Fleuiss, do italiano Ângelo Agostini e do português Rafael Bordalo Pinheiro, que colaboraram com ou se envolveram no lançamento de várias publicações.

O trabalho de ilustração exigia grande perícia. O caricaturista Raul Pederneiras, que teve oportunidade de ver em ação artistas dos mais destacados, como Agostini, comentou em 1922:

> Todos eles, exímios no *crayon* litográfico, desenhavam diretamente sobre pesadas pedras, às avessas, para que, na impressão, o resultado aparecesse natural. Tal destreza, tal perícia adquiriam no manejo do lápis, que, em poucas horas, davam conta de quatro grandes páginas de alentado formato, cuidadosamente estilizadas.[80]

É digno de nota o recente esforço de editoras e instituições culturais para trazer à luz esses impressos do século XIX, que integram o acervo de obras raras das bibliotecas ou se encontram nas mãos de afortunados colecionadores. Alguns foram dados à luz em grandes exposições que extrapolam o público acadêmico, com alentados catálogos, escritos por especialistas. Rafael Bordalo foi alvo de uma ampla exposição na Pinacoteca do Estado de São Paulo, da qual, além do catálogo, resultou a edição fac-símile de uma espécie de história em quadrinhos na qual o autor dava conta das aventuras de D. Pedro II pela Europa. Já o Museu de Arte Brasileira da FAAP, além da já citada exposição que problematizou as relações socioculturais entre França e Brasil no tempo de Araújo Porto-Alegre, organizou também a exposição Traço, Humor e Cia., acerca da trajetória do desenho de humor no Brasil, dos primórdios ao início do século XXI. No âmbito editorial, destaque-se, a título de exemplo, a reedição de *O Cabrião*.[81]

Se a História **da** caricatura tem na obra do escritor Herman Lima a sua mais completa formulação até o presente, a História **por meio da** caricatura e **da própria** representação do humor tem se adensado. Vale destacar o exaustivo trabalho com a iconografia de D. Pedro II levado a cabo por Lilia Schwarcz, o estudo de Marcos Antonio da Silva sobre o personagem *O Amigo da Onça* e a análise das concepções e práticas humorísticas da *Belle Époque* à Era do rádio, entre as quais a charge e a caricatura, empreendida por Elias Thomé Saliba.[82]

Imprensa e lucros

A partir da segunda metade do século XIX, o Império desfrutou de relativa tranquilidade política e da prosperidade econômica advinda com o café. O mundo urbano expandia-se, os trilhos das ferrovias rasgaram as regiões mais prósperas, a navegação a vapor acelerava as trocas, as atividades comerciais e os serviços começavam a se diversificar, contexto que a um só tempo favorecia e demandava a circulação da informação. Aliás, seus mecanismos de difusão foram aperfeiçoados com a invenção do telégrafo e a posterior ligação Brasil–Europa por cabo submarino. A famosa fórmula "O último paquete trouxe a notícia..." foi substituída pelos rapidíssimos informes telegráficos. Em 1877, o *Jornal do Comércio* (RJ) publicou os primeiros, distribuídos pela Reuter-Havas: "Londres, 30 de julho às 2 horas da manhã – Faleceu ontem...".[83]

Imprensa e progresso, letras e luzes eram frequentemente associados, como transparece nas reminiscências de Maria Paes de Barros[84] sobre a São Paulo da década de 1880:

> Abriu-se então uma nova era de reformas e progressos. Extraordinário foi o desenvolvimento da imprensa, demonstrado por um grande número de jornais e publicações diversas. Expandiam-se as vias de comunicação, móvel de todo o progresso [...]. A Pauliceia ia perdendo sua aparência de pequena cidade para assumir ares de grande capital [...]. Dada a grande publicação de periódicos, todos liam. Assim se formavam centros literários e, sobretudo, políticos [...]. Nessa época uma nova ideia se apresentava, ganhando forças e empolgando todas as mentes: a libertação dos escravos. Os jornais altamente a preconizavam.[85]

A chegada do século XX parecia anunciar mais do que uma simples mudança no calendário; tratava-se de adentrar um novo tempo, que deixava para trás o passado monárquico e escravista. A nascente produção fabril, o crescimento do setor de serviços, as levas de imigrantes, a nova paisagem técnico-industrial que se delineava em algumas cidades, os avanços nas comunicações e no letramento da população, preocupação do governo republicano recém-instalado, justificavam o otimismo, regado com os lucros das exportações. Velocidade, mobilidade, eficiência e pressa tornaram-se marcas distintivas do modo de vida urbano e a imprensa, lugar privilegiado da informação e sua difusão, tomou parte ativa nesse processo de aceleração.

Os jornais diários profissionalizavam-se, sem perder o caráter opinativo e de intervenção na vida pública.[86] Os novos métodos de impressão permitiram expressivo aumento das tiragens, melhora da qualidade e barateamento dos exemplares, que atingiam regiões cada vez mais distantes graças ao avanço dos sistemas de transportes, que agilizam o processo de distribuição. Aos imperativos ditados pela busca de produtividade e lucro aliava-se a intenção de oferecer aos consumidores uma mercadoria atraente, visualmente aprimorada, capaz de atender aos anseios da crescente classe média urbana e dos novos grupos letrados.

A estruturação e distribuição interna do conteúdo alteraram-se. Ao lado das reportagens, entrevistas e inquéritos, adensavam-se as seções dedicadas a assuntos policiais, esportes, lazer, vida social e cultural, crítica literária. Os novos métodos fotoquímicos permitiram que a ilustração se incorporasse definitivamente aos diários, o que, de acordo com Herman Lima, "trouxe para o jornalismo uma nota leve, espirituosa e atraente, a quebrar a monotonia das grandes folhas onde a matéria impressa se estendia, em artigos de fundo, crônicas, sueltos e noticiários, em colunas maciças de texto".[87]

A fatura dos matutinos começou a exigir gama variada de competências, fruto da divisão do trabalho e da especialização: repórteres, desenhistas, fotógrafos, articulistas, redatores, críticos, revisores, além dos operários encarregados da impressão propriamente dita. Esses artífices da imagem e da palavra encontravam na imprensa atraentes oportunidades de profissionalização, conforme já destacado.

Contudo, a mudança de maior monta, e que de certa forma abarca as demais, residiu na forma de abordar a notícia, expressa no declínio da doutrinação em prol da informação. Consagrava-se a ideia de que o jornal cumpre a nobre função de informar ao leitor o que se passou, respeitando rigorosamente a "verdade dos fatos". Mudança sem volta, em que pese o percurso atribulado do jornal-empresa e os limites do seu grau efetivo de mercantilização diante de entraves de caráter político, socioeconômico e cultural. As transformações introduzidas a partir dos anos 1950, que se pode considerar inauguradas com a reforma do *Jornal do Brasil*, conformaram, em larga medida, a prática jornalística hoje vigente, processo que tem recebido particular atenção nos trabalhos da pesquisadora Alzira Abreu.[88]

Em síntese, os aspectos até agora destacados enfatizaram a **forma como os impressos chegaram às mãos dos leitores**, sua **aparência física** (formato, tipo de papel, qualidade da impressão, capa, presença/ausência de ilustrações), a estruturação e divisão do **conteúdo**, as **relações que manteve (ou não) com o mercado**, a **publicidade**, o **público** a que visava atingir, os objetivos propostos. Condições materiais e técnicas em si dotadas de historicidade, mas que se engatam a contextos socioculturais específicos, que devem permitir **localizar a fonte escolhida numa série, uma vez que esta não se constitui em um objeto único e isolado**. Noutros termos, **o conteúdo em si não pode ser dissociado do lugar ocupado pela publicação na história da imprensa**, tarefa primeira e passo essencial das pesquisas com fontes periódicas.

O conteúdo e os idealizadores

A discussão em torno do estatuto do que se publica na imprensa periódica já foi – e continua sendo – objeto de acirradas polêmicas. Há objetividade e neutralidade? É possível distinguir notícia e interpretação? Vejam-se as respostas do jornalista Danton Jobim e da escritora francesa Marguerite Duras:

> [Jobin:] A objetividade que persegue o repórter em nossos dias [década de 1950] – "os fatos são sagrados" é a regra ideal – concorre para melhorar, tornando mais fidedigno o registro jornalístico. Parte cada vez mais importante desses registros se constitui de fatos objetivos da história, os quais, para usar a expressão de Butterfield, "podem ser estabelecidos por concreta evidência externa" e "podem e devem ser válidos tanto para um jesuíta como para um marxista".

> [Duras:] Um jornalista é alguém que observa o mundo e o seu funcionamento, que diariamente o vigia muito de perto, que faz ver e rever o mundo, o acontecimento. E não consegue fazer este trabalho sem julgar o que vê. É impossível. Em outras palavras, a informação objetiva é um *logro* total. Uma impostura.[89]

Os exemplos alertam para o risco de se adentrar num debate que, apesar de empolgante, pouco colabora para o trabalho efetivo do historiador com suas fontes. Pode-se admitir, à luz do percurso epistemológico da disciplina e sem implicar a interposição de qualquer limite ou óbice ao uso de jornais e revistas, que a imprensa periódica seleciona, ordena, estrutura e narra, de uma determinada forma, aquilo que se elegeu como digno de chegar até o público. O historiador, de sua parte, dispõe de ferramentas provenientes da **análise do discurso** que problematizam a identificação imediata e linear entre a narração do acontecimento e o próprio acontecimento, questão, aliás, que está longe de ser exclusiva do texto da imprensa.

O pesquisador dos jornais e revistas trabalha com o que se tornou notícia, o que por si só já abarca um espectro de questões, pois será preciso **dar conta das motivações que levaram à decisão de dar publicidade a alguma coisa**. Entretanto, ter sido publicado implica **atentar para o destaque conferido** ao acontecimento, assim como para o local em que se deu a publicação: é muito diverso o peso do que figura na capa de uma revista semanal ou na principal manchete de um grande matutino e o que fica relegado às páginas internas. Estas, por sua vez, também são atravessadas por hierarquias: trata-se, por exemplo, da seção "política nacional" ou da "policial"? (Já se mostrou como greves e movimentos sociais são sistematicamente alocados na última.) O assunto retorna à baila ou foi abandonado logo no dia seguinte? Em síntese, **os discursos adquirem significados de muitas formas**, inclusive pelos procedimentos tipográficos e de ilustração que os cercam. A ênfase em certos **temas**, a **linguagem** e a **natureza do conteúdo** tampouco se dissociam do **público que o jornal ou revista pretende atingir**.

Outros aspectos poderiam ser acrescidos. O historiador Jean-François Sirinelli bem observou que "uma revista é antes de tudo lugar de fermentação intelectual e de relação afetiva, ao mesmo tempo viveiro e espaço de sociabilidade",[90] observação extensiva aos jornais. De fato, jornais e revistas não são, no mais das vezes, obras solitárias, mas empreendimentos que reúnem um conjunto de indivíduos, o que os torna projetos coletivos, por agregarem pessoas em torno de ideias, crenças e valores que se pretende difundir a partir da palavra escrita. Por isso Sirinelli os caracteriza como um "ponto de encontro de itinerários individuais unidos em torno de um credo comum".[91] Daí a importância de se **identificar cuidadosamente o grupo responsável pela linha editorial**, **estabelecer os colaboradores mais assíduos**, **atentar para a escolha do título e para os textos programáticos**, que dão conta de intenções e expectativas, além de fornecer pistas a respeito da leitura de passado e de futuro compartilhada por seus propugnadores. Igualmente importante é **inquirir sobre suas ligações cotidianas com diferentes poderes e interesses financeiros**, aí incluídos os de caráter publicitário. Ou seja, à análise da materialidade e do conteúdo é preciso acrescentar aspectos nem sempre imediatos e necessariamente patentes nas páginas desses impressos.

As redações, tal como salões, cafés, livrarias, editoras, associações literárias e academias, podem ser encaradas como espaços que aglutinam diferentes linhagens políticas e estéticas, compondo redes que conferem estrutura ao campo intelectual e permitem refletir a respeito da formação, estruturação e dinâmica deste.[92] Nessa perspectiva, o sumário que se apresenta ao leitor resulta de "intensa atividade de bastidores", cabendo ao pesquisador **recorrer a outras fontes de informação para dar conta do processo que envolveu a organização, o lançamento e a manutenção do periódico**.[93]

As considerações apontam, portanto, para um tipo de utilização da imprensa periódica que não se limita a extrair um ou outro texto de autores isolados, por mais representativos que sejam, mas antes prescreve **a análise circunstanciada do seu lugar de inserção e delineia uma abordagem que faz dos impressos, a um só tempo, fonte e objeto de pesquisa historiográfica, rigorosamente inseridos na crítica competente.**

Sugestões práticas

A variedade da fonte imprensa é enorme e as suas possibilidades de pesquisa são amplas e variadas. Assim, não é viável sugerir um procedimento metodológico ou mesmo técnicas de pesquisa que deem conta de tantas possibilidades. Entretanto, vale destacar alguns pontos muito gerais para quem deseja iniciar uma pesquisa nesse campo. Afinal, por onde se começa?

Há acervos de periódicos espalhados por todo o país. Universidades, museus, Institutos Históricos, centros de documentação, instituições de pesquisa, bibliotecas e arquivos públicos ou privados, além das próprias empresas jornalísticas, abrigam coleções significativas de periódicos. A Biblioteca Nacional (Rio de Janeiro), que possui vastíssima coleção, organizou em 1994 o seu *Catálogo de Periódicos Brasileiros Microfilmados*, de grande valia para os pesquisadores. Assim, o primeiro passo é **localizar a fonte** numa das instituições de pesquisa e **averiguar as condições oferecidas para consulta**. Há mesmo a possibilidade de se adquirir os microfilmes. A internet pode ser uma aliada importante nessa fase de busca.

Mas vale o alerta: nem sempre os exemplares estão organizados ou microfilmados à espera do pesquisador. Pode-se enfrentar situações longe da ideal, com exemplares em péssimo estado de conservação. Outro problema é a **obtenção de longas séries completas**, o que muitas vezes exige a peregrinação por várias instituições em busca de exemplares.

A seguir, no *box*, uma listagem de procedimentos que vale como inspiração para que se dê o primeiro passo. Nunca é demais lembrar que não há uma receita pronta a ser aplicada e que os esquemas, por mais abrangentes que sejam, têm utilidade muito limitada, como você vai perceber assim que folhear sua fonte. A partir deste ponto a aventura é sua.

DICAS

❑ Encontrar as fontes e constituir uma longa e representativa série.

❑ Localizar a(s) publicação(ções) na história da imprensa.

❑ Atentar para as características de ordem material (periodicidade, impressão; papel, uso/ausência de iconografia e de publicidade).

❑ Assenhorar-se da forma de organização interna do conteúdo.

❑ Caracterizar o material iconográfico presente, atentando para as opções estéticas e funções cumpridas por ele na publicação.

❑ Caracterizar o grupo responsável pela publicação.

❑ Identificar os principais colaboradores.

❑ Identificar o público a que se destinava.

❑ Identificar as fontes de receita.

❑ Analisar todo o material de acordo com a problemática escolhida.

Notas

[1] Agradeço a leitura e as sugestões de Ana Luiza Martins e Márcia Regina C. Naxara.

[2] José Honório Rodrigues, Teoria da História do Brasil: introdução metodológica, 3. ed. rev., São Paulo, Companhia Editora Nacional, 1968, pp. 198-200 (1. ed., 1949) e Nelson Werneck Sodré, O que se deve ler para conhecer o Brasil, 5. ed. rev., Rio de Janeiro, Bertrand, 1976, pp. 321-3 (1. ed., 1945), listam obras sobre as temáticas mencionadas.

[3] A primeira geração é a dos fundadores, Marc Bloch e Lucien Febvre, responsáveis pelo lançamento da revista *Annales d'histoire économique et sociale* (1929). Em 1956, com a morte de Febvre, Fernand

Braudel tornou-se o diretor efetivo dos *Annales* e ocupou lugar dos mais destacados na historiografia e no sistema universitário francês até sua aposentadoria em 1972, tendo ao seu lado nomes como Ernest Labrousse e Emmanuel Le Roy Ladurie. A terceira geração compõe-se de ampla plêiade de historiadores, entre os quais François Furet, Georges Duby, Jacques Le Goff, Jacques Revel, Michèle Perrot, Mona Ozouf e Pierre Nora. A respeito, ver: Peter Burke, A escola dos *Annales* (1929-1989), São Paulo, Unesp, 1991. Para uma análise mais atenta às nuances dos *Annales*, ver, entre outros: Guy Bourdé e Hervé Martin, As escolas históricas, Lisboa, Publicações Europa-América, 1983; François Dosse, A História em migalhas: dos *Annales* à Nova História, São Paulo/Campinas, Ensaio/Unicamp, 1992; José Carlos Reis, Escola dos *Annales*: a inovação em História, Rio de Janeiro, Paz e Terra, 2000.

[4] Jacques Le Goff e Pierre Nora, História: novos problemas, Rio de Janeiro, Francisco Alves, 1978, v. 1, pp. 11-2. Os outros volumes da obra tinham como subtítulo novas abordagens e novos objetos. Originalmente publicada em 1974, sob o título *Faire l'histoire*. Outra obra coletiva fundamental, *História Nova*, sob a responsabilidade de Jacques Le Goff e com a colaboração de Roger Chartier e Jacques Revel, foi publicada em 1978. Há tradução brasileira da 2ª edição, lançada pela Martins Fontes em 1990, na qual foram suprimidos os artigos de menor extensão, conforme explicita Le Goff no prefácio.

[5] As observações do parágrafo, bem como a citação, encontram-se em Jean Boutier e Dominique Julia, Passados recompostos: campos e canteiros da História, Rio de Janeiro, UFRJ/FGV, 1998, pp. 25-9.

[6] Jacques Le Goff, "Documento/Monumento", em Ruggiero Romano (org.), Enciclopédia Einaudi, Porto, Imprensa Nacional/Casa da Moeda, 1984, v. 1, Memória e História, pp. 95-106.

[7] Jim Sharpe, "A história vista de baixo", em Peter Burke (org.), A escrita da história: novas perspectivas, São Paulo, Unesp, 1992, pp. 39-62. Sobre o conjunto da obra de Thompson, ver Projeto História: diálogos com E. P. Thompson, São Paulo, Revista do Programa de Estudos de Pós-Graduação em História e do Departamento de História da PUC-SP, n. 15, 1995.

[8] Roger Chartier, História cultural: entre práticas e representações, Lisboa, Difel, 1990; Nilma Lino Gomes e Lilia M. Schwarcz, Antropologia e História: debate em região de fronteira, Belo Horizonte, Autêntica, 2000.

[9] Jacques Revel (org.), Jogos de escalas: a experiência da microanálise, Rio de Janeiro, FGV, 1998.

[10] Francisco J. C. Falcon, "História Cultural – dos antigos aos novos problemas", em Rachel Soihet (org.), Arrabaldes. cadernos de História, Niterói, Programa de Pós Graduação em História, 1996, pp. 6-21.

[11] Antoine Prost, "Social e cultural indissociavelmente", em Jean-Pierre Rioux e Jean-François Sirinelli, Para uma história cultural, Lisboa, Estampa, 1998, p. 130.

[12] René Remond, "O retorno do político", em Agnes Chauveau em Philippe Tétart, Questões para a história do presente, Bauru, Edusc, 1999, p. 53. A obra, cuja edição francesa é de 1992, reúne importantes contribuições acerca dos problemas teórico-metodológicos que envolvem o estudo do imediato.

[13] René Rémond (org.), Por uma história política, Rio de Janeiro, UFRJ/FGV, 1996, p. 36. A 1ª edição francesa data de 1988.

[14] Ver os artigos de Philippe Urfalino, "A história da política cultural", e Serge Berstein, "A cultura política", em Jean-Pierre Rioux e Jean-François Sirinelli, op. cit., pp. 293-305 e 349-63, respectivamente. Primeira edição francesa de 1997.

[15] José Honório Rodrigues, op. cit., p. 198.

[16] A respeito de Jean Glénisson e a relevância de sua passagem pelo país, consultar José Geraldo Vinci de Moraes e José Marcio Rego, "Depoimento de Emilia Viotti da Costa", em Conversas com historiadores brasileiros, São Paulo, Editora 34, 2002, pp. 72-3.

[17] Jean Glénisson, Iniciação aos Estudos Históricos, 5. ed., São Paulo, Bertrand, 1986, pp. 177-8. (1. ed., 1961). O volume contou com a colaboração de Pedro Moacyr Campos e Emília Viotti da Costa.

[18] Esses aspectos foram salientados por Alzira Alves de Abreu, "Introdução", em Alzira Alves de Abreu (org.), A imprensa em transição: o jornalismo brasileiro nos anos 50, Rio de Janeiro, FGV, 1996, p. 8.

[19] Ana Maria de Almeida Camargo, "A imprensa periódica como fonte para a História do Brasil", em Eurípides Simões de Paula (org.), Anais do v Simpósio Nacional dos Professores Universitários de História, São Paulo, Seção Gráfica da FFLCH/USP, 1971, v. II, pp. 225-39. Citação na p. 226.

[20] Ver as seguintes obras de Gilberto Freyre, Um engenheiro francês no Brasil, Rio de Janeiro, José Olympio, 1940; Ingleses no Brasil, Rio de Janeiro, José Olympio, 1948; O escravo nos anúncios de jornais brasileiros do século XIX, Recife, Imprensa Universitária, 1963.

[21] Nícia Vilela Luz, Aspectos do nacionalismo econômico brasileiro: os esforços em prol da industrialização, São Paulo, Seção Gráfica da FFLCH/USP, 1959, Coleção da Revista de História; Stanley Stein, Grandeza e decadência do café no vale do Paraíba, São Paulo, Brasiliense, 1961; Fernando Henrique Cardoso, Capitalismo e escravidão no Brasil meridional, São Paulo, Difel, 1962; Emília Viotti da Costa, Da senzala à colônia, São Paulo, Difel, 1966; Leôncio Martins Rodrigues, Conflito industrial e sindicalismo no Brasil, São Paulo, Difel, 1966.

[22] Comentários sistemáticos quanto às formas de utilização de anúncios, caricaturas, colunas sociais, construção de séries estatísticas, cotidiano operário, polêmicas e disputas políticas, nas obras arroladas na nota anterior, foram efetivados por Ana Maria Camargo, op. cit.

[23] Nelson Werneck Sodré, História da imprensa no Brasil, Rio de Janeiro, Civilização Brasileira, 1966.

[24] A tese transformou-se em livro anos depois: Arnaldo Contier, Imprensa e ideologia em São Paulo, 1822-1842: matizes do vocabulário político e social, Petrópolis/Campinas, Vozes/Unicamp, 1979.

[25] Maria Helena Capelato e Maria Ligia Prado, O bravo matutino. Imprensa e ideologia no jornal O Estado de S. Paulo, São Paulo, Alfa-Omega, 1980, p. XIX. O livro traz apêndice de autoria de Bárbara Weinstein, que, sob orientação de Emília Viotti da Costa, então lecionando em Yale, estudou a cobertura das greves operárias (1902-1907) realizada pelo mesmo jornal.

[26] Trata-se de sua tese de doutorado (1986), cuja maior parte foi publicada no livro: Maria Helena Capelato, Os arautos do liberalismo: imprensa Paulista 1920-1945, São Paulo, Brasiliense, 1988.

[27] M. Nazareth Ferreira, A imprensa operária no Brasil, Petrópolis, Vozes, 1978.

[28] A bibliografia que se valeu da imprensa é muito vasta. Ver, por exemplo, B. Fausto, Trabalho urbano e conflito social (1890-1920), São Paulo, Difel, 1976; Alexandre Fortes et al., Na luta por

direitos: estudos recentes em História Social do trabalho, Campinas, Unicamp, 1999; F. Hardman, Foot, Nem pátria, nem patrão!, 3. ed. rev. ampl., São Paulo, Unesp, 2002; Marcelo Badaró Mattos, Novos e velhos sindicalismos: Rio de Janeiro (1955-1988), Rio de Janeiro, Vício de Leitura, 1998; F. Teixeira da Silva, Operários sem patrões: os trabalhadores da cidade de Santos no entreguerras, Campinas, Unicamp, 2003; Bárbara Weinstein, (RE)formação da classe trabalhadora no Brasil (1920-1964), São Paulo, Cortez, 2000. Para coletâneas com excertos da imprensa, ver E. Carone, Movimento operário no Brasil (1877-1944), São Paulo, Difel, 1979; P. Sérgio Pinheiro e M. Hall, A classe operária no Brasil – 1889-1930, São Paulo, Alfa-Omega, 1979, v. 1. O volume 2 saiu pela Brasiliense em 1981. Registre-se também a edição fac-símile do jornal da Confederação Operária Brasileira, *A voz do trabalhador* (1908-1915). São Paulo, Imprensa Oficial/Secretaria de Cultura do Estado, 1985. Para um balanço sobre o tema ver: Cláudio H. M. Batalha, "A historiografia da classe operária no Brasil: trajetória e tendências", em Marcos César Freitas (org.), Historiografia brasileira em perspectiva, São Paulo, Contexto, 1998, pp. 145-58. Os estudos sobre escravidão, que mantiveram intenso diálogo com a *history from below*, igualmente valeram-se da imprensa na abordagem do seu objeto.

[29] Não seria exagerado afirmar que quase todos os estudos sobre imigração valeram-se, em alguma medida, da imprensa, seja a fundada pelos próprios imigrantes ou a chamada grande imprensa, que debateu intensamente a questão da entrada de estrangeiros no Brasil. A variedade de temáticas e abordagens das pesquisas em curso sobre o tema, em diferentes regiões do país, pode ser auferida no livro que reúne as conferências e comunicações apresentadas no Seminário Nacional Imigração e Imprensa, realizado pela Unisinos (RS): Martin N. Dreher (org.), Imigração & imprensa, Porto Alegre/São Leopoldo, Edições EST/Instituto Histórico de São Leopoldo, 2004.

[30] A respeito, ver: Maria Stella Bresciani, "História e historiografia das cidades: um percurso", em Marcos César Freiras (org.), op. cit., pp. 237-58.

[31] Heloisa de Faria Cruz, São Paulo em papel e tinta: periodismo e vida urbana – 1890-1915, São Paulo, Educ/Fapesp/Imprensa Oficial, 2000.

[32] Vale destacar, como estudo emblemático, o de Nicolau Sevcenko, Orfeu extático na metrópole: São Paulo, sociedade e cultura nos frementes anos 20, São Paulo, Companhia das Letras, 1992. Nos limites desse texto, não é possível arrolar todas as possibilidades de pesquisa, mas vale lembrar a importância da trajetória da imprensa negra, que mereceu um estudo circunstanciado em Miriam Ferrara, Imprensa negra em São Paulo (1915-1963), Tese (Doutorado em Antropologia), São Paulo, FFLCH/USP, 1986. Mencione-se, ainda, a edição fac-símile do jornal dirigido por Abdias Nascimento, Quilombo (São Paulo, Editora 34, 2003), que circulou entre dezembro de 1948 e julho de 1950.

[33] Ver, por exemplo, Heloisa de Faria Cruz (org.), São Paulo em revista: catálogo de publicações da imprensa cultural e de variedade paulistana (1870-1930), São Paulo, Arquivo do Estado, 1997; Joaquim Nabuco Linhares, Itinerário da imprensa de Belo Horizonte (1895-1954), Belo Horizonte, Fundação João Pinheiro, Centro de Estudos Históricos e Culturais, 1995.

[34] Ana Luiza Martins, Revistas em revista: imprensa e práticas culturais em tempos de República, São Paulo (1890-1922), São Paulo, Edusp/Fapesp/Imprensa Oficial do Estado, 2001.

[35] Maria Celeste Mira, O leitor e a banca de revistas: a segmentação da cultura no século xx, São Paulo, Olho d'Água/Fapesp, 2001; A Revista no Brasil, São Paulo, Abril Cultural, 2000. Igualmente de cunho geral, ainda que respondendo a problemáticas mais próximas do jornalismo, é o trabalho de Marília Scalzo, Jornalismo de revista, São Paulo, Contexto, 2003.

[36] A bibliografia acerca do tema é vasta. Ver, por exemplo, Renato Castelo Branco, Rodolfo Lima Martensen e Fernando Reis (orgs.), História da propaganda no Brasil, São Paulo, T. A. Queiroz, 1990; Ricardo Ramos, Do reclame à comunicação: pequena história da propaganda no Brasil, 3. ed., São Paulo, Atual, 1985. A publicidade no capitalismo monopolista foi tema do estudo Maria Arminda Nascimento, A embalagem do sistema, São Paulo, Duas Cidades, 1985.

[37] Marcia Padilha Lotito, A cidade como espetáculo: publicidade e vida urbana na São Paulo dos anos 20, São Paulo, Annablume, 2001. Ver ainda: Denise Bernuzzi Sant'Anna, "Propaganda e história: antigos problemas, novas questões", em Projeto História, n.14, São Paulo, PUC, 1997; Maria Diva Vasconcelos Taddei, A imagem no anúncio de jornal: São Paulo (1850-1914), Dissertação (Mestrado), São Paulo, FAU/USP, 1977.

[38] Ana Maria Mauad de Sousa Andrade, Sob o signo da imagem: a produção da fotografia e o controle dos códigos de representação social da classe dominante no Rio de Janeiro, Tese (Doutorado), Rio de Janeiro, UFF, 1990. Ver especialmente o capítulo 4. Numa outra perspectiva, a imagem também é o foco central em Rafael Baitz, Um continente em foco: a imagem fotográfica da América Latina nas revistas semanais brasileiras (1954-1964), São Paulo, Humanitas, 2003.

[39] Teresinha A. del. Fiorentino, Prosa de ficção em São Paulo: produção e consumo (1900-1920), São Paulo, Hucitec/Secretaria de Estado da Cultura, 1982.

[40] Sérgio Miceli, Poder, sexo e letras na República Velha, em Intelectuais à brasileira, São Paulo, Companhia das Letras, 2001, p. 54. Publicado originalmente em 1977. O autor denomina de anatolianos os escritores do período estudado (início do século XX até 1922) que se esforçavam por satisfazer a todo tipo de demandas que lhes faziam a grande imprensa, as revistas mundanas, os dirigentes e mandatários políticos da oligarquia e que assumiam a forma de críticas, rodapés, crônicas, discursos, elogios, artigos de fundo, editoriais.

[41] João do Rio [Paulo Barreto], O momento literário, Rio de Janeiro, Garnier, s.d.

[42] Flora Süssekind, Cinematógrafo de Letras: literatura, técnica e modernização no Brasil, São Paulo, Companhia das Letras, 1987, p. 93. Ver ainda Roberto Ventura, Estilo Tropical, História cultural e polêmicas literárias no Brasil (1870-1914), São Paulo, Companhia das Letras, 1991.

[43] Mônica Pimenta Velloso, Modernismo no Rio de Janeiro: Turunas e Quixotes, Rio de Janeiro, Ed. FGV, 1996, p. 209, trabalho originalmente apresentado como tese de doutorado em História na USP, 1995.

[44] Nicolau Sevcenko, Literatura como missão: tensões sociais e criação cultural na 1ª República, 3. ed., São Paulo, Brasiliense, 1989, p. 23.

[45] A exploração sistemática das revistas literárias iniciou-se com o projeto idealizado e coordenado, nos anos 1960, por José Aderaldo Castello, que intentava analisar as publicações editadas a partir do romantismo, representativas de grupos e movimentos literários, e do qual resultaram várias dissertações e teses. Sobre os objetivos, consultar: José Aderaldo Castello, "A análise de periódicos na literatura brasileira", em Roselis Oliveira de Napoli, Lanterna Verde e o modernismo, São Paulo, IEB/USP, 1970, pp. 5-12.

[46] Angela de Castro Gomes, "Essa gente do Rio...", em Modernismo e nacionalismo, Rio de Janeiro, FGV, 1999.

47 Lilia M. Schwarcz, O espetáculo das raças, cientistas, instituições e questão racional no Brasil (1870-1930), São Paulo, Companhia das Letras, 1993; Tania Regina De Luca, Revista do Brasil: um diagnóstico para a (N)ação, São Paulo, Unesp, 1999.

48 Dulcília S. Buitoni, Mulher de papel: representações de mulheres pela imprensa feminina brasileira, São Paulo, Loyola, 1981; Dulcília S. Buitoni, A imprensa feminina, São Paulo, Ática, 1986.

49 Joana Maria Pedro, Mulheres honestas e mulheres faladas: uma questão de classe, 2. ed., Florianópolis, UFSC, 1998 (1. ed., 1994).

50 Carla Bassanezi, Virando as páginas, revendo as mulheres: revistas femininas e relações homem-mulher (1945-1964), Rio de Janeiro, Civilização Brasileira, 1996; Angeluccia Habert, Fotonovela e indústria cultural, Petrópolis, Vozes, 1974; Silvia Lustig, Mãe, obrigada: uma leitura da relação mãe/filho no Suplemento Feminino de OESP (1953-1979), Dissertação (Mestrado), São Paulo, ECA/USP, 1984; Sonia Mascaro, A Revista Feminina: imagem de mulher (1914-1930), Dissertação (Mestrado), São Paulo, ECA/USP, 1982. Uma consulta aos bancos de dados dos programas de pós-graduação aumentaria significativamente a lista, uma vez que há grande quantidade de teses e dissertações que tem se valido da imprensa para abordar o tema.

51 Alessandra El Far, Páginas de sensação: a literatura popular e pornográfica no Rio de Janeiro (1870-1924), São Paulo, Companhia das Letras, 2004.

52 Dijaci D. de Oliveira et al. (orgs.), Primavera já partiu: retrato de homicídios femininos no Brasil. Petrópolis, Vozes, 1998; Dijaci D. de Oliveira, A cor do medo: homicídios e relações raciais no Brasil, Brasília/Goiania, UnB/FG, 1998. Ambos integram a série Violência em manchete.

53 Zita de Paula Rosa, O Tico-Tico: meio século de ação recreativa e pedagógica, Bragança Paulista, EDUSF, 2002. Entre 11 de outubro de 2003 e 31 de janeiro de 2004 o Sesc Vila Mariana (SP) realizou ampla retrospectiva do periódico na exposição O Tico-Tico: uma revista impressa na lembrança.

54 Gonçalo Silva Júnior, A guerra dos gibis: a formação do mercado editorial brasileiro e a censura aos quadrinhos no Brasil (1933-1964), São Paulo, Companhia das Letras, 2004.

55 Bethânia Mariani, O PCB e a imprensa: os comunistas no imaginário dos jornais (1922-1989), Rio de Janeiro/Campinas, Revan/Unicamp, 1998 e Rodrigo Patto Sá Motta, Em guarda contra o perigo vermelho: o anticomunismo no Brasil (1917-1964), São Paulo, Perspectiva/Fapesp, 2002.

56 Sílvia Cezar Miskulin, Cultura ilhada: imprensa e Revolução Cubana, São Paulo, Xamã/Fapesp, 2003.

57 Mary Anne Junqueira, Ao Sul do Rio Grande: imaginando a América Latina em Seleções: oeste, wilderness e fronteira (1942-1970), Bragança Paulista, EDUSF, 2000; Antonio Pedro Tota, Imperialismo sedutor: a americanização do Brasil na época da Segunda Guerra, São Paulo, Companhia das Letras, 2000.

58 Maria Helena Capelato, Multidões em cena: propaganda política no varguismo e no peronismo, Campinas, Papirus, 1998.

59 Angela de Castro Gomes, História e historiadores: a política cultural do Estado Novo, Rio de Janeiro, FGV, 1996.

60 Maria Aparecida Aquino, Censura, imprensa, Estado autoritário (1968-1978), Bauru, Edusc, 1999. Ver também Anne-Marie Smith, Um acordo forçado: o consentimento da imprensa à censura no Brasil, Rio de Janeiro, FGV, 1997. A estratégia do jornal O Estado de S. Paulo para tornar patente a censura incluía a publicação de trechos de Camões no lugar dos artigos censurados, tendo sido discutida no livreto que acompanhou A Revista, n. 7, São Paulo, Takano Editora Gráfica, set. 2002.

[61] Bernardo Kucinski, Jornalistas e revolucionários nos tempos da imprensa alternativa, 2. ed. rev. ampl., São Paulo, Edusp, 2003, constitui-se em trabalho fundamental acerca do tema.

[62] Beatriz Kushnir, Cães de guarda: jornalistas e censores do AI-5 à constituição de 1988, São Paulo, Boitempo, 2004.

[63] Lílian. M. F. de Perosa, Cidadania proibida: o caso Herzog através da imprensa, São Paulo/ Imprensa Oficial, 2001; Maria Rosa Duarte de Oliveira, João Goulart na imprensa: de personalidade a personagem, 2. ed. rev. e ampl., São Paulo, Annablume, 1993. A obra traz encarte com fac-símile de páginas inteiras e matérias publicadas nos periódicos *O Estado de S.Paulo*, *Folha de S.Paulo* e *Última Hora*, entre 1961 e 1964.

[64] Ver, por exemplo, Luiz Maklouf Carvalho, Cobras criadas: David Nasser e O Cruzeiro, São Paulo, Senac, 2001, que, além de acompanhar a carreira de Nasser, traça um amplo panorama da imprensa na segunda metade do século xx; Ana Maria de Abreu Laurenza, Lacerda x Wainer: o corvo e o bessarabiano, São Paulo, Senac, 1998; Fernando Moraes, Chatô: o rei do Brasil, São Paulo, Companhia das Letras, 1995.

[65] Maria Luiza Tucci Carneiro e Boris Kossoy, A imprensa confiscada pelo Deops (1924-1954), São Paulo, Ateliê/Imprensa Oficial/Arquivo do Estado, 2003.

[66] Vavy Pacheco Borges, Maria de Lourdes M. Janotti e Izabel Marson, "A esfera da história política na produção acadêmica sobre São Paulo (1985-1994)", em Antonio Celso Ferreira (org.), Encontros com a história: percursos históricos e historiográficos de São Paulo, São Paulo, Unesp/Fapesp/ ANPUH, 1999, pp. 141-68. A afirmação está na p. 163.

[67] Ana Luiza Martins, "Da fantasia à História: folheando páginas revisteiras", em História, São Paulo, n. 22, v. 1, pp. 59-79, 2003, citação na p. 60.

[68] Recentemente foi publicada a edição completa, acompanhada de artigos analíticos: Alberto Dines (coord.), Correio Braziliense ou Armazém Literário, São Paulo/Brasília, Imprensa Oficial do Estado/Correio Brasiliense, xxx volumes, 2001-2003, edição fac-similar.

[69] Considerações ancoradas em Ana Luiza Martins, Revistas em revista, op. cit., pp. 33-110.

[70] A trajetória da indústria gráfica no Brasil pode ser acompanhada em Mário de Camargo (org.), Gráfica: arte e indústria no Brasil – 180 anos de História, São Paulo, Bandeirantes Gráfica, 2003; Wilson Matins, A palavra escrita, São Paulo, Anhembi, 1957.

[71] Roger Chartier, Do leitor ao navegador, São Paulo, Unesp, 1998.

[72] Nelson Werneck Sodré, op. cit.; Juarez Bahia, Jornal, história e técnica: História da imprensa brasileira, São Paulo, Ática, 1990.

[73] Fernando Lattman Weltman, "Imprensa carioca nos anos 50: os 'anos dourados'", em Alzira Alves de Abreu (org.), op. cit., pp. 157-87, aponta as críticas daqueles que defendem o surgimento do jornal empresa apenas nos anos 1950.

[74] Isabel Lustosa, O nascimento da imprensa brasileira, Rio de Janeiro, Jorge Zahar, 2003, p. 17.

[75] Reflexões para o caso europeu a respeito dessa intervenção dos jornais no espaço público e as modificações que se introduzem após a profissionalização dos periódicos foram desenvolvidas por Jurgen Habermas, Mudança estrutural da esfera pública, Rio de Janeiro, Tempo Brasileiro, 1984.

[76] Isabel Lustosa, Insultos impressos: a guerra dos jornalistas na Independência (1821-1823), São Paulo, Companhia das Letras, 2000, pp. 427 e 434.

[77] Marisa Lajolo e Regina Zilberman, A leitura rarefeita: livro e literatura no Brasil, São Paulo, Brasiliense, 1991, p. 90.

[78] Apud Herman Lima, História da caricatura no Brasil, Rio de Janeiro, José Olympio, 1963, v. 1, p. 71. A obra, o mais completo estudo sobre o tema até agora realizado, compõe-se de quatro volumes. A respeito da história da caricatura, ver também Joaquim da Fonseca, Caricatura: a imagem gráfica do humor, Porto Alegre, Artes e Ofícios, 1999.

[79] Estudos minuciosos dessa publicação e dos vínculos entre a experiência de Porto-Alegre na Paris de Honoré Daumier (1808-1879) e suas atividades no Rio de Janeiro estão reunidos no catálogo da exposição homônima, realizada na Fundação Armando Álvares Penteado (26 de abril e 22 de junho de 2003): Heliana Angotti Salgueiro (coord.), A comédia urbana: de Daumier a Porto-Alegre, São Paulo, Museu de Arte Brasileira – FAAP, 2003.

[80] Apud Herman Lima, op. cit.,v.1, p. 137.

[81] Angelo Agostini (ed.), Cabrião (1866-1867), São Paulo, Imesp/Arquivo do Estado, 1982, edição fac-similar; Emanoel Araújo (curadoria geral), Rafael Bordalo Pinheiro, O português tal e qual, São Paulo, Pinacoteca do Estado, 1996; Denise Mattar (coord.), Traço, humor e cia., São Paulo, Museu de Arte Brasileira – FAAP, 2003; Rafael Bordalo Pinheiro, Apontamento sobre a picaresca viagem do Imperador de Rasilb pela Europa, São Paulo, Pinacoteca do Estado, 1996, edição fac-similar.

[82] Marcos Antonio da Silva, Prazer e poder do Amigo da Onça (1943-1962), Rio de Janeiro, Paz e Terra, 1989; Elias Thomé Saliba, Raízes do Riso: a representação humorística na história brasileira: da Belle Époque aos primeiros tempos do rádio, São Paulo, Companhia das Letras, 2002; Lilia M. Schwarcz, As barbas do Imperador: um monarca nos trópicos, São Paulo, Companhia das Letras, 1998.

[83] Nelson Werneck, op. cit., p. 247.

[84] Maria de Souza Barros era uma senhora da alta sociedade paulistana, nasceu em São Paulo em 1851, filha de Luis Antonio de Souza Barros. Casou-se com o primo, Antonio Paes de Barros, daí o novo nome.

[85] Maria Paes de Barros, O tempo de dantes, São Paulo, Paz e Terra, 1998, p. 136.

[86] Ponto que evidenciado por Maria Helena Capelato, Os arautos do liberalismo, op. cit.

[87] Herman Lima, op. cit., v. 1, p. 141.

[88] Além da obra citada na nota anterior, ver: Alzira Alves de Abreu, A modernização da imprensa – 1970-2000, Rio de Janeiro, Jorge Zahar, 2002 e Alzira Alves de Abreu, Fernando Lattman-Weltman e Dora Rocha (orgs.), Eles mudaram a imprensa: depoimentos ao CPDOC, Rio de Janeiro, FGV, 2003.

[89] Danton Jobim, Espírito do jornalismo, 2. ed., São Paulo, Edusp, 2003, p. 29. (1. ed., 1992), apud Matinas Suzuki Júnior, "A maquiagem do mundo", em Folha de S.Paulo, São Paulo, Empresa Folha da Manhã, 1985, p. 9, grifo no original.

[90] Jean-François Sirinella, "Os intelectuais", em René Rémond (org.), Por uma história política, Rio de Janeiro, Ed. UFRJ, 1996, p. 249.

[91] Jacqueline Plet-Despatin, "Une contribution à l'histoire des intellectuels: les revues", em Nicole Racine e Michel Trebitsch (dir.), Sociabilités intellectuelles: Lieux, milieux, réseaux, n. 20, Paris, Cahiers de l'Institut d'histoire du temps présent, mars. 1992, p. 126.

[92] As considerações baseiam-se em Angela de Castro Gomes, Essa gente do Rio..., op. cit., especialmente, pp. 10-31.

[93] Jacqueline Plet-Despatin, op. cit., p. 127.

Bibliografia

ABREU, Alzira Alves de (org). *A imprensa em transição:* o jornalismo brasileiro nos anos 50. Rio de Janeiro: FGV, 1996.

AQUINO, Maria Aparecida. *Censura, imprensa, Estado autoritário (1968-1978).* Bauru: Edusc, 1999.

BAHIA, Juarez. *Jornal, história e técnica:* história da imprensa brasileira. São Paulo: Ática, 1990.

BASSANEZI, Carla. *Virando as páginas, revendo as mulheres:* revistas femininas e relações homem-mulher, 1945-1964. Rio de Janeiro: Civilização Brasileira, 1996.

BORGES, Vavy Pacheco. *Getúlio Vargas e a oligarquia paulista.* São Paulo: Brasiliense, 1979.

BORGES, Vavy Pacheco; JANOTTI, Maria de Lourdes M.; MARSON, Izabel. A esfera da história política na produção acadêmica sobre São Paulo (1985-1994). In: FERREIRA, Antonio Celso (org.). *Encontros com a história:* percursos históricos e historiográficos de São Paulo. São Paulo: Unesp/Fapesp/ANPUH, 1999.

BOURDÉ, Guy; MARTIN, Hervé. *As escolas históricas.* Lisboa: Publicações Europa-América, 1983.

BOUTIER, Jean; JULIA, Dominique. *Passados recompostos:* campos e canteiros da História. Rio de Janeiro: UFRJ/FGV, 1998.

BUITONI, Dulcília S. *Mulher de papel:* representações de mulheres pela imprensa feminina brasileira. São Paulo: Loyola, 1981.

_____. *A imprensa feminina.* São Paulo: Ática, 1986.

BURKE, Peter. *A escola dos Annales (1929-1989).* São Paulo: Unesp, 1991.

_____ (org.). *A escrita da história:* novas perspectivas. São Paulo: Unesp, 1992.

CAMARGO, Ana Maria de Almeida. A imprensa periódica como fonte para a História do Brasil. In: PAULA, Eurípides Simões de (org.). *Anais do V Simpósio Nacional dos Professores Universitários de História.* São Paulo: Seção Gráfica da FFLCH/USP, 1971, v. II.

CAPELATO, Maria Helena. *Multidões em cena:* propaganda política no varguismo e no peronismo. Campinas: Papirus, 1998.

_____; PRADO, Maria Ligia. *O bravo matutino:* imprensa e ideologia no jornal *O Estado de S. Paulo.* São Paulo: Alfa-Omega, 1980.

CARNEIRO, Maria Luiza Tucci; KOSSOY, Boris. *A imprensa confiscada pelo Deops (1924-1954).* São Paulo: Ateliê/Imprensa Oficial: Arquivo do Estado, 2003.

CHARTIER, Roger. *História cultural*: entre práticas e representações. Lisboa: Difel, 1990.

_____. *Do leitor ao navegador.* São Paulo: Unesp, 1998.

CRUZ, Heloisa de Faria. *São Paulo em papel e tinta*: periodismo e vida urbana – 1890-1915. São Paulo: Educ/Fapesp/ Imprensa Oficial, 2000.

_____ (org.). *São Paulo em revista.* Catálogo de publicações da imprensa cultural e de variedade paulistana – 1870-1930. São Paulo: Arquivo do Estado, 1997.

DE LUCA, Tania Regina. *Revista do Brasil*: um diagnóstico para a (N)ação. São Paulo: Unesp, 1999.

DOSSE, Françoise. *A História em migalhas*: dos *Annales* à Nova História. São Paulo/ Campinas: Ensaio/Unicamp, 1992.

DREHER, Martin N. (org.). *Imigração & imprensa.* Porto Alegre/São Leopoldo: Edições EST/ Instituto Histórico de São Leopoldo, 2004.

FALCON, Francisco J. C. História Cultural – dos antigos aos novos problemas. In: SOIHET, Rachel (org.). *Arrabaldes* – Cadernos de História. Niterói: Programa de Pós-Graduação em História, 1996.

FERRARA, Miriam. *Imprensa negra em São Paulo (1915-1963).* São Paulo, 1986. Tese (Doutorado em Antropologia) – FFLCH/USP.

FERREIRA, M. Nazareth. *A imprensa operária no Brasil.* Petrópolis: Vozes, 1978.

GLÉNISSON, Jean. *Iniciação aos estudos históricos.* 5 ed. São Paulo: Bertrand, 1986.

GOMES, Angela de Castro. *História e historiadores*: a política cultural do Estado Novo. Rio de Janeiro: FGV, 1996.

_____. Essa gente do Rio.... *Modernismo e nacionalismo.* Rio de Janeiro: FGV, 1999.

GOMES, Nilma Lino; SCHWARCZ, Lilia M. *Antropologia e História*: debate em região de fronteira. Belo Horizonte: Autêntica, 2000.

HABERT, Angeluccia. *Fotonovela e indústria cultural.* Petrópolis: Vozes, 1974.

JUNQUEIRA, Mary Anne. *Ao Sul do Rio Grande*: imaginando a América Latina em *Seleções*: oeste, *wilderness* e fronteira (1942-1970). Bragança Paulista: Edusf, 2000.

LAJOLO, Marisa; ZILBERMAN, Regina. *A leitura rarefeita*: livro e literatura no Brasil. São Paulo: Brasiliense, 1991.

LE GOFF, Jacques; NORA, Pierre. *História*: novos problemas. Rio de Janeiro: Francisco Alves, 1978.

_____. Documento/Monumento. In: ROMANO, Ruggiero (org.). *Enciclopédia Einaudi.* Porto: Imprensa Nacional/Casa da Moeda, 1984, v. 1.

LIMA, Herman. *História da caricatura no Brasil.* Rio de Janeiro: José Olympio, 1963, v. 1.

LINHARES, Joaquim Nabuco. *Itinerário da imprensa de Belo Horizonte – 1895-1954.* Belo Horizonte: Fundação João Pinheiro, Centro de Estudos Históricos e Culturais, 1995.

LUSTOSA, Isabel. *Insultos impressos*: a guerra dos jornalistas na independência – 1821-1823. São Paulo: Companhia das Letras, 2000.

_____. *O nascimento da imprensa brasileira*. Rio de Janeiro: Jorge Zahar, 2003.

LUZ, Nícia Vilela. *Aspectos do nacionalismo econômico brasileiro*: os esforços em prol da industrialização. São Paulo: Seção Gráfica da FFLCH/USP, 1959. (Coleção Revista de História).

MARTINS, Ana Luiza. *Revistas em revista*: imprensa e práticas culturais em tempos de República, São Paulo (1890-1922). São Paulo, Edusp/Fapesp/Imprensa Oficial do Estado, 2001.

_____. Da fantasia à História: folheando páginas revisteiras. *História*. São Paulo, n. 22, v. 1, pp. 59-79, 2003.

MICELI, Sérgio. Poder, sexo e letras na República Velha. *Intelectuais à brasileira*. São Paulo: Companhia das Letras, 2001.

MIRA, Maria Celeste. *O leitor e a banca de revistas*: a segmentação da cultura no século XX. São Paulo: Olho d'Água/Fapesp, 2001.

_____. *A Revista no Brasil*. São Paulo: Abril Cultural, 2000.

MISKULIN, Sílvia Cezar. *Cultura ilhada*: imprensa e Revolução Cubana. São Paulo: Xamã/ Fapesp, 2003.

MORAES, José Geraldo Vinci de; REGO, José Marcio. Depoimento de Emilia Viotti da Costa. *Conversas com historiadores brasileiros*. São Paulo: Editora 34, 2002.

PEDRO, Joana Maria. *Mulheres honestas e mulheres faladas:* uma questão de classe. 2. ed. Florianópolis: UFSC, 1998.

PLET-DESPATIN, Jacqueline. Une contribution à l'histoire des intellectuels: les revues. In: RACINE, Nicole; TREBITSCH, Michel (dir.). *Sociabilités intellectuelles*: lieux, milieux, réseaux, n. 20, Paris, Cahiers de l'Institut d'histoire du temps present, mars. 1992.

PROST, Antoine. Social e cultural indissociavelmente. In: RIOUX, Jean-Pierre; SIRINELLI, Jean-François. *Para uma história cultural*. Lisboa: Estampa, 1998.

REIS, José Carlos. *Escola dos Annales*: a inovação em História. Rio de Janeiro: Paz e Terra, 2000.

RÉMOND, René. O retorno do político. In: CHAUVEAU, Agnès; TÉTART, Philippe. *Questões para a história do presente*. Bauru: Edusc, 1999.

_____ (org.). *Por uma história política*. Rio de Janeiro: UFRJ/FGV, 1996.

REVEL, Jacques (org.). *Jogos de escalas*: a experiência da microanálise. Rio de Janeiro: FGV, 1998.

RIO, João [Paulo Barreto]. *O momento literário*. Rio de Janeiro: Garnier, s.d.

RODRIGUES, José Honório. *Teoria da História do Brasil*: introdução Metodológica. 3 ed. rev. São Paulo: Companhia Editora Nacional, 1968.

SALIBA, Elias Thomé. *Raízes do Riso*: a representação humorística na história brasileira – da *Belle Époque* aos primeiros tempos do rádio. São Paulo: Companhia das Letras, 2002.

SCALZO, Marília. *Jornalismo de revista*. São Paulo: Contexto, 2003.

SCHWARCZ, Lilia M. *O espetáculo das raças*: cientistas, instituições e questão racional no Brasil, 1970-1930. São Paulo: Companhia das Letras, 1993.

SEVCENKO, Nicolau. *Literatura como missão*: tensões sociais e criação cultural na 1ª República. 3. ed. São Paulo: Brasiliense, 1989.

_____. *Orfeu extático na metrópole*: São Paulo, sociedade e cultura nos frementes anos 20. São Paulo: Companhia das Letras, 1992.

SILVA, Marcos Antonio da. *Prazer e poder do Amigo da Onça (1943-1962)*. Rio de Janeiro: Paz e Terra, 1989.

SILVA JR., Gonçalo. *A guerra dos gibis*: a formação do mercado editorial brasileiro e a censura aos quadrinhos no Brasil – 1933-1964. São Paulo: Companhia das Letras, 2004.

SIRINELLI, Jean-François. Os intelectuais. In: RÉMOND, René (org.). *Por uma história política*. Rio de Janeiro: Ed. UFRJ, 1996.

STEIN, Stanley. *Grandeza e decadência do café no valo do Paraíba*. São Paulo: Brasiliense, 1961.

SODRÉ, Nelson Werneck. *História da imprensa no Brasil*. Rio de Janeiro: Civilização Brasileira, 1966.

_____. *O que se deve ler para conhecer o Brasil*. 5. ed. rev. Rio de Janeiro: Bertrand, 1976.

SÜSSEKIND, Flora. *Cinematógrafo de Letras*: literatura, técnica e modernização no Brasil. São Paulo: Companhia das Letras, 1987.

SUZUKI Jr., Matinas. A maquiagem do mundo. *Primeira página. Folha de S.Paulo*. São Paulo: Empresa Folha da Manhã, 1985.

TOTA, Antonio Pedro. *Imperialismo sedutor*: a americanização do Brasil na época da Segunda Guerra. São Paulo: Companhia das Letras, 2000.

VELLOSO, Mônica Pimenta. *Modernismo no Rio de Janeiro*: Turunas e Quixotes. Rio de Janeiro: FGV, 1996.

VENTURA, Roberto. *Estilo Tropical*: História cultural e polêmicas literárias no Brasil (1870-1914). São Paulo: Companhia das Letras, 1991.

FONTES ORAIS
Histórias dentro da História

Verena Alberti

Os historiadores e a fonte

A História oral permite o registro de testemunhos e o acesso a "histórias dentro da história" e, dessa forma, amplia as possibilidades de interpretação do passado.

Definições e história

A História oral é uma metodologia de pesquisa e de constituição de fontes para o estudo da história contemporânea surgida em meados do século XX, após a invenção do gravador a fita. Ela consiste na realização de entrevistas gravadas com indivíduos que participaram de, ou testemunharam, acontecimentos e conjunturas do passado e do presente. Tais entrevistas são produzidas no contexto de projetos de pesquisa, que determinam quantas e quais pessoas entrevistar, o que e como perguntar, bem como que destino será dado ao material produzido.

O trabalho com a História oral se beneficia de ferramentas teóricas de diferentes disciplinas das Ciências Humanas, como a Antropologia, a História, a Literatura, a Sociologia e a Psicologia, por exemplo. Trata-se, pois, de metodologia interdisciplinar por excelência. Além dos campos mencionados, ela pode ser aplicada nas mais diversas áreas do conhecimento: na Educação, na Economia, nas Engenharias, na Administração, na Medicina, no Serviço Social, no Teatro, na Música... Em todas essas áreas já foram desenvolvidas pesquisas que adotaram a metodologia da História oral para ampliar o conhecimento sobre experiências e práticas desenvolvidas, registrá-las e difundi-las entre os interessados.

A estratégia de ouvir atores ou testemunhas de determinados acontecimentos ou conjunturas para melhor compreendê-los não é novidade. Heródoto, Tucídides e Políbio, historiadores da Antiguidade, já utilizaram esse procedimento para escrever sobre acontecimentos de sua época.[1]

Entre 1918 e 1920, William Thomas e Florian Znaniecki, pesquisadores poloneses radicados nos Estados Unidos, publicaram histórias de vida de imigrantes poloneses, na obra em cinco volumes *The Polish Peasant in Europa in America*.[2] Estavam afinados com as novas tendências de pesquisa empírica do departamento de Sociologia da Universidade de Chicago, a conhecida Escola de Chicago, segundo a qual caberia ao pesquisador sair das bibliotecas e ir para o campo, no caso, a cidade, transformada em laboratório.

Essas experiências em geral são apontadas como "precursoras" da História oral "moderna", que delas se distingue principalmente por exigir a *gravação* do relato, em áudio e/ou em vídeo, e também por pressupor uma *situação de entrevista* com objetivos bastante específicos.

Costuma-se considerar 1948 o marco do início da História oral "moderna". Nesse ano, quando foi inventado o gravador a fita, formou-se o Columbia University Oral History Research Office, programa de História oral da Universidade de Columbia fundado por Allan Nevins e Louis Starr em Nova York. Sua preocupação principal era coligir material para o uso de gerações futuras com base em entrevistas realizadas, em sua maioria, com personalidades destacadas da história norte-americana, homens públicos que tiveram participação reconhecida na vida política, econômica e cultural do país. Ao contrário do que se fixará como regra geral em programas de História oral mais tarde, o Columbia History Office considerava a transcrição, e não a gravação, documento original.

Paralelamente surgiram na Europa algumas experiências também relacionadas ao que hoje chamamos de História oral, como a coleta de relatos de chefes da Resistência Francesa no imediato pós-Guerra, ou a transcrição de testemunhos sobre a Segunda Guerra Mundial, na Alemanha. No final da década de 1950, o Instituto Nacional de Antropologia do México começou a registrar as recordações dos chefes da Revolução Mexicana (1910-11), trabalho que foi intensificado por Alicia Olivera e Eugenia Meyer, nas décadas de 1960 e 1970. Todas essas experiências fazem parte daquilo que o historiador francês Philippe Joutard, autor do hoje clássico *Ces voix qui nous viennent du passé* (Essas vozes que nos vêm do passado), chamou de "primeira geração" da História oral.[3]

Na década de 1960, paralelamente ao aperfeiçoamento do gravador portátil, tornaram-se frequentes também as "entrevistas de história de vida" com membros de grupos sociais que, em geral, não deixavam registros escritos de suas experiências e formas de ver o mundo. Foi a fase conhecida como da História oral "militante", praticada por pesquisadores que identificavam na nova metodologia uma solução para "dar voz" às minorias e possibilitar a existência de uma História "vinda de baixo". Esses pesquisadores procuravam diferenciar-se da linha seguida pelo Columbia History Office, que privilegiava o estudo das elites, e, por isso mesmo, passou a ser visto como exemplo daquilo que não se deve fazer. Nessa época, fizeram sucesso, nos Estados Unidos e na Europa, publicações que reproduziam entrevistas realizadas com camponeses e trabalhadores, sobre sua trajetória e sua vida cotidiana.[4] Na França, chegou a ser publicada uma coleção com o nome sugestivo de "Vivências" com relatos desse tipo. Esse *boom* da História oral na década de 1960 acabou marcando bastante a própria metodologia: suas práticas e a forma como passou a ser vista por historiadores e outros cientistas sociais.

Michel Trebitsch, pesquisador do Institut d'Histoire du Temps Présent, observa que, em razão dessa linha desenvolvida a partir do decênio de 1960, durante muito tempo a identidade da História oral se baseou em um sistema maniqueísta de antinomias. Opondo-se à História positivista do século XIX, a História oral tornou-se a contra-História, a História do local e do comunitário (em oposição à chamada História da nação). Por trás desse movimento, estava a crença de que era possível reconciliar o saber com o povo e se voltar para a

História dos humildes, dos primitivos, dos "sem História" (em oposição à História da civilização e do progresso que, na verdade, acabava sendo a História das elites e dos vencedores).[5]

Não há dúvida de que a possibilidade de registrar a vivência de grupos cujas histórias dificilmente eram estudadas representou um avanço para as disciplinas das Ciências Humanas. Mas seu reconhecimento só foi possível após amplo movimento de transformação dessas ciências, que, com o tempo, deixaram de pensar em termos de uma única história ou identidade nacional, para reconhecer a existência de múltiplas histórias, memórias e identidades em uma sociedade. Alguns anos se passaram até que as potencialidades do novo método fossem aceitas e incorporadas às práticas acadêmicas. Essa resistência se deveu, em parte, à própria forma como eram realizadas as pesquisas que utilizavam a História oral.

Com efeito, algumas das práticas e crenças da chamada História oral "militante" levaram a equívocos que convêm evitar. O primeiro deles consiste em considerar que o relato que resulta da entrevista de História oral já é a própria "História", levando à ilusão de se chegar à "verdade do povo" graças ao levantamento do testemunho oral. Ou seja, a entrevista, em vez de fonte para o estudo do passado e do presente, torna-se a revelação do real. Essa confusão aparece algumas vezes ainda hoje em trabalhos ditos acadêmicos; por exemplo, em dissertações ou teses que se limitam a apresentar o texto transcrito de uma ou mais entrevistas realizadas, como se esse fosse um resultado legítimo e final da pesquisa. É claro que a publicação de uma ou mais entrevistas não constitui problema em si. O equívoco está em considerar que a entrevista publicada já é "História", e não apenas uma fonte que, como todas as fontes, necessita de interpretação e análise. Em nome do próprio pluralismo, não se pode querer que uma única entrevista ou um grupo de entrevistas deem conta de forma definitiva e completa do que aconteceu no passado.

Outro equívoco decorrente da História oral "militante" diz respeito aos usos da noção de História "democrática", ou História "vista de baixo". Será que o pesquisador que entrevista membros da elite – isto é, que investiga visões de mundo e experiências de vida de personagens da História "de cima" – escreve necessariamente uma História "não democrática"? Certamente que não.[6]

Polarizações do tipo História "de baixo" *versus* História "de cima" contribuem para diluir a própria especificidade e relevância da História oral –

ou seja –, a de permitir o registro e o estudo da experiência de um número cada vez maior de grupos, e não apenas dos que se situam em uma posição ou outra na escala social. É certo que os que se situam "acima" costumam deixar mais registros pessoais – como cartas, autobiografias, diários etc. – de suas práticas. Nesse sentido – mas só neste –, é possível admitir que entrevistas de História oral com os que se situam "abaixo" na escala social possam ser prioritárias. Essa circunstância leva, contudo, a uma curiosa conclusão: à medida que a ênfase sobre a História "de baixo" acaba vinculada à noção de "povos sem escrita", a História oral torna-se uma "compensação" para a incapacidade daqueles grupos de escreverem sobre si mesmos. Assim, um argumento que, inicialmente, reclamava maior importância para os "de baixo", corre o risco de acabar reforçando, ainda que de modo indireto, o preconceito em relação a eles: eles não são capazes de deixar registros escritos sobre si mesmos.

Deduz-se, pois, que a ideia de *dar* voz" às minorias, tão cara aos pesquisadores "militantes", acaba reforçando as diferenças sociais: é o pesquisador que concede aos "de baixo" a possibilidade de se expressarem, pois eles são incapazes de fazê-lo por si sós! Esse não é um problema novo nas Ciências Humanas, e a Antropologia tem refletido bastante sobre ele. Até que ponto os estudos sobre grupos sociais marginalizados respondem a uma demanda desses mesmos grupos? Quem lê suas entrevistas? Como fazer que o resultado da pesquisa retorne ao grupo investigado? Em vez de imaginar que está imbuído de uma "missão democrática", o pesquisador deve reconhecer que a necessidade de ouvir os "de baixo" parte, antes de mais nada, dele mesmo, da instituição em que trabalha, do órgão que financia sua pesquisa; desde que esteja consciente disso e das implicações de sua decisão, é claro que nada impede que se lance à pesquisa.

Na década de 1970, depois do sucesso da História oral "militante", observam-se algumas tentativas de sistematização da metodologia. *Grosso modo*, pode-se dizer que lentamente ela foi passando de "militante" a "acadêmica". Em 1973 surgem a *Oral History Review*, publicação da norte-americana Oral History Association, fundada em 1966, e a revista *Oral History*, da Oral History Society britânica. Nesse período também são publicados alguns manuais de História oral, especialmente nos Estados Unidos, com o propósito de estabelecer padrões na coleta e no tratamento de entrevistas. Em algumas áreas começam a surgir pesquisas menos "populistas", como as de Franco

Ferraroti, Alessandro Portelli e Luisa Passerini, na Itália, e as do projeto Lusir, na Alemanha, que trazem reflexões metodológicas ao debate.[7] Na França, uma pesquisa sobre a previdência social desenvolvida por Dominique Aron-Schnapper e Danièle Hanet deixa claro que é possível aliar atividade científica e prática arquivística: o acervo de entrevistas é constituído com a preocupação de preservar e permitir acesso aos depoimentos, ao mesmo tempo que sua produção está subordinada a um projeto de pesquisa.[8]

Esse é também o momento em que pesquisadores da Europa e dos Estados Unidos começam a se reunir em encontros internacionais. Em 1978 ocorreu o primeiro, em Essex, na Grã-Bretanha. Nomes que hoje fazem parte da "velha guarda" da História oral no mundo, como Mercedes Vilanova (Espanha), Eugenia Meyer (México), Ronald Grele (Estados Unidos), Paul Thompson (Grã-Bretanha), Luisa Passerini (Itália), Daniel Bertaux (França) e Lutz Niethammer (Alemanha), entre outros, estão presentes nessas primeiras trocas de experiências e impressões.[9]

Em meados da década de 1970, precisamente em 1975, a História oral chegou ao Brasil. De 7 de julho a 1º de agosto daquele ano, foi realizado o I Curso Nacional de História Oral, organizado pelo Subgrupo de História Oral do Grupo de Documentação em Ciências Sociais (GDCS), formado em dezembro do ano anterior por representantes de quatro instituições: a Biblioteca Nacional, o Arquivo Nacional, a Fundação Getulio Vargas e o Instituto Brasileiro de Bibliografia e Documentação. Entre os cerca de quarenta alunos inscritos no curso, havia membros de diferentes instituições do país.[10] Os professores convidados eram George P. Browne, do Departamento de História da Seton Hall University, Nova Jersey; James e Edna Wilkie, do Latin American Center da Universidade de Califórnia, e Eugenia Meyer.[11]

Como desdobramento do curso começaram a ser realizadas, ainda em 1975, as primeiras entrevistas do Programa de História Oral do Centro de Pesquisa e Documentação de História Contemporânea do Brasil (CPDOC) da Fundação Getulio Vargas. A proposta fundadora do programa era estudar a trajetória e o desempenho das elites brasileiras desde a década de 1930. A ideia era examinar o processo de montagem do Estado brasileiro como forma, inclusive, de compreender como se chegou ao regime militar (1964-85) então vigente. Com as entrevistas, procurava-se conhecer os processos de formação das elites, as influências políticas e intelectuais, os conflitos e as formas de conceber o mundo e o país. Para alcançar esse objetivo, foi considerado mais apropriado realizar entrevistas de história de vida, que se estendem por várias sessões e acompanham a vida do entrevistado desde a infância, aprofundando-se em temas específicos relacionados aos objetivos da pesquisa. Esta linha de acervo continua em vigor até hoje no Cpdoc, ao lado de outras, e abarca políticos, intelectuais, tecnocratas, militares e diplomatas, desde os que ocuparam cargos formais no Estado até os que, fora do Estado, com ele cooperaram ou lhe fizeram oposição.[12]

Outra iniciativa que surgiu em 1975 como desdobramento do i Curso Nacional de História Oral foi o Laboratório de História Oral do Programa de Pós-graduação em História da Universidade Federal de Santa Catarina, criado por Carlos Humberto Pederneiras Corrêa, professor da universidade que assistiu ao curso e, três anos depois, publicou um manual de História oral.[13]

Podemos dizer que a década seguinte, de 1980, assistiu a um processo de consolidação do que vinha acontecendo na anterior. Foram publicadas importantes coletâneas de artigos, reunindo os nomes mais expressivos da época: *Las historias de vida en ciencias sociales,* **organizado por Jorge Balán (1974),** *Biography and Society,* **organizado por Daniel Bertaux (1981), números especiais das revistas** *Annales* **(1980),** *Cahiers Internationaux de Sociologie* **(1980),** *Dados* **(1984),** *Actes de la Recherche en Sciences Sociales* **(1986) e** *Cahiers de l'Institut d'Histoire du Temps Présent* **(1987).[14]**

Em 1988 o Instituto Mora, na cidade do México, sediou o i Encontro de Historiadores Orais de América Latina e Espanha, sob a coordenação de Eugenia Meyer. O objetivo era constituir uma rede de intercâmbio alternativa à que, no plano internacional, ocorria predominantemente no eixo Europa – Estados Unidos. O evento contou com a participação de cerca de cinquenta pesquisadores, provenientes de Argentina, Brasil, Costa Rica, Cuba, El Salvador, Espanha, Estados Unidos (Centro de Estudos Porto-riquenhos), Peru, Porto Rico, Uruguai e Venezuela, além do próprio México.

No Brasil, ao longo da década de 1980, formaram-se núcleos de pesquisa e programas de História oral voltados para diferentes objetos e temas de estudo. Um levantamento realizado pelo Cpdoc entre 1988 e 1989 e publicado como apêndice na primeira edição do seu manual de História oral, revelou a existência de pelo menos 21 instituições de pesquisa que se dedicavam a trabalhos com a História oral em dez estados diferentes: Bahia, Distrito Federal,

Ceará, Minas Gerais, Pará, Pernambuco, Rio Grande do Sul, Rio de Janeiro, Santa Catarina e São Paulo.[15]

Esse crescimento continuou na década de 1990, resultando em intensa participação de pesquisadores e instituições nos encontros acadêmicos organizados a partir desse período. Durante o II Encontro Nacional de História Oral, realizado no Rio de Janeiro em abril de 1994, foi criada a Associação Brasileira de História Oral (ABHO). Nele inscreveram-se 250 pesquisadores de diferentes estados do país e foram apresentados sessenta trabalhos.[16]

Várias instituições vêm participando dos debates em torno da História oral desde aquela ocasião.[17] A ABHO, que em 2004 completou dez anos, tem promovido regularmente encontros regionais e nacionais, que favorecem sobremaneira a difusão e o intercâmbio em torno da História oral no país.[18] Ao mesmo tempo, criaram-se possibilidades de discussão da metodologia em outros fóruns, como a Associação Nacional de Pós-graduação e Pesquisa em Ciências Sociais (Anpocs), em cujos encontros anuais ao longo da década de 1990 se reuniu o grupo de trabalho "História oral e memória".

No plano internacional, o decênio de 1990 também representou um avanço para a História oral. A criação da International Oral History Association (IOHA), em 1996, constituiu um marco importante. Ela ocorreu durante o IX Congresso Internacional de História Oral, na Suécia, evento que teve forte participação de pesquisadores brasileiros, que integraram inclusive a primeira diretoria da entidade.[19] Além da criação da IOHA, o congresso da Suécia decidiu incentivar a realização de eventos internacionais fora do eixo Europa – América do Norte. Com efeito, os três congressos seguintes, de 1998, 2000 e 2002, ocorreram no Brasil, na Turquia e na África do Sul, respectivamente. Ao lado desse movimento em direção ao "Sul" do globo terrestre, os encontros internacionais foram incorporando experiências de História oral desenvolvidas no Leste europeu, que se tornaram mais frequentes após a queda dos regimes socialistas.[20]

História oral e História

A consolidação e a disseminação da História oral no Brasil e no mundo são atualmente inegáveis. O público que frequenta os encontros regionais, nacionais e internacionais tem crescido bastante. Na academia, o debate das décadas de 1980 e 1990, que buscou sistematizar as experiências e refletir seriamente sobre as bases e implicações metodológicas da História oral, contribuiu para que o trabalho com entrevistas já não seja visto com a mesma desconfiança de antes. Se até as décadas de 1970 e 1980, a História oral ficou, por assim dizer, "fora" dos departamentos de História, agora muitos deles já a inserem em seu currículo e admitem dissertações e teses que discutem e analisam as chamadas "fontes orais" – outro nome dado às entrevistas de História oral.

No que diz respeito especificamente à História, esse novo quadro se deve a mudanças na própria disciplina.[21] Durante muito tempo, desde a perspectiva positivista predominante no século XIX, a História preconizou o escrito em detrimento do oral (este, identificado com o anedótico, com as sociedades sem escrita e, portanto, "sem História"), e o passado remoto em detrimento de temas contemporâneos, em relação aos quais o historiador não seria suficientemente imparcial. Mais tarde, a ênfase sobre os processos de longa duração e o estudo preferencial das fontes seriais (quantitativas), defendido pela Escola dos Annales (1929), dificilmente davam espaço ao papel do indivíduo na História. Considerava-se que os relatos pessoais, as histórias de vida e as biografias não contribuiriam para o conhecimento do passado, pois são subjetivos, muitas vezes distorcem os fatos e dificilmente seriam representativos de uma época ou de um grupo.

Essas convicções sobre o que seria próprio da História sofreram modificações a partir da década de 1980: temas contemporâneos foram incorporados à História, chegando-se a estabelecer um novo campo, que recebeu o nome de História do tempo presente; passou-se a valorizar também a análise qualitativa, e o relato pessoal deixou de ser visto como exclusivo de seu autor, tornando-se capaz de transmitir uma experiência coletiva, uma visão de mundo tornada possível em determinada configuração histórica e social. Hoje já é generalizada a concepçao de que fontes escritas também podem ser subjetivas e de que a própria subjetividade pode se constituir em objeto do pensamento científico. Surgiram novos objetos, e os historiadores passaram a se interessar também pela vida cotidiana, pela família, pelos gestos do trabalho, pelos rituais, pelas festas e pelas formas de sociabilidade – temas que, quando investigados no "tempo presente", podem ser abordados por meio de entrevistas de História oral.

Esse novo quadro resultou em mudanças importantes nos conteúdos dos arquivos e na concepção do que é uma fonte, e não por acaso coincidiu com as transformações das sociedades modernas. As mudanças tecnológicas ocorridas especialmente a partir do último quartel do século xx modificaram os hábitos de comunicação e de registro, alterando também o conteúdo dos arquivos históricos. Além das entrevistas de História oral, outros registros sonoros (músicas, *jingles*, gravações radiofônicas), fotografias, caricaturas, desenhos, anúncios, filmes, monumentos, objetos de artesanato, obras de arte e de arquitetura são passíveis, hoje em dia, de se tornar fontes para o estudo da história. O documento escrito deixou de ser o repositório exclusivo dos restos do passado.

Por fim, observa-se atualmente, não só a História como em todos os campos do saber, a valorização da interdisciplinaridade. A História beneficia-se do diálogo com a Antropologia, a Literatura, a Sociologia, a Ciência Política e outras áreas do conhecimento. O fato de uma pesquisa de História oral ser interdisciplinar por excelência constitui, pois, mais um fator que favorece hoje sua aceitação por parte de historiadores e cientistas sociais.

Essa reconciliação da História oral com a academia, notadamente a partir do decênio de 1990, se deve sobretudo ao fim da polarização maniqueísta entre "vencedores" e "vencidos", "nacional" e "local", "escrito" e "oral", "erudito" e "popular", e assim por diante. A História oral é hoje um caminho interessante para se conhecer e registrar múltiplas possibilidades que se manifestam e dão sentido a formas de vida e escolhas de diferentes grupos sociais, em todas as camadas da sociedade. Nesse sentido, ela está afinada com as novas tendências de pesquisa nas ciências humanas, que reconhecem as múltiplas influências a que estão submetidos os diferentes grupos no mundo globalizado.

Vale observar, contudo, que há todo um espaço ocupado pela História oral fora da academia, como é o caso de algumas práticas pedagógicas e terapêuticas. Entre as primeiras estão experiências feitas com alunos do ensino fundamental e médio, estimulados a entrevistar membros de sua família e de sua comunidade, como forma de tornar o aprendizado da História mais concreto e próximo. No que diz respeito aos objetivos terapêuticos, pode-se citar como exemplo o uso da História oral no campo da Medicina, como forma de possibilitar o registro e a transmissão de experiências entre doentes e familiares, facilitando a adaptação à doença. Neste caso, como em alguns outros que adotam determinados procedimentos desenvolvidos pela História oral, a entrevista não é tomada como fonte a ser interpretada e analisada, mas como instrumento que terá certo efeito sobre a comunidade – seja ampliar sua consciência histórica, seja aprender com os que já passaram por experiências semelhantes como se adaptar a uma situação adversa. Na mesma direção vão ações que utilizam a História oral como forma de reforçar e legitimar a identidade de grupos comumente marginalizados. É o caso, por exemplo, de entrevistas realizadas com mulheres em países de maioria muçulmana, que muitas vezes funcionam como recurso terapêutico para favorecer a afirmação de sua identidade. Essas e outras práticas que não consideram a entrevista de História oral necessariamente como fonte não serão consideradas neste capítulo.

As possibilidades de pesquisa e a especificidade da fonte oral

Uma pesquisa que emprega a metodologia da História oral é muito dispendiosa. Preparar uma entrevista, contatar o entrevistado, gravar o depoimento, transcrevê-lo, revisá-lo e analisá-lo leva tempo e requer recursos financeiros. Como em geral um projeto de pesquisa em História oral pressupõe a realização de várias entrevistas, o tempo e os recursos necessários são bastante expressivos. Por essa razão, é bom ter claro que a opção pela História oral responde apenas a determinadas questões e não é solução para todos os problemas.

Quais são as possibilidades de pesquisa abertas pela História oral? Que problemas ela pode ajudar a solucionar? Uma das principais riquezas da História oral está em permitir o estudo das formas como pessoas ou grupos efetuaram e elaboraram experiências, incluindo situações de aprendizado e decisões estratégicas. Essa noção é particularmente desenvolvida em textos alemães, em que recebe o nome de "História de experiência" (*Erfahrungsgeschichte*) e aparece em combinação com a ideia de mudança de perspectiva (*Perspektivenwechsel*). Em linhas gerais, essa combinação significa o seguinte: entender como pessoas e grupos experimentaram o passado torna possível questionar interpretações generalizantes de determinados acontecimentos e conjunturas. Um estudo de História oral sobre uma organização anarcossindicalista durante a Guerra Civil Espanhola (1936-1939), por exemplo, desmistificou a ideia antes predominante de autogestão operária, revelando clivagens internas em um período em que se supunha prevalecer a colaboração.[22] Na Alemanha, uma entrevista com um trabalhador que ingressou no Partido Comunista Alemão na década de 1920 revelou que explicações generalizantes dadas a respeito da influência comunista sobre os trabalhadores da República de Weimar, como a situação do proletariado ou a influência do aparelho partidário, podem nem sempre corresponder às situações específicas.[23] Essa "História de experiência" é, para o historiador Lutz Niethammer, uma possibilidade de nos aproximarmos empiricamente de algo como o "significado da história dentro da história" e permite questionar de modo crítico a aplicação de teorias macrossociológicas sobre o passado.[24] A capacidade de a entrevista contradizer generalizações sobre o passado amplia, pois, a percepção histórica – e nesse sentido permite a "mudança de perspectiva".

Essa riqueza da História oral está evidentemente relacionada ao fato de ela permitir o conhecimento de experiências e modos de vida de diferentes grupos sociais. Nesse sentido, o pesquisador tem acesso a uma multiplicidade de "histórias dentro da história", que, dependendo de seu alcance e dimensão, permitem alterar a "hierarquia de significações historiográficas", no dizer da historiadora italiana Silvia Salvatici.[25]

Outros campos nos quais a História oral pode ser útil são a História do cotidiano (a entrevista de história de vida pode conter descrições bastante fidedignas das ações cotidianas); a História política, entendida não mais como História dos "grandes homens" e "grandes feitos", e sim como estudo das diferentes formas de articulação de atores e grupos de interesse; o estudo de padrões de socialização e de trajetórias de indivíduos e grupos pertencentes a diferentes camadas sociais, gerações, sexos, profissões, religiões etc.; Histórias de comunidades, como as de bairro, as de imigrantes, as camponesas etc., podendo inclusive auxiliar na investigação de genealogias; História de instituições, tanto públicas como privadas; registro de tradições culturais, aí incluídas as tradições orais, e História da memória.[26]

Este último campo é, sem dúvida, aquele ao qual a História oral pode trazer contribuições mais interessantes. No início, grande parte das críticas que o método sofreu dizia respeito justamente às "distorções" da memória, ao fato de não se poder confiar no relato do entrevistado, carregado de subjetividade. Hoje considera-se que a análise dessas "distorções" pode levar à melhor compreensão dos valores coletivos e das próprias ações de um grupo. É de acordo com o que se pensa que ocorreu no passado que se tomarão determinadas decisões no presente (por exemplo, as escolhas feitas no momento de uma eleição).

Ao mesmo tempo, o trabalho com a História oral pode mostrar como a constituição da memória é objeto de contínua negociação. A memória é essencial a um grupo porque está atrelada à construção de sua identidade. Ela [a memória] é resultado de um trabalho de organização e de seleção do que é importante para o sentimento de unidade, de continuidade e de coerência – isto é, de identidade.[27] E porque a memória é mutante, é possível falar de uma história das memórias de pessoas ou grupos, passível de ser estudada por meio de entrevistas de História oral. As disputas em torno das memórias que prevalecerão em um grupo, em uma comunidade, ou até em uma nação, são importantes para se compreender esse mesmo grupo, ou a sociedade como um todo.

Durante muito tempo, a memória foi tratada, mais uma vez, de forma polarizada. Falava-se da oposição entre "memória oficial" e "memória subordinada" ou "dominada". Hoje já há um consenso de que é preciso ter em mente que há uma multiplicidade de memórias em disputa. O sociólogo Michael Pollak chamou atenção para isso quando observou "a existência, numa sociedade, de memórias coletivas tão numerosas quanto as unidades que compõem a sociedade".[28] Robert Frank, seu colega no Institut d'Histoire du Temps Présent, propôs uma classificação em quatro tipos, que vai desde a *memória oficial da nação*, passando pela *memória dos grupos* (dos atores, dos partidos, das associações, dos militantes de uma causa etc.) e pela *memória erudita* (dos historiadores), até a *memória pública* ou difusa.[29] Alessandro Portelli, finalmente, chama a atenção para o fato de, em sociedades complexas, os indivíduos fazerem parte de diversos grupos, dos quais extraem as diversas memórias, organizando-as de forma idiossincrática. Em sua análise do Massacre de Civitella Val di Chiana, em que 115 civis italianos foram mortos em um único dia pelos alemães nazistas em junho de 1944, Portelli fala de *memória dividida*, não no sentido de que há um conflito entre a "memória comunitária pura e espontânea" e aquela "oficial" e "ideológica". "Na verdade", diz ele, "estamos lidando com uma multiplicidade de memórias fragmentadas e internamente divididas, todas, de uma forma ou de outra, ideológica e culturalmente mediadas."[30] O reconhecimento da diversidade constitui, portanto, a melhor alternativa para evitarmos a polaridade simplificadora entre "memória oficial" e "memória dominada" e realizarmos uma análise mais rica dos testemunhos obtidos em nossa pesquisa.

Observe-se que *estudar* a constituição de memórias não é o mesmo que construir memórias. Muitos dos que trabalham com História oral acham-se imbuídos da missão de promover a construção de memórias. Nesses casos, a entrevista de História oral não é tomada como fonte a ser analisada pelo pesquisador, mas como parte de um processo de "conscientização" e de construção de identidade. Como explicado anteriormente, essas modalidades de ação não serão consideradas neste capítulo.

As possibilidades de pesquisa abertas pelo uso da História oral são, sem dúvida, bastante profícuas e atraentes. Mas entre gravar as entrevistas e delas tirar conclusões consistentes para os campos de investigação escolhidos vai uma grande distância. Não é fácil trabalhar com a chamada fonte oral. Como fazer para "ouvir" o que ela tem a dizer? Antes de mais nada, é preciso **considerar as condições de sua produção**, o que nos leva à sua especificidade.

A entrevista de História oral é uma fonte intencionalmente produzida, colhida *a posteriori*. Em um artigo intitulado "Reflexões sobre a teoria das fontes", o historiador alemão Peter Hüttenberger sugere dividir os vestígios do passado em dois grupos: os *resíduos de ação* e os *relatos de ação*.[31] O típico resíduo de ação seria o clássico documento de arquivo – pedaço de uma ação passada –, enquanto o relato de ação, posterior a ela, poderia ser exemplificado por uma carta que informa sobre uma ação passada, ou ainda por memórias e autobiografias.

Mas Hüttenberger acrescenta à sua classificação uma observação importante: um relato de ação é também resíduo de uma ação. Por exemplo, a carta que informa sobre uma ação passada é também o resíduo da ação que seu autor quis desencadear ao escrevê-la e enviá-la. O mesmo ocorre com autobiografias:

> Uma autobiografia é e quer ser principalmente um "relato" de ações passadas do ponto de vista de uma pessoa. Mas ela também pode ser parte de uma ação e, por isso, "resíduo". Tanto assim que alguns atores guardam provisoriamente suas autobiografias, porque receiam consequências políticas ou de outro tipo. Eles acreditam que seu texto contém um potencial de possibilidades de ação, podendo, com isso, desencadear novas ações. As autobiografias querem instruir os leitores e impingir-lhes uma visão especial dos acontecimentos.[32]

Ora, do mesmo modo que uma autobiografia, podemos dizer que uma entrevista de História oral é, ao mesmo tempo, um relato de ações passadas e um resíduo de ações desencadeadas na própria entrevista. Com uma diferença, é claro: enquanto na autobiografia há apenas um autor, na entrevista de História oral há no mínimo dois autores – o entrevistado e o entrevistador. Mesmo que o entrevistador fale pouco, para permitir ao entrevistado narrar suas experiências, a entrevista que ele conduz é parte de seu próprio relato – científico, acadêmico, político etc. – sobre ações passadas, e também de suas ações.

E o que a entrevista documenta como *resíduo de ação*? Em primeiro lugar, ela é resíduo de uma ação interativa: a comunicação entre entrevistado e entrevistador. Tanto um como outro têm determinadas ideias sobre seu interlocutor e tentam desencadear determinadas ações: seja fazer que o outro fale sobre sua experiência (o caso do entrevistador), seja fazer que o outro entenda o relato de tal forma que modifique suas próprias convicções na qualidade de pesquisador (o caso do entrevistado).

Em segundo lugar, a entrevista de História oral é resíduo de uma ação específica, qual seja, a de interpretar o passado. **Tomar a entrevista como resíduo de ação**, e não apenas como relato de ações passadas, é chamar a atenção para a possibilidade de ela documentar as ações de constituição de memórias – as ações que tanto o entrevistado quanto o entrevistador pretendem desencadear ao construir o passado de uma forma e não de outra.

A entrevista de História oral **deve ser compreendida também como documento de cunho biográfico**, do mesmo gênero de memórias, autobiografias, diários e outros documentos pessoais. Trata-se, pois, de uma fonte ajustada a um importante paradigma das sociedades ocidentais contemporâneas: a ideia do indivíduo como valor. O indivíduo único e singular, o ser psicológico, dá sentido a uma série de concepções e práticas em nosso mundo, e o pesquisador que opta por trabalhar com a História oral deve ter consciência de que está lidando com uma fonte que reforça esses valores.

O sociólogo francês Pierre Bourdieu já chamou a atenção para a "ilusão biográfica", isto é, para o fato de a *unidade do eu* ser, na verdade, uma formidável abstração. Essa ilusão compreende a ideia de uma identidade coerente; de um todo, com projetos e intenções; de uma trajetória de acontecimentos sucessivos (é comum representar-se a vida como estrada, caminho, carreira, corrida etc.). Além disso, a ordem cronológica com que se organizam biografias imprime à vida uma lógica retrospectiva e prospectiva, preocupada em dar um sentido à existência. O nome próprio, a individualidade biológica e a assinatura asseguram a constância e alimentam a ilusão de unidade, quando, na verdade, o *eu* é fracionado e múltiplo.[33]

Em geral o entrevistado, assim como os leitores ou os ouvintes de uma entrevista, partilham a crença na vida como trajetória progressiva que faz sentido. Cabe ao pesquisador **estar atento ao fato de significados atribuídos a ações e escolhas do passado serem determinados por uma visão retrospectiva**, que confere sentido às experiências no momento em que são narradas.

Reconhecer os paradigmas que estão na base da História oral não implica renunciar a sua capacidade de ampliar o conhecimento sobre o passado. Ao contrário, saber em que lugar nos situamos ao trabalhar com determinada metodologia ajuda a melhor aproveitar seu potencial. Uma das principais vantagens da História oral deriva justamente do fascínio da experiência vivida pelo entrevistado, que torna o passado mais concreto e faz da entrevista um veículo bastante atraente de divulgação de informações sobre o que aconteceu. Esse mérito reforça a responsabilidade e o rigor de quem colhe, interpreta e divulga entrevistas, pois é preciso ter claro que a entrevista não é um "retrato" do passado.

Mas em que medida a experiência individual pode ser representativa? Até que ponto uma história de vida fornece informações sobre a história da sociedade? Alguns autores que defendem o uso da biografia no estudo da história consideram que as biografias de indivíduos comuns concentram todas as características do grupo. Elas mostram o que é estrutural e estatisticamente próprio ao grupo e ilustram formas típicas de comportamento. Mesmo uma biografia excepcional é capaz de lançar luz sobre contextos e possibilidades latentes da cultura – como é o caso de Menocchio, o moleiro personagem histórico do livro *O queijo e os vermes*, do historiador italiano Carlo Ginsburg. Como o próprio Ginsburg observou, a excepcionalidade de Menocchio permite deduzir, "em negativo", o que seria mais frequente em sua época.[34] Biografias, histórias de vida, entrevistas de História oral, documentos pessoais, enfim, mostram o que é potencialmente possível em determinada sociedade ou grupo, sem esgotar, evidentemente, todas as possibilidades.[35]

Outra especificidade da entrevista de História oral é o fato de um de seus principais alicerces ser a *narrativa*. Um acontecimento vivido pelo entrevistado não pode ser transmitido a outrem sem que seja narrado. Isso significa que ele se constitui (no sentido de tornar-se algo) no momento mesmo da entrevista. Ao contar suas experiências, o entrevistado transforma o que foi vivenciado em linguagem, selecionando e organizando os acontecimentos de acordo com determinado sentido. Esse "trabalho da linguagem" vem sendo estudado por diversos autores do campo da Teoria da literatura, que tomam como objeto de análise narrativas literárias e não literárias, inclusive narrativas orais.[36] O emprego de ferramentas teóricas da Teoria da literatura pode ser útil na análise das entrevistas de História oral.[37]

O fato de ser uma narrativa *oral*, que resulta de uma interação entre entrevistado e entrevistador – uma conversa, podemos dizer –, torna essa fonte específica em relação a outros documentos pessoais, como as memórias e as autobiografias. O que o entrevistado fala também depende da circunstância da entrevista e do modo pelo qual ele percebe seu interlocutor. Quando é solicitado a falar sobre o passado diante de um gravador ou uma câmera, cria-se uma situação artificial, pois a narrativa oral, ao contrário do texto escrito, não costuma ser feita para registro. É claro que o entrevistado acostumado a falar em público e a conceder entrevistas para o rádio ou a televisão terá um desempenho diferente daquele que não tem essa experiência. Para alguns, o fato de estar concedendo uma entrevista pode ser motivo de orgulho, porque sua experiência foi considerada importante para ser registrada. Para outros, a situação pode ser inibidora. Além disso, como a linguagem oral é diferente da escrita, leitores desavisados podem estranhar o texto da entrevista transcrita, geralmente menos formal do que um texto já produzido na forma escrita. Todos esses fatores devem ser levados em conta quando da produção e da análise da fonte oral.

Como usar fontes orais na pesquisa histórica

A preparação de entrevistas: projeto de pesquisa e roteiros[38]

O trabalho de produção de fontes orais pode ser dividido em três momentos: a **preparação das entrevistas**, sua **realização** e seu **tratamento**. A preparação das entrevistas inclui o **projeto de pesquisa** e a **elaboração**

dos roteiros das entrevistas. No projeto, deve ficar claro que a escolha da metodologia de História oral é adequada à questão que o pesquisador se coloca. A narrativa dos entrevistados e sua visão sobre o tema estudado devem ser importantes para os propósitos da pesquisa. Além disso, é preciso que o desenvolvimento da pesquisa seja factível, isto é, que haja entrevistados em condições de prestar seu depoimento.

O projeto também deve **discutir e tentar definir que tipo de pessoa será entrevistada, quantos serão entrevistados e qual tipo de entrevista será realizado.** Essas escolhas serão condicionadas pelos objetivos da pesquisa: "quem entrevistar?" Depende de "o que quero saber?". A decisão deve basear-se em critérios qualitativos, como a posição dos entrevistados no grupo e o significado de sua experiência. Isso significa que **os entrevistados são tomados como unidades qualitativas**, e não como unidades estatísticas. Para selecioná-los é necessário um conhecimento prévio do universo estudado; é preciso conhecer o papel dos que participaram ou participam do tema investigado, saber quais seriam os mais representativos e quais são reconhecidos pelo grupo, além de conhecer os que são considerados "desviantes".

No projeto de pesquisa, convém listar os nomes dos possíveis entrevistados com uma breve biografia que justifique sua escolha de acordo com os objetivos do estudo. Nesse primeiro momento, trata-se apenas dos entrevistados em potencial, pois não se sabe ainda ao certo se poderão participar do projeto. É preciso ter claro que a listagem inicial será permanentemente revista, pois um dos possíveis entrevistados pode não querer ou não poder dar a entrevista, nomes antes não considerados podem surgir, ou ainda determinada entrevista pode ficar aquém das expectativas, sendo necessária nova seleção. Por isso, apenas ao final da pesquisa ter-se-á a lista definitiva de entrevistados daquele projeto.

O trabalho com a História oral tem um alto grau de imponderabilidade. Nem todas as entrevistas "rendem" o que se poderia esperar, do mesmo modo que nem todos os documentos de um arquivo textual são suficientemente "prolixos" em relação ao passado. Pode acontecer de só descobrirmos a riqueza de um depoimento após algum tempo, como foi o caso da entrevista que a historiadora Janaína Amado gravou com um participante da Revolta de Formoso, movimento de disputa de terras ocorrido no estado de Goiás durante a década de 1950. A maioria das informações fornecidas pelo entrevistado a respeito da revolta não se confirmou, mas sua entrevista serviu para mostrar a grande difusão do romance *D. Quixote* no estado de Goiás, já que o relato dos acontecimentos era feito em versos, como se fosse a aventura do personagem de Cervantes.[39]

Uma pesquisa de História oral produz entrevistas diferentes em qualidade e densidade, e muitas vezes isso depende dos entrevistados. Há pessoas que, por mais representativas que sejam para falar sobre determinado assunto, simplesmente não se interessam por, ou não podem, explorar de modo extensivo sua experiência de vida e discorrer sobre o passado, como talvez sua posição estratégica o fizesse crer. Isso não quer dizer que a escolha tenha sido equivocada. Ao contrário: ela continua plenamente justificada pelos objetivos do estudo e pode se tornar particularmente relevante quando **tomamos a própria parcimônia do discurso como objeto de reflexão**, quando nos perguntamos por que o entrevistado, que tem todas as condições para prestar um depoimento aprofundado sobre o assunto, não se dispõe a (não sabe, não quer, não pode) falar sobre ele com igual intensidade. O ideal seria poder escolher entrevistados dispostos a revelar sua experiência em diálogo franco e aberto e, de sua posição no grupo ou em relação ao tema pesquisado, fossem capazes de fornecer, além de informações substantivas e versões particularizadas, uma visão de conjunto a respeito do universo estudado. Como na definição do "bom entrevistado" de Aspásia Camargo:

> Aquele que, por sua percepção aguda de sua própria experiência, ou pela importância das funções que exerceu, pode oferecer mais do que o simples relato de acontecimentos, estendendo se sobre impressões de época, comportamento de pessoas ou grupos, funcionamento de instituições e, num sentido mais abstrato, sobre dogmas, conflitos, formas de cooperação e solidariedade grupal, de transação, situações de impacto etc. Tais relatos transcendem o âmbito da experiência individual, e expressam a cultura de um povo, país ou Nação, chegando, a partir de categorias cada vez mais abrangentes – por que não? – ao denominador comum à espécie humana.[40]

Quanto ao número de entrevistados, um projeto pode optar por apenas um depoente, se seu relato estiver sendo tomado como contraponto e complemento de outras fontes e for suficientemente significativo para figurar como investimento de História oral isolado no conjunto da pesquisa. Essa circunstância não se aplica, entretanto, àquelas pesquisas que adotam a

História oral como metodologia principal de trabalho, tomando a produção de entrevistas e sua análise como investimento privilegiado. Nesses casos, o que interessa é justamente a possibilidade de comparar as diferentes versões dos entrevistados sobre o passado, tendo como ponto de partida e contraponto permanente o que as fontes já existentes dizem sobre o assunto. Assim, é natural que, quanto mais entrevistas puderem ser realizadas, mais consistente será o material sobre o qual se debruçará a análise.

No momento de elaboração de um projeto, é difícil definir exatamente quantos entrevistados serão necessários para garantir o valor dos resultados da pesquisa. É somente durante o trabalho de produção das entrevistas que o número de entrevistados necessários começa a se descortinar com maior clareza, pois é conhecendo e produzindo as fontes de sua investigação que os pesquisadores adquirem experiência e capacidade para avaliar o grau de adequação do material já obtido aos objetivos do estudo. Esse processo ocorre em qualquer pesquisa: é o pesquisador, conhecendo de modo progressivo seu objeto de estudo, que pode avaliar quando o resultado de seu trabalho com as fontes já fornece instrumental suficiente para que possa construir uma interpretação bem fundamentada. Assim, **a decisão sobre quando encerrar a realização de entrevistas só se configura à medida que a investigação avança**.

Como forma de operacionalizá-la, pode ser útil recorrer ao conceito de "saturação", formulado por Daniel Bertaux.[41] De acordo com esse autor, há um momento em que as entrevistas acabam por se repetir, seja em seu conteúdo, seja na forma pela qual se constrói a narrativa. Quando isso acontece, continuar o trabalho significa aumentar o investimento enquanto o retorno é reduzido, já que se produz cada vez menos informação. Esse é o momento que o autor chama de "ponto de saturação", a que o pesquisador chega quando tem a impressão de que não haverá nada de novo a apreender sobre o objeto de estudo, se prosseguir as entrevistas. Chegando-se a esse ponto, é necessário mesmo assim ultrapassá-lo, realizando ainda algumas entrevistas, para certificar se da validade daquela impressão. O conceito de saturação, entretanto, só pode ser aplicado, segundo Bertaux, caso o pesquisador tenha procurado efetivamente diversificar ao máximo seus informantes no que diz respeito ao tema estudado, evitando que se esboce uma espécie de saturação apenas em razão do conjunto de entrevistados ser de antemão muito homogêneo. Convém, pois, **contar com entrevistados de diferentes origens que desempenhem diferentes papéis no universo estudado**, a fim de que variadas funções, procedências e áreas de atuação sejam cobertas pela pesquisa.

Apesar de ser impossível estabelecer, no projeto de pesquisa, o número exato de pessoas a entrevistar, é possível e desejável **elaborar uma listagem extensa e flexível dos entrevistados em potencial**, acompanhada do registro dos que nela são prioritários. É o recorte do objeto de estudo que informará, inicialmente, o número de pessoas disponíveis e em princípio capazes de fornecer depoimentos significativos sobre o assunto.

Sempre de acordo com os propósitos da pesquisa, definidos com relação ao tema e à questão que se pretende investigar, é possível **escolher o tipo de entrevista a ser realizado:** *entrevistas temáticas* **ou de** *história de vida.*

As entrevistas temáticas são as que versam prioritariamente sobre a participação do entrevistado no tema escolhido, enquanto as de história de vida têm como centro de interesse o próprio indivíduo na história, incluindo sua trajetória desde a infância até o momento em que fala, passando pelos diversos acontecimentos e conjunturas que presenciou, vivenciou ou de que se inteirou. Pode-se dizer que a entrevista de história de vida contém, em seu interior, diversas entrevistas temáticas, já que, ao longo da narrativa da trajetória de vida, os temas relevantes para a pesquisa são aprofundados.

Apesar dessas diferenças, ambos os tipos de entrevista de História oral pressupõem a relação com o método biográfico: seja concentrando-se sobre um tema, seja debruçando-se sobre um indivíduo e os cortes temáticos efetuados em sua trajetória, a entrevista terá como eixo a biografia do entrevistado, sua vivência e sua experiência.

Decidir entre um ou outro tipo de entrevista a ser adotado ao longo da pesquisa depende dos objetivos do trabalho. Em geral, a escolha de entrevistas temáticas é adequada para o caso de temas que têm estatuto relativamente definido na trajetória de vida dos depoentes, como um período determinado cronologicamente, uma função desempenhada ou o envolvimento e a experiência em acontecimentos ou conjunturas específicos. Nesses casos, o tema pode ser de alguma forma "extraído" da trajetória de vida mais ampla e tornar-se centro e objeto das entrevistas. Escolhem-se pessoas que dele participaram ou que dele tiveram conhecimento para entrevistá-las a respeito.

Em uma entrevista de história de vida, diversamente, a preocupação maior não é o tema e sim a trajetória do entrevistado. Escolher esse tipo de entrevista pressupõe que a narrativa da vida do depoente ao longo da história tenha relevância para os objetivos do trabalho.

É possível que em determinado projeto de pesquisa sejam escolhidos ambos os tipos de entrevista como forma de trabalho. Nada impede que se façam algumas entrevistas mais longas, de história de vida, com pessoas consideradas em especial representativas ou cujo envolvimento com o tema seja avaliado como mais estratégico, ao lado de entrevistas temáticas com outros atores e/ou testemunhas.

O projeto de pesquisa deve **explicitar claramente o tema de pesquisa e qual questão está sendo perseguida**. Iniciada a pesquisa, o primeiro passo é **estudar exaustivamente o assunto**, levantando dados e análises a respeito. Conhecendo de forma ampla o tema, o pesquisador pode otimizar seu trabalho e obter um resultado altamente qualificado.

Em seguida, **elabora-se o roteiro geral de entrevistas, que servirá de base para os roteiros individuais dos entrevistados**. O roteiro geral tem dupla função: sistematizar os dados levantados durante a pesquisa exaustiva sobre o tema e permitir a articulação desses dados com as questões que impulsionam o projeto, orientando, dessa forma, as atividades subsequentes. Ele deve reunir uma cronologia minuciosa do tema tratado, análises sobre o assunto e dados sobre documentos considerados centrais, como leis, atas, manifestos etc. Ao longo da pesquisa, o roteiro geral sofrerá alterações, incorporando-se-lhe informações e interpretações obtidas nas entrevistas e em outras fontes.

Elaborado o roteiro geral, pode-se começar a preparar as entrevistas individualmente. O primeiro passo é **o contato com o entrevistado**, a fim de consultá-lo sobre a possibilidade de conceder o depoimento. Esse é o momento de explicar-lhe os objetivos da pesquisa e o método de realização de entrevistas. Convém certificar o entrevistado de que sua entrevista é muito importante para o estudo e, se for o caso, informar-lhe que será solicitado a assinar um documento permitindo a utilização da entrevista pelo entrevistador e outros pesquisadores, assim como a possibilidade da divulgação de seu nome quando da publicação da pesquisa. Caso o entrevistado disponha de currículo e de outros documentos úteis para a elaboração do roteiro individual, pode-se solicitar que os ceda para auxiliar na preparação da entrevista.

O estudo da biografia do entrevistado, quando possível, é muito importante para a elaboração do roteiro individual. Além do currículo, é preciso procurar outros dados a seu respeito e, se for o caso, tomar conhecimento de sua produção intelectual e de outras produções. Essas informações permitirão elaborar a cronologia de sua vida, que será incorporada ao roteiro individual.

O roteiro individual é resultado do cruzamento entre o que há de particular àquele entrevistado e o geral a todos os que foram listados, isto é, aquilo que se constituiu, ao longo da pesquisa, no conhecimento sobre o tema. Quando possível, convém construir o roteiro individual justapondo as cronologias do tema e da vida do entrevistado em duas colunas, cuja visualização simultânea facilita o relacionamento entre o geral e o particular, dando lugar a questões interessantes. Ao lado das duas colunas, pode ser útil acrescentar uma terceira, onde serão registradas questões, dúvidas e anotações. As cronologias podem apresentar lacunas, que evidenciam que determinado momento da história do tema ou da biografia do entrevistado ainda não é conhecido pelo pesquisador. O preenchimento das lacunas se dará ao longo da entrevista e pode trazer informações que serão acrescentadas ao roteiro geral.

A função do roteiro é auxiliar o entrevistador, no momento da entrevista, a localizar, no tempo, e a situar, com relação ao tema investigado, os assuntos tratados pelo entrevistado. Por essa razão, é bom **organizar os dados de forma tópica, para facilitar sua visualização no momento da gravação.** O roteiro não é um questionário, e sim uma orientação aberta e flexível. **Quando a entrevista se estende por mais de uma sessão, convém elaborar roteiros parciais com base nos roteiros individuais**; eles permitem a avaliação da sessão anterior e o estabelecimento de estratégias e diretrizes para a sessão seguinte.

A preparação de entrevistas de História oral inclui, pois, uma pesquisa exaustiva sobre o tema e sobre a vida dos entrevistados, a sistematização dos dados levantados e a definição clara dos problemas que se está buscando responder com a pesquisa. Essa preparação dá ao entrevistador segurança no momento de realização da entrevista, pois ele saberá bem o que e como perguntar, e poderá reconhecer respostas insatisfatórias e identificar "ganchos" relevantes para a formulação de novas perguntas.

A realização de entrevistas

A entrevista de História oral é, antes de mais nada, uma relação entre pessoas diferentes, com experiências diferentes e muitas vezes de gerações diferentes. Em geral, o entrevistado é colocado diante de uma situação *sui generis*, na qual é solicitado a falar sobre sua vida a uma pessoa quase estranha e ainda por cima diante de um gravador ou câmera. Por isso, convém **reservar um tempo relativamente longo para a realização da entrevista**. Um depoimento de menos de uma hora de duração dificilmente rende tudo o que poderia. Em geral considera-se que a duração de uma sessão deve ser de aproximadamente duas horas, mas há sessões que se estendem por mais tempo. Muitas vezes ocorre de entrevistado e entrevistador encontrarem-se várias vezes, como no caso das entrevistas de história de vida.

Essa é uma das diferenças entre a entrevista de História oral e a entrevista jornalística, cuja duração em geral é limitada pelo espaço disponível nos meios de comunicação. Outra diferença consiste no fato de o pesquisador se adequar ao ritmo do entrevistado, que estabelece qual será o percurso da lembrança e da construção do pensamento. É sempre bom esperar que o entrevistado conclua seu raciocínio antes de formular nova pergunta. E se a resposta se afastar do que foi perguntado, isso pode ter um significado particular. Por que determinado assunto é aprofundado em uma ocasião e não em outra? Como interpretar períodos de silêncio?

O entrevistador deve treinar sua sensibilidade para **reconhecer os fatores que influenciam o andamento da entrevista e levá-los em conta quando de sua análise**. Em uma relação de entrevista, *o que* se diz depende sempre de *a quem* se diz. Qual a percepção que o entrevistado tem de seu interlocutor e como isso determina sua fala? **Fazer uma entrevista é avaliá-la e analisá-la constantemente – enquanto é gravada e, mais tarde, quando é objeto de análise.**

Paralelamente à realização da entrevista, pode ser útil **manter um caderno de campo**. Nele podem ser registradas as razões da escolha do entrevistado, a descrição do contato inicial (como o entrevistado reagiu à solicitação?, houve mediadores?) e as impressões sobre a entrevista em si (dificuldades, informações obtidas "em *off*", novidades de conteúdo ou de abordagem etc.). Por exemplo: "O que a entrevista traz de novo para a pesquisa?" Ou, ao contrário: "Por que parece que essa entrevista não está trazendo nada de novo?". Esses registros podem auxiliar o pesquisador mais tarde, no momento da análise do material colhido.

Conduzir uma entrevista não é tarefa fácil. É preciso estar permanentemente atento ao que diz o entrevistado, às indicações do roteiro, às oportunidades de formular perguntas e ao funcionamento do gravador ou da câmera. Convém fazer anotações durante a entrevista; por exemplo, de nomes próprios mencionados, questões suscitadas, ou circunstâncias que interferiram na gravação.

De preferência, devem ser usadas perguntas abertas, que levem o entrevistado a discorrer a respeito do tema e não possam ser respondidas simplesmente com "sim" ou "não". Por exemplo: "A que o senhor atribui...?", "Onde a senhora estava quando...?". **Ao formular as perguntas, o pesquisador deve procurar ser simples e direto**. Extensas introduções e ponderações podem confundir o entrevistado e talvez induzi-lo a dizer o que ele acha que o pesquisador quer ouvir. **Fotografias, recortes de jornal, documentos e menção a fatos específicos podem ser úteis** para reavivar a lembrança sobre acontecimentos passados. É possível **reservar uma parte da entrevista para a discussão e a análise de alguns temas**, já que a forma pela qual o entrevistado percebe o assunto investigado também é relevante em pesquisas de História oral.

O entrevistador deve aprender a **lidar com recuos e avanços no tempo**, pois os temas são abordados conforme vão sendo suscitados pela conversa e não necessariamente em ordem cronológica. São frequentes também **as repetições, que podem trazer informações importantes para a análise da entrevista**. Por exemplo, quando certos acontecimentos são narrados sempre da mesma forma, isso pode indicar que estão cristalizados na memória do entrevistado e cumprem um papel específico no trabalho de significação do passado.

Durante a gravação da entrevista, é preciso não esquecer que se está produzindo uma fonte, que poderá ser consultada por outros pesquisadores. Alguns procedimentos são recomendados, por isso. **Ao iniciar a gravação, convém gravar uma espécie de "cabeçalho" da entrevista, informando o nome do entrevistado, do(s) entrevistador(es), a data, o local e o projeto no qual a entrevista se insere**. Isso evitará que, mais tarde, ninguém mais saiba de que entrevista se trata, quando e por que foi gravada. Além disso, cabe anotar palavras proferidas de modo pouco claro, para que se possa recuperá-las adiante, no momento da transcrição, e tomar nota de gestos que modifiquem a compreensão do que foi gravado em áudio (por exemplo, descrever o que o entrevistado quer dizer com "Desse tamanho...", "Um vermelho assim..."). Falas superpostas devem ser evitadas, pois prejudicam a compreensão posterior. Cabe ao pesquisador se calar sempre que o entrevistado estiver falando e assim que ele toma a palavra. Finalmente, **se a entrevista for aberta à consulta de outros pesquisadores, é necessário providenciar o documento de cessão de direitos sobre a entrevista, a ser assinado pelo entrevistado ao final do depoimento** e sobre o qual ele deve ser informado com antecedência.

O tratamento de entrevistas

O tratamento das entrevistas gravadas em uma pesquisa de História oral depende do que foi definido no projeto inicial com relação ao destino do material produzido. Se as entrevistas forem disponibilizadas ao público, é preciso decidir se serão consultadas diretamente em áudio ou vídeo, ou na forma escrita. Em qualquer dessas hipóteses, **devem ser produzidos instrumentos de auxílio à consulta, como sumários e índices temáticos.** Sem esses instrumentos, corre-se o risco de manter um acervo "mudo", pois não se conhece o conteúdo das entrevistas.

Medida indispensável, seja qual for o destino dado aos depoimentos, é a **duplicação da gravação** imediatamente após a realização das entrevistas, com vistas à produção de cópias de segurança. Digamos, por exemplo, que uma fita cassete se parta durante a escuta, ou seja extraviada. A existência de uma cópia de segurança impede a perda irremediável do documento, pois haverá sempre a possibilidade de duplicá-la para viabilizar sua consulta.

Caso se opte pela passagem da entrevista para a forma escrita, convém estimar pelo menos cinco horas de **trabalho na transcrição** de uma hora de fita gravada. Muitas vezes é necessário passar o texto transcrito por um trabalho de conferência de fidelidade, que consiste em ouvir novamente toda a entrevista e conferir se o que foi transcrito corresponde efetivamente ao que foi gravado, corrigindo erros, omissões e acréscimos indevidos feitos pelo transcritor, bem como efetuando algumas alterações que visam a adequar o depoimento à sua forma escrita e viabilizar sua consulta. Em seguida, pode ser que a entrevista ainda necessite passar por um copidesque, que objetiva **ajustá-la à atividade de leitura**: corrigir erros de português (concordância, regência verbal, ortografia, acentuação), ajustar o texto às normas estabelecidas pelo projeto (maiúsculas e minúsculas, numerais, sinais como aspas, asteriscos etc.) e adequar a linguagem escrita ao discurso oral (esforço no qual a pontuação desempenha papel fundamental).

As tarefas envolvidas nessa passagem da entrevista para a forma escrita são penosas e requerem dedicação, paciência e sensibilidade. É no momento de realizá-las que percebemos o quanto é importante cuidar da qualidade da gravação de um depoimento, não só no que diz respeito ao equipamento e às condições que oferece o local de gravação (ausência de ruídos externos, por exemplo), como também na forma de conduzir a entrevista, evitando falas simultâneas e tomando nota, durante a gravação, de palavras ou frases pronunciadas com pouca clareza. É nesse momento que percebemos, por exemplo, a importância de artigos e preposições, os quais, se aplicados incorretamente, podem modificar o conteúdo da fala do entrevistado. Trata-se, portanto, de trabalho meticuloso, ao qual toda atenção deve ser dispensada, o que significa muitas horas de dedicação.

Se a entrevista for publicada, pode ser conveniente **editar o texto** que resulta dos trabalhos de transcrição, conferência de fidelidade e copidesque. Na edição podem ser usados recursos como cortes de passagens repetidas ou pouco claras e a ordenação da entrevista em assuntos, modificando-se a ordem em que foram tratados. Entretanto, deve ser sempre mantida a correspondência entre o que é publicado e o que foi gravado, de modo que o que se lê no livro esteja sem dúvida na entrevista.

Outro recurso importante são as notas, que esclarecem passagens obscuras, fornecem informações sobre fatos e pessoas citadas, podem corrigir equívocos feitos tanto pelo entrevistado quanto pelo entrevistador e explicam circunstâncias da entrevista importantes para a compreensão do que foi dito.

A tecnologia de gravação

Para realizar uma pesquisa ou produzir um acervo de História oral é preciso, evidentemente, contar com um equipamento de gravação e reprodução de áudio e/ou vídeo, cuja sofisticação dependerá, como sempre, dos objetivos do trabalho. Tomemos como exemplos dois casos extremos: o primeiro consiste na realização de algumas entrevistas de História oral como forma de complementar o material levantado durante uma pesquisa, e o segundo, na formação de um acervo permanente de entrevistas de História oral, a ser consultado por pesquisadores de diversas áreas. O material necessário para cada um dos casos difere em virtude da variação dos objetivos específicos. No primeiro caso, o pesquisador pode empreender seu trabalho contando apenas com um bom gravador portátil, algumas fitas virgens, talvez um microfone e um fone de ouvido, e com mais um gravador para fazer cópia das fitas gravadas como medida de segurança. No segundo caso, contudo, são necessários equipamentos de gravação portáteis e alguns de maior porte, aparelhos como amplificadores e *mixers*, fones de ouvido e microfones, espaço físico apropriado para arquivar os áudios e vídeos e computadores para produzir e guardar os arquivos em texto, em áudio e em vídeo, se for o caso, e eventualmente manter uma base de dados. Evidentemente, pode haver situações intermediárias; a escolha do equipamento sempre será condicionada pelos propósitos do trabalho.

Uma entrevista pode ser gravada em fitas magnéticas analógicas (as fitas cassete), em fitas magnéticas digitais (fitas DAT, *digital audio tape*), em discos digitais (*minidiscs*, CD-R, discos rígidos), em vídeos analógicos (VHS ou Betacam) ou em vídeos digitais, por exemplo. Hoje em dia há muitas dúvidas sobre as técnicas de conservação e arquivamento: qual o melhor suporte para se gravar as entrevistas e como evitar sua deterioração e obsolescência? Em geral, recomenda-se adotar tecnologias digitais, caso o objetivo seja a constituição de um acervo, já que os equipamentos e as mídias analógicas tendem a desaparecer do mercado.

Há uma especificidade em relação às fontes orais, comumente evocada na literatura sobre o assunto, que torna sua conservação particularmente difícil. Ao contrário das fontes textuais ou mesmo iconográficas sobre suporte de papel, as fontes orais e audiovisuais não podem ser consultadas sem a intermediação de um equipamento. Assim, além de nos preocuparmos com a longevidade do suporte sobre o qual gravamos nossas entrevistas, temos de estar sempre atentos à disponibilidade de aparelhos que reproduzam o som gravado naquele suporte. Pela própria natureza da questão, não há soluções definitivas e tranquilizadoras. O que devemos fazer, em um primeiro momento, é cuidar para que as informações gravadas continuem em condições de ser reproduzidas e, se for o caso, regravadas em formatos mais novos, antes que os formatos originais se tornem obsoletos.

Os profissionais que trabalham com a produção e a preservação de fontes orais precisam manter-se constantemente atualizados sobre as novas tecnologias. Há hoje no mundo alguns fóruns de discussão desses assuntos, como a Associação Internacional de Arquivos Sonoros e Audiovisuais (http:// www.iasa-web.org/) e o programa da Unesco Memory of the World, que se destina a promover a preservação de todo tipo de documentação. Esses e outros organismos devem ser permanentemente consultados.

Interpretação e análise de entrevistas

Como toda fonte histórica, a entrevista de História oral deve ser vista como um "documento-monumento", conforme definido pelo historiador francês Jacques Le Goff. Durante muito tempo pensou-se em "documento" como resíduo imparcial e objetivo do passado, ao qual muitas vezes se atribuía valor de prova. O "monumento", em contrapartida, teria como característica a intencionalidade, uma vez que é construído para perpetuar a recordação, como é o caso das obras comemorativas de arquitetura e das esculturas colocadas em praça pública. A ideia de "documento-monumento" traz essa intencionalidade para o próprio documento, cuja produção resulta das relações de força que existiram e existem nas sociedades que o produziram. O documento, diz Le Goff,

> É antes de mais nada o resultado de uma montagem, consciente ou inconsciente, da história, da época, da sociedade que o produziu, mas também das épocas sucessivas durante as quais continuou a viver, talvez esquecido, ainda que pelo silêncio. O documento é uma coisa que fica, que dura, e o testemunho, o ensinamento que ele traz deve ser em primeiro lugar analisado desmistificando-lhe o seu significado aparente. O documento é monumento. Resulta do esforço das sociedades históricas para impor ao futuro – voluntária ou involuntariamente – determinada imagem de si próprias. No limite, não existe um documento-verdade. Todo o documento é mentira. Cabe ao

> historiador não fazer o papel de ingênuo. [...] um monumento é
> em primeiro lugar uma roupagem, uma aparência enganadora,
> uma montagem. É preciso começar por desmontar, demolir esta
> montagem, desestruturar esta construção e analisar as condições
> de produção dos documentos-monumentos.[42]

Se concordarmos com Le Goff que o "dever principal" do historiador é **"a crítica do documento** – qualquer que ele seja – como monumento",[43] o pesquisador que trabalha com entrevistas de história oral como fontes deve ser capaz de "desmontá-las", analisar as condições de sua produção, para utilizá-las com pleno conhecimento de causa. Mas atenção: quando Le Goff afirma que todo documento é mentira, isso não significa que uma entrevista de História oral, ou um relatório de gestão, ou um decreto governamental são ficção. Faz parte do esforço de compreender as condições de produção de documentos-monumentos reconhecer a distância que os separa de textos de ficção, cujos autores não concedem foro de verdade ao que declaram e se colocam como tarefa fazer que o imaginário se torne real. Uma entrevista de História oral não é produzida para ser mentira, e isso é fundamental.[44]

Mas podemos dizer que a entrevista é produzida para ser monumento. Seu caráter intencional de perpetuação de uma memória sobre o passado fica patente já na escolha do entrevistado como testemunha importante a ser ouvida. Esse caráter "monumental" é dado pelo próprio pesquisador e em geral recebe a aprovação do entrevistado, que se sente honrado e satisfeito por estar sendo chamado a dar seu depoimento. Resta saber – e isso é muito importante na análise de entrevistas de História oral – se o entrevistador irá sobrepor suas intenções ao relato do entrevistado. Ou seja, ele está mesmo aberto a conhecer e a deixar que seja registrado, na gravação, o ponto de vista do entrevistado? Se a narrativa deste não coincidir com sua hipótese, estará disposto a ouvi-lo?

O historiador José Miguel Arias Neto, em artigo publicado na revista da Associação Brasileira de História Oral, analisa a entrevista realizada em 1968 pelo Museu da Imagem e do Som do Rio de Janeiro com o marinheiro João Cândido, líder da Revolta da Chibata (1910). Ele sugere alguns procedimentos que devem ser adotados quando da análise de entrevistas de História oral. É preciso que se verifiquem as intenções do pesquisador e da instituição, a própria condução da entrevista, os conflitos e as superposições que ela registra, e os resultados obtidos com a sua realização. No caso da entrevista com João Cândido, realizada quando o debate sobre a História oral ainda não havia chegado ao Brasil, José Miguel Arias Neto observa que o marinheiro não é entrevistado para se conhecer o significado que a revolta teve e tem para ele. Como muitas vezes seu relato se desvia da interpretação dos próprios entrevistadores, acaba ocorrendo um hiato na comunicação.[45]

A **análise de um depoimento** de História oral – realizada seja pelo próprio pesquisador, seja por terceiros – deve considerar a fonte como um todo. É preciso saber **"ouvir" o que a entrevista tem a dizer tanto no que diz respeito às condições de sua produção quanto no que diz respeito à narrativa do entrevistado**: o que nos revela sua visão dos acontecimentos e de sua própria história de vida acerca do tema, de sua geração, de seu grupo, das formas possíveis de conceber o mundo etc. Tomar a entrevista como um todo significa ouvi-la ou lê-la do início ao fim, observando como as partes se relacionam com o todo e como essa relação vai constituindo significados sobre o passado e o presente e sobre a própria entrevista. E **atentar também para relatos, interpretações e pontos de vista "desviantes"**, isto é, que não se encaixam nos significados produzidos.

Esse modo de interpretar pode ser adotado na análise de qualquer tipo de fonte e não se afasta muito da lógica do círculo hermenêutico: o todo fornece sentido às partes, e vice-versa. Por exemplo, em uma frase compreende-se o sentido de uma palavra à medida que tomamos sua relação com toda a frase; inversamente, compreende-se o sentido da frase à medida que compreendemos o sentido das palavras. Em uma entrevista, compreendemos os conceitos utilizados pelo entrevistado, as formas como se refere a determinados acontecimentos ou situações, as lembranças cristalizadas, os exemplos, os cacoetes de linguagem etc., à medida que tomamos sua relação com o depoimento como um todo, e vice-versa. É nesse círculo que surge o sentido.[46]

É importante lembrar também que as palavras empregadas pelo entrevistado são importantes para a interpretação de sua narrativa. A escolha de determinadas palavras e formas de se expressar informa sobre a visão de mundo e o campo de possibilidades aberto àquele indivíduo, em razão de sua experiência de vida, sua formação, seu meio etc. Se ele escolhe determinadas palavras, e não outras, é porque é daquela forma que ele percebe o sentido dos acontecimentos ou das situações sobre os quais está falando. Por isso não cabe acrescentar novas palavras, ou substituir as que são usadas por sinônimos. Ao interpretar uma entrevista, convém **ser fiel à lógica e às escolhas do entrevistado**.

Há momentos nas entrevistas de História oral – não em todas – em que se pode perceber que a narrativa de determinados acontecimentos e situações cristaliza realidades que são condensadas e carregadas de sentido. Nesses momentos, a narrativa do entrevistado vai além do caso particular e oferece uma chave para a compreensão da realidade. Quando isso acontece, ela fornece passagens de tal peso que são "citáveis". Quase toda entrevista contém histórias. Para Lutz Niethammer, essas histórias "são o grande tesouro da história oral, porque nelas se fundem, esteticamente, declarações objetivas e de sentido."[47] Boas histórias, acrescenta, não se deixam *traduzir* por uma "moral", porque o significado do que é narrado se cristaliza no conjunto da narrativa. E porque, nessas histórias, o sentido é apreendido do conjunto, elas são especialmente "citáveis", têm força estética. Apresentadas ao público com propostas de interpretação histórica, permitem que haja uma ampliação do conhecimento. No processo de análise da fonte oral, cabe, pois, **atentar para a ocorrência dessas narrativas especialmente pregnantes**.[48]

O conteúdo de uma entrevista de História oral sempre estará condicionado àquele caso particular. A narrativa especialmente "citável" de determinado acontecimento ou situação terá de ser muito bem contextualizada: quem é seu autor (qualificação do entrevistado)? Em que momento da entrevista contou aquele fato daquela maneira? Que outras circunstâncias são importantes para se compreender o que foi dito? Etc. A contextualização é necessária para se reconhecer a própria qualidade do trecho "citável".

Isso significa que não se pode generalizar, em História oral? O que se aprende com uma entrevista pode ser aplicado ao grupo como um todo? Quando a pesquisa de História oral pressupõe a realização de entrevistas com diversas pessoas do grupo investigado, é possível **chegar a alguns padrões**: experiências que se repetem, trajetórias semelhantes, usos das mesmas palavras ou expressões etc. O conceito de "ponto de saturação" desenvolvido por Daniel Bertaux ajuda a visualizar essa possibilidade de generalização: há um momento em que as entrevistas começam a se repetir e esse padrão é importante para se conhecer o grupo investigado.

Na análise do material produzido, podem-se **estabelecer tipologias**. Por exemplo: a geração x desse grupo desenvolveu tais estratégias; a geração y já se caracteriza por outros percursos. Ou ainda: entre os entrevistados, observa-se aqueles cuja formação religiosa implicou tais opções, que, no entanto, não foram seguidas pelos demais. Cabe ao pesquisador indagar-se, contudo, até que ponto a tipologia estabelecida só se revela como tal no grupo restrito de pessoas entrevistadas. Se o grupo fosse outro, surgiriam outros "tipos"? Até que ponto a tipologia é útil para ampliar a compreensão sobre o objeto estudado?

Já no caso das passagens especialmente "citáveis", que podem ampliar o conhecimento sobre o assunto, ocorre uma espécie de "generalização" quando as tomamos como "exemplo", isto é, como algo que revela as possibilidades do grupo, ainda que tenha sido atualizado por uma pessoa em particular.

Na análise de entrevistas de História oral deve-se **ter em mente também outras fontes** – primárias e secundárias; orais, textuais, iconográficas etc. – sobre o assunto estudado. Muitas delas já são do conhecimento do pesquisador, que a elas recorreu quando da pesquisa exaustiva anterior à realização das entrevistas. Em que medida as entrevistas realizadas corroboram ou não as informações obtidas em outras fontes e estudos? O que elas acrescentam de novo ao estado geral da arte, digamos?

Pode ser muito interessante **comparar o que dizem as entrevistas com outros documentos** de arquivo, pois às vezes há um deslocamento temporal ou de sentido que permite ao pesquisador verificar como a memória sobre o passado vai se constituindo no grupo. Um exemplo já clássico desse tipo de deslocamento é dado por Alessandro Portelli, em sua análise da história da memória do massacre de Civitella Val di Chiana, mencionado acima. Portelli mostra como o massacre foi interpretado de diferentes maneiras, conforme a situação política na Itália e na região da Toscana, onde ocorreu. Discutindo com outro pesquisador italiano, para quem pouco importaria o que realmente aconteceu no massacre, já que a própria comunidade já teria construído sua representação sobre o trágico episódio, Portelli chama a atenção para a necessidade de se **tomar os *fatos* (o que realmente aconteceu) e suas *representações* simultaneamente**.

> Representações e "fatos" não existem em esferas isoladas. As representações se utilizam dos fatos e alegam que são fatos; os fatos são reconhecidos e organizados de acordo com as representações; tanto fatos quanto representações convergem

na subjetividade dos seres humanos e são envoltos em sua linguagem. Talvez essa interação seja o campo específico da história oral, que é contabilizada como história com fatos reconstruídos, mas também aprende, em sua prática de trabalho de campo dialógico e na confrontação crítica com a alteridade dos narradores, a entender representações.[49]

Em algumas pesquisas de História oral desenvolvidas na Europa, chamou a atenção dos pesquisadores o fato de a cronologia relativa ao período da Segunda Guerra Mundial aparecer diferenciada nas entrevistas. Na Alemanha, o ano de 1933 — ano da ascensão de Hitler ao poder, como chanceler — não foi mais importante, para muitos entrevistados, do que os anos de 1934, 1935 e 1936, nos quais se encerra o desemprego em massa em virtude do crescimento da indústria bélica.[50] E na França, o 8 de maio de 1945 – que marca o fim da Segunda Guerra – para muitos não foi tão importante quanto a libertação de Paris na segunda metade do ano anterior.[51] É importante atentar para esse deslocamento temporal. O fato de os entrevistados alemães não se lembrarem com clareza do ano de 1933 não significa, em absoluto, que ele deva ser negligenciado na análise. É preciso que "fato" (1933) e "representações" (1934, 35, 36) sejam tomados *juntos*, para podermos tratar objetivamente a História da memória desses anos. É impossível saber o que o ano de 1935 significa sem considerar o ano de 1933. Na verdade, a diferença de cronologias ajuda a compreender a própria ascensão do nazismo – que fez muito mais sucesso quando passou a se reverter em estabilidade e bem-estar social e econômico, do que quando foi predominantemente política.

Outro exemplo interessante desse tipo de deslocamento foi observado pela historiadora Hebe Mattos, na análise de entrevistas com descendentes de escravos, membros da comunidade de São José da Serra, no município de Valença (RJ), reconhecida como "comunidade remanescente de quilombo" nos termos do artigo 68 das Disposições Transitórias da Constituição de 1988.[52] Nas entrevistas, são frequentes as histórias de fuga dos avós dos entrevistados, que teriam encontrado refúgio na fazenda, cujo proprietário não castigava os cativos, tratando-os muito bem. Os escravos podiam mesmo abandonar as terras para voltar em seguida, aparentemente sem sofrer sanções – circunstância que chamou a atenção da historiadora, por ser bastante específica. Uma consulta aos documentos do cartório de Valença revelou que, em 1870, o proprietário anterior doara 50 alqueires de terra para seus escravos que libertara. O uso coletivo dessas terras, que darão origem a São José da Serra, explica, segundo Hebe Mattos, a origem daquela comunidade. Entretanto, como a partir de 1988 ganha importância a discussão em torno das comunidades remanescentes de quilombo, tornam-se mais vivos os relatos de fuga de escravos. Hebe Mattos sugere que tenha havido um deslocamento semântico: a "generosidade" do fazendeiro protetor dos escravos que chegavam fugidos a São José possivelmente diz respeito a uma fase já posterior à abolição da escravatura, na qual os proprietários procuravam manter os ex-escravos em suas terras, além de atrair os das terras vizinhas, acenando com a liberdade de sair e entrar, o uso da terra para plantações etc. Esse deslocamento tornou possível transformar a comunidade de São José da Serra em "quilombo de São José".[53]

Percebe-se, pois, como o **trabalho simultâneo com diferentes fontes e o conhecimento aprofundado do tema** permite perceber "dissonâncias" que podem indicar caminhos profícuos de análise das entrevistas de História oral. Foi dito anteriormente que o trabalho com essas fontes não é simples; tanto sua produção como sua análise necessitam de preparação consistente e aprofundada. A responsabilidade do pesquisador é grande: em relação ao conhecimento que produz e ao grupo que investiga. Em certos casos – como acontece com algumas pesquisas nas chamadas "comunidades remanescentes de quilombo" –, quando o pesquisador grava entrevistas de História oral está não apenas produzindo uma fonte de pesquisa mas também um documento que pode ser usado como prova jurídica. Com base no material levantado, determinada comunidade pode ser classificada como "remanescente de quilombo", ou não – e então ter, ou não, reconhecida a propriedade definitiva de suas terras.[54]

Procurou-se mostrar, neste capítulo, como o universo da História oral é complexo e diversificado. Não se trata de sair com o gravador em punho e solicitar às pessoas que relatem suas vidas. É preciso **ter bem claro por que, como e para que se fará uma pesquisa utilizando história oral**, e não adotar posturas ingênuas, como se imbuir da missão de "dar voz aos vencidos", ou esquecer que toda entrevista é "documento-monumento". Como não é possível, em um capítulo introdutório como este, dar conta de todas as possibilidades e opções abertas pela História oral, aconselha-se a consulta à bibliografia a seguir, que oferece novos caminhos e reflexões.

DICAS

❑ Ter bem claro por que, como e para que se fará uma pesquisa utilizando História oral.

❑ Familiarizar-se com as discussões acadêmicas em torno do tema e da metodologia de História oral e levar em conta as reflexões dos estudiosos a respeito de:

- ❑ evitar a polaridade simplificadora entre "memória oficial" e "memória dominada";

- ❑ considerar as condições de produção da fonte oral;

- ❑ tomar a entrevista como *resíduo de ação*, além de *relato de ação*;

- ❑ estar atento às determinações de uma visão retrospectiva sobre o passado.

❑ Elaborar o projeto de pesquisa (explicitar claramente o tema de pesquisa e qual questão está sendo perseguida).

❑ Estudar exaustivamente o assunto.

❑ Definir que tipo de pessoa será entrevistada, quantos serão entrevistados e qual tipo de entrevista será realizada.

❑ Elaborar uma listagem extensa e flexível dos entrevistados em potencial.

❑ Contactar os entrevistados e providenciar todo o material necessário à realização da entrevista (equipamento técnico, documento de cessão de direitos).

❑ Elaborar os roteiros das entrevistas (o roteiro geral e os roteiros individuais).

❑ Contar com entrevistados de diferentes origens, assim como atuantes em diferentes papéis no universo estudado.

❑ Reservar um tempo relativamente longo para a realização da entrevista.

❑ Ao iniciar a gravação, gravar uma espécie de "cabeçalho" da entrevista, informando o nome do entrevistado, do(s) entrevistador(es), a data, o local e o projeto no qual a entrevista se insere.

❑ Usar, de preferência, perguntas abertas.

❑ Ser simples e direto ao formular as perguntas.

❑ Aproveitar outros recursos que estimulem o depoimento (fotografias, recortes de jornal, documentos e menção a fatos específicos).

- Reservar uma parte da entrevista para a discussão e a análise de alguns temas mais relevantes.
- Avaliar e analisar constantemente a entrevista (enquanto é gravada e, mais tarde, quando é objeto de análise).
- Decidir sobre quando encerrar a realização de entrevistas com base no avanço da investigação.
- Duplicar a gravação.
- Transcrever o material, se for necessário.
- Produzir instrumentos de auxílio à consulta, como sumários e índices temáticos.
- Ajustar a transcrição para a atividade de leitura.
- Editar o texto, se for publicado.
- Analisar os depoimentos levando em conta as seguintes sugestões:
  - fazer a "crítica do documento";
  - lidar com recuos e avanços no tempo;
  - refletir sobre a parcimônia do discurso dos entrevistados, se for o caso;
  - estar atento às repetições como uma possível fonte de informações importantes;
  - "ouvir" o que as entrevistas "dizem" (narrativa do entrevistado & condições de sua produção);
  - atentar também para relatos, interpretações e pontos de vista "desviantes";
  - ser fiel à lógica e às escolhas do entrevistado;
  - atentar para a ocorrência de narrativas especialmente pregnantes;
  - chegar a alguns padrões;
  - estabelecer tipologias, se for o caso;
  - comparar o que dizem as entrevistas com outros documentos;
  - tomar os *fatos* (o que realmente aconteceu) e suas *representações* simultaneamente.

Notas

[1] Heródoto (século V a.C.), conhecido como o "pai da História", escreveu sobre as Guerras Médicas, entre gregos e persas (490-479 a.C.), e sobre o mundo oriental. Tucídides (séculos V e IV a.C.) escreveu sobre a Guerra do Peloponeso (431-404 a.C.). Políbio (século II a.C.) escreveu sobre as conquistas romanas de sua época. Os três eram gregos; Políbio radicou-se em Roma e acompanhou os líderes romanos em suas batalhas.

[2] Vale observar que as biografias coletadas por Thomas e Znaniecki eram encomendadas e pagas em dinheiro. Como os imigrantes precisavam de dinheiro, contavam suas histórias conforme imaginavam que agradariam aos pesquisadores. Cf. Werner Fuchs,"Möglichkeiten der biographischen Methode", em Lutz Niethammer (org.), Lebenserfahrung und kollektives Gedächtnis. Die Praxis der "Oral History", Frankfurt, Syndikat, 1980.

[3] Philippe Joutard, "História oral: balanço da metodologia e da produção nos últimos 25 anos", em Marieta de Moraes Ferreira e Janaína Amado (coords.), Usos e abusos da história oral, FGV, 1996, pp. 43-62. Sobre a História da História oral, ver também Michel Trebitsch, "A função epistemológica e ideológica da história oral no discurso da história contemporânea", em Marieta de Moraes Ferreira (org.), História oral e multidisciplinaridade, Rio de Janeiro, Diadorim/Finep, 1994c.

[4] Os trabalhos de Mintz (Sidney Mintz, Worker in the Cane: a Puerto Rican Life History, New Haven, Yale University Press, 1960) e Lewis (Oscar Lewis, The Children of Sanchez: Autobiography of a Mexican Family, London, Penguin Books, [1961] 1970) são clássicos, nesse sentido.

[5] No afã de legitimar suas ideias e práticas de pesquisa, os adeptos da história oral construíram três "genealogias míticas", diz Trebitsch. Duas delas já foram mencionadas: a anterioridade milenar, representada pelos historiadores da Antiguidade e pelo próprio "pai da história" (Heródoto), e a Escola de Chicago. A terceira genealogia vincula a história oral aos folcloristas do século XIX, como os irmãos Grimm, que colhiam manifestações da cultura popular, procurando salvá-las da ameaça da industrialização. O texto de Trebitsch (1994) pode ser útil aos que tiverem interesse na discussão crítica da história da história oral.

[6] Aspásia Camargo observou com acuidade essa questão: achar que estudar a elite política não oferece dados importantes para o entendimento da realidade social é, na verdade, uma "versão de direita", porque "não é possível que possamos achar irrelevante saber como o poder se comporta, como se organiza, como decide" (Aspásia Camargo, "História oral e política", em Marieta de Moraes Ferreira, op. cit., 1994c, p. 87).

[7] "Lusir é a sigla que reúne as iniciais de "Lebensgeschichte und Sozialkultur im Ruhrgebiet 1930 bis 1960" ("História de vida e cultura social no vale do Ruhr, de 1930 a 1960"). O projeto foi desenvolvido na primeira metade da década de 1980 por um grupo de pesquisadores coordenado por Lutz Niethammer e composto por Alexander von Plato, Michael Zimmermann e Ulrich Herbert, entre outros, sediado inicialmente na Universidade de Essen e, a partir de 1984, na Fernuniversität Hagen. Seu acervo encontra-se hoje no Instituto para História e Biografia, coordenado por Plato, em Lüdenscheid. Foi em torno desse grupo que surgiu, em 1988, a publicação semestral Bios – Zeitschrift für Biographieforschung und Oral History ("Bios – Revista de Pesquisa Biográfica e História Oral").

[8] Dominique Aron-Schnapper; Danièle Hanet, "D'Hérodote au magnétophone: sources orales et archives orales", em Annales. Economies, Sociétés, Civilisations, Paris, n. 35, v. 1, jan./fev. 1980; "Archives orales: une autre histoire?".

[9] A respeito das primeiras reuniões internacionais de História oral, ver Ronald Grele, "Memorias de un movimiento", em Palabras y Silencios, Boletín de la Asociación Internacional de Historia Oral. v. 2, n. 3, jun. 1998, e Mercedes Vilanova, "Entrevista", por Verena Alberti e Marco Aurélio Santana, História Oral. Revista da Associação Brasileira de História Oral, São Paulo, n. 4, jun. 2001.

10 Os alunos provinham das seguintes instituições: as Universidades Federais do Pará, do Ceará, de Pernambuco, de Minas Gerais, do Paraná, de Santa Catarina, e Fluminense; as Pontifícias Universidades Católicas do Rio de Janeiro e de São Paulo; as Universidades de Brasília e de São Paulo; a Universidade do Estado do Rio de Janeiro; o Centro de Memória Social Brasileira da então Faculdade Cândido Mendes e o Instituto Universitário de Pesquisas do Rio de Janeiro (Iuperj); o Programa de Pós-graduação em Antropologia Social (PPGAS) do Museu Nacional – UFRJ; o Arquivo Histórico do Itamarati; o Colégio Pedro II; organismos como a Fase (Federação de Órgãos para Assistência Social e Educacional), o Cedi (Centro Ecumênico de Documentação e Informação), o CUP (Centro Unificado Profissional), todos do Rio de Janeiro, e o CPDOC da Fundação Getulio Vargas.

11 Houve, ainda, um II Curso de História Oral, realizado na Universidade de Brasília (UnB), de 28 de fevereiro a 11 de março de 1977, que teve como docentes William W. Moss, da John Kennedy Library, Aspásia Camargo, do CPDOC, Hélgio Trindade, da Universidade Federal do Rio Grande do Sul, e Vamireh Chacon, da UnB, entre outros. Para o desenvolvimento de seus projetos nas áreas de história oral, preservação e restauração de fontes, produção de guias de fonte e em biblioteca e informação, o Grupo de Documentação em Ciências Sociais (GDCS) recebeu, em março de 1975, uma dotação da Fundação Ford. O I Curso de História Oral contou com financiamento dessa instituição e da Coordenação de Aperfeiçoamento de Pessoal de Nível Superior (Capes). Para a realização do II Curso, em Brasília, o apoio da Fundação Ford foi complementado com verba proveniente da Organização dos Estados Americanos (OEA). A documentação referente a esse curso está guardada nos arquivos do CPDOC da Fundação Getulio Vargas e já foi abordada por Marieta de Moraes Ferreira (1996).

12 Mais informações sobre o trabalho do Programa de História Oral do CPDOC podem ser obtidas em www.cpdoc.fgv.br. Sobre a chegada da História oral no Brasil e a fundação do Programa de História Oral do CPDOC, ver Aspásia Camargo, "Como a história oral chegou ao Brasil: entrevista com Aspásia Camargo", por Maria Celina d'Araujo, em História Oral, Revista da Associação Brasileira de História Oral, São Paulo, n. 2, jun.1999.

13 Carlos Humberto P. Corrêa, História oral: teoria e técnica, Florianópolis, UFSC, 1978.

14 Ainda que publicada em alemão e, por isso, pouco acessível à comunidade acadêmica internacional, vale citar também a coletânea de textos organizada por Lutz Niethammer (1980), com artigos de autores norte-americanos, ingleses, franceses, italianos e alemães, entre eles Ronald Grele, Paul Thompson, Daniel Bertaux e Luisa Passerini, que foi um marco na instituição do campo da História oral na Alemanha.

15 Verena Alberti, História oral: a experiência do CPDOC, Rio de Janeiro, FGV, 1990, pp. 191-7.

16 O II Encontro Nacional de História Oral foi, na realidade, o primeiro de dimensões efetivamente nacionais, pois contou com ampla divulgação, impulsionada pelo objetivo de promover o cadastramento e o intercâmbio de pesquisadores e instituições de todo o país. Esse esforço deliberado resultou de resolução do encontro anterior, que recebeu o nome de I Encontro Nacional de História Oral, realizado em São Paulo em 1993, ao qual compareceram 123 pesquisadores e no qual foram apresentados 25 trabalhos. Neste evento formou-se a Comissão Nacional para a Criação de uma Associação Brasileira de Documentação Oral, e decidiu-se pela preparação do II Encontro, que ocorreu no ano seguinte. Sobre o processo de formação da ABHO, ver Marieta de Moraes Ferreira, op. cit., 1994c. ("Introdução") e Marieta de Moraes Ferreira, "Entrevista", por Verena Alberti e Marco Aurélio Santana, História Oral, Revista da Associação Brasileira de História Oral, São Paulo, n. 4, jun. 2001.

17 Entre as instituições que têm participado do debate acadêmico em torno da História oral desde o início da década de 1990 destacam-se os departamentos de História e Ciências Sociais das Universidades Federais da Bahia, de Pernambuco, de Campina Grande, do Ceará, do Piauí, do Acre, de Rondônia, do Pará, de Goiás, do Mato Grosso, de Minas Gerais, de Uberlândia e de Ouro

Preto, do Rio de Janeiro (UFRJ) e do Estado do Rio de Janeiro (UniRio), da Universidade de Brasília (UnB), das Pontifícias Universidades Católicas de São Paulo e Minas Gerais, da Universidade do Vale do Rio dos Sinos, da USP, das Universidades Estaduais de Londrina, da Bahia, do Maranhão e de Goiás; o Centro da Memória da Unicamp, o Centro de Documentação e Informação Científica (Cedic) da PUC-SP, o Centro de Estudos Rurais e Urbanos (Ceru) da Universidade de São Paulo (USP), a Coordenação Interdisciplinar de Estudos Contemporâneos (Ciec) da UFRJ, o Laboratório de História Oral e Imagem (Labhoi) da Universidade Federal Fluminense, o Museu da Imigração/ Memorial do Imigrante (SP), o Arquivo Histórico Judaico Brasileiro (SP), o Instituto Cultural Judaico Marc Chagall, os Museus da Imagem e do Som de São Paulo e do Rio de Janeiro, a Casa de Oswaldo Cruz – Fundação Oswaldo Cruz, o CPDOC e muitos outros.

[18] Informações sobre a ABHO podem ser obtidas em www.cpdoc.fgv.br/abho. Os boletins da ABHO, todos disponibilizados no site, podem ser úteis para quem quiser conhecer a trajetória da entidade e a produção dos associados ao longo desses anos.

[19] Marieta de Moraes Ferreira, então coordenadora do Programa de História Oral do CPDOC, foi eleita vice-presidente da IOHA, função que exerceu até 2002, quando se tornou presidente da entidade (2002-2004).

[20] Informações sobre a IOHA e atividades desenvolvidas em diferentes países podem ser obtidas em www.ioha.fgv.br.

[21] Sobre as mudanças ocorridas na História que permitiram a incorporação da História oral à disciplina, ver especialmente Marieta de Moraes Ferreira, "História oral: um inventário das diferenças", em Marieta de Moraes Ferreira (org.), Entrevistas: abordagens e usos da história oral, Rio de Janeiro, FGV, 1994b.

[22] Joan del Alcàzar i Garrido, "As fontes orais na pesquisa histórica: uma contribuição ao debate", Revista Brasileira de História, São Paulo, Anpuh/Marco Zero, v. 13, n. 25/26, set. 1992/ago. 1993, pp. 33-54.

[23] Michael Zimmermann, "Zeitzeugen", em Bernd-A Rusinek; Volker Ackermann e Jörg Engelbrecht (orgs.), Einführung in die Interpretation historischer Quellen, Schwerpunkt/ Paderborn, Neuzeit/ Ferdinand Schöning, 1992.

[24] Lutz Niethammer,"Fragen-Antworten-Fragen. Methodische Erfahrungen und Erwägungen zur Oral History", em Lutz Niethammer; Alexander von Plato (orgs.), "Wir kriegen jetzt andere Zeiten". Auf der Suche nach der Erfahrung des Volkes in Nachfaschistischen Ländern. Lebensgeschichte und Sozialkultur im Ruhrgebiet 1930 bis 1960 (Lusir), Bd. 3., Berlin-Bonn, J. H. W. Dietz Nachf., 1985.

[25] Silvia Salvatici participou, na qualidade de conferencista, do VII Encontro Nacional de História Oral, que ocorreu em Goiânia, em maio de 2004. Sua conferência sobre as confluências entre a História oral e a História das mulheres sublinhou esse ponto: o fato de as histórias contadas por mulheres revelarem outras possibilidades, para além do que é transmitido pelos homens (que, geralmente, acaba valendo como única significação possível do passado) (Silvia Salvatici, "Memórias de gênero: reflexões sobre a história oral de mulheres", História Oral, Revista da Associação Brasileira de História Oral, n. 8, mar. 2005.

[26] A respeito dessas possibilidades de pesquisa, ver também o capítulo "O lugar da história oral: o fascínio do vivido e as possibilidades de pesquisa", em Verena Alberti, Ouvir contar: textos em história oral, Rio de Janeiro, FGV, 2004a. Sobre as relações entre História oral e tradição oral, ver Verena Alberti, "Tradição oral e história oral: proximidades e fronteiras", História Oral, Revista da Associação Brasileira de História Oral, n. 8, mar. 2005.

[27] Ver Michael Pollak, "Memória, esquecimento, silêncio", Estudos Históricos, Rio de Janeiro, CPDOC-FGV, v. 2, n. 3, 1989, pp. 3-15 (disponível para *download* em www.cpdoc.fgv.br). e "Memória e identidade social", Estudos Históricos, Rio de Janeiro, CPDOC-FGV, v. 5, n. 10, 1992, pp. 200-15 (disponível para *download* em www.cpdoc.fgv.br).

[28] Michael Pollak, op. cit., 1989, p. 12.

[29] Robert Frank, "La mémoire et l'histoire", em Danièle Voldman (org.), La bouche de la vérité? La recherche historique et les sources orales, Cahiers de l'IHTP, nov. 1992.

[30] Alessandro Portelli, "O massacre de Civitella Val di Chiana (Toscana, 29 de junho de 1944): mito, política, luto e senso comum", em Marieta de Moraes Ferreira; Janaína Amado, op. cit., 1996.

[31] Peter Hüttenberger,"Überlegungen zur Theorie der Quelle", em Bernd-A Rusinek; Volker Ackermann e Jörg Engelbrecht (orgs.), Einführung in die Interpretation historischer Quellen. Schwerpunkt: Neuzeit, Paderborn, Ferdinand Schöning, 1992. Essa questão, assim como a discussão sobre a memória, estão desenvolvidas no capítulo "O que documenta a história oral: a ação da memória", em Verena Alberti, op. cit., 2004a.

[32] Peter Hüttenberger, op. cit., p. 256.

[33] Pierre Bourdieu, "A ilusão biográfica", em Marieta de Moraes Ferreira; Janaína Amado (coords.), op. cit., 1996, pp. 183-191 (originalmente publicado em Actes de la Recherche en Sciences Sociales, 1986).

[34] Giovanni Levi, "Usos da biografia", em Marieta de Moraes Ferreira; Janaína Amado (coords.), op. cit., 1996.

[35] Sobre as relações entre História oral, indivíduo e biografia, ver também os capítulos "O lugar da história oral: o fascínio do vivido e as possibilidades de pesquisa" e "Um drama em gente: trajetórias e projetos de Pessoa e seus heterônimos" em Verena Alberti, op. cit., 2004a.

[36] Por exemplo, Luiz Costa Lima, 1986 e 1989; Wolfgang Iser, "Os atos de fingir ou o que é fictício no texto ficcional", em Luiz Costa Lima (org.), Teoria da literatura em suas fontes, 2. ed. rev. e ampl., Rio de Janeiro, Francisco Alves, v. 2, 1983; André Jolles, 1930, e Karlheinz Stierle,"Die Struktur narrativer Texte. Am Beispiel von J. P. Hebels Kalendergeschichte "Unverhofftes Wiedersehen", em Helmut Brackert; Eberhard Läm Eberhard Mert (orgs.), Funk-Kolleg Literatur, Frankfurt, Fischer Verlag, v. I, 1977..

[37] Ver, a esse respeito, os capítulos "História oral e literatura: questões de fronteira", "Além das versões: possibilidades da narrativa em entrevistas de história oral" e "Dramas da vida: direito e narrativa na entrevista de Evandro Lins e Silva", em Alberti, Verena, op. cit., 2004a.

[38] Este item e os dois seguintes baseiam-se em boa parte no Manual de história oral do CPDOC (Verena Alberti, Manual de história oral, Rio de Janeiro, FGV, 2004b), no qual também se encontram informações sobre a implantação e as atividades desenvolvidas em programas de História oral.

[39] Janaína Amado, "O grande mentiroso", Nossa História, Rio de Janeiro, Biblioteca Nacional, ano 1, n. 2, dez. 2003.

[40] Aspásia Camargo,História oral e história, Rio de Janeiro, CPDOC, 17f., pp. 4-5. Trabalho apresentado no I Seminário Brasileiro de Arquivos Municipais. Niterói, Universidade Federal Fluminense, 2 a 6 ago. 1976.

[41] Daniel Bertaux, "L'approche biographique", Cahiers Internationaux de Sociologie, Paris, PUF, v. 69, juil. 1 dec. 1980.

[42] Jacques Le Goff, "Documento/monumento", Enciclopédia Einaudi, v. 1: Memória – História, s/l (Portugal), Imprensa Nacional/Casa da Moeda, 1984.

[43] Idem, p. 102.

[44] Sobre as diferenças entre a entrevista e uma obra de ficção, ver o capítulo "História oral e literatura: questões de fronteira", em Verena Alberti, op. cit., 2004a.

[45] José Miguel Arias Neto, "João Cândido 1910-1968: arqueologia de um depoimento sobre a Revolta dos Marinheiros", em História Oral, Revista da Associação Brasileira de História Oral, São Paulo, n. 6, jun. 2003.

[46] Sobre a hermenêutica como estudo da compreensão, ver Verena Alberti, "A existência na história: revelações e riscos da hermenêutica", Estudos Históricos, Rio de Janeiro, CPDOC-FGV, v. 9, n. 17, 1996.

[47] Lutz Niethammer, "Fragen-Antworten-Fragen. Methodische Erfahrungen und Erwägungen zur Oral History", em Lutz Niethammer; Alexander von Plato (orgs.), op. cit., 1985, p. 407.

[48] Sobre as possibilidades trazidas por narrativas especialmente pregnantes em entrevistas de história oral, ver os capítulos "Além das versões: possibilidades da narrativa em entrevistas de história oral" e "Dramas da vida: direito e narrativa na entrevista de Evandro Lins e Silva", em Verena Alberti, op. cit., 2004a.

[49] Alessandro Portelli, op. cit., 1996, p.111; grifo do autor.

[50] Ulrich Herbert, op. cit.

[51] Michael Pollak, op. cit., p. 202 (disponível para *download* em www.cpdoc.fgv.br).

[52] Diz o art. 68 das Disposições Transitórias da Constituição Federal de 1988: "Aos remanescentes das comunidades dos quilombos que estejam ocupando suas terras é reconhecida a propriedade definitiva, devendo o Estado emitir-lhes os títulos respectivos".

[53] Hebe Maria Mattos, "Terras de quilombo: citoyenneté, mémoire de la captivité et identité noire dans le Brésil contemporain", em Cahiers du Brésil Contemporain, Paris, CRBC, n. 53/54, 3003, 2003.

[54] O uso da entrevista de história oral como prova jurídica também foi objeto do trabalho que John Neuenschwander, pesquisador do Carthage College (Estados Unidos), apresentou ao XIII Congresso Interacional de História Oral (John A. Neuenschwander, "Native American Oral History/History as Evidence in American Federal Courts", trabalho apresentado ao XIII Congresso Internacional de História Oral "Memory and Globalization", Roma, 23 a 26 jun. 2004).

Referências bibliográficas e bibliografia

Além das referências bibliográficas dos trabalhos citados ao longo do capítulo, encontram-se nesta bibliografia outras obras que podem ser úteis para o aprofundamento no universo da história oral. A listagem, contudo, está longe de ser exaustiva.

ACTES de la Recherche en Sciences Sociales. Paris: Collège de France & l'École des Hautes Études en Sciences Sociales, n. 62/63, juin. 1986 (número consagrado a estudos sobre o método biográfico).

ALBERTI, Verena. *História oral:* a experiência do CPDOC. Rio de Janeiro: Fundação Getulio Vargas, 1990.

_____. A existência na história: revelações e riscos da hermenêutica. *Estudos Históricos*. Rio de Janeiro: Cpdoc-fgv, v. 9, n. 17, 1996, pp. 31-57 (disponível para download em www.cpdoc.fgv.br).

_____. *Ouvir contar*: textos em história oral. Rio de Janeiro: fgv, 2004a.

_____. *Manual de história oral*. Rio de Janeiro: fgv, 2004b.

_____. *Tradição oral e história oral:* proximidades e fronteiras. História Oral. Revista da Associação Brasileira de História Oral. n. 8, mar. 2005.

Amado, Janaína. O grande mentiroso. *Nossa História.* Rio de Janeiro: Biblioteca Nacional, ano 1, n. 2, dez. 2003, pp. 28-33.

Anais do iv Encontro Regional Sudeste de História Oral "Dimensões da história oral". Rio de Janeiro: Casa de Oswaldo Cruz – Fundação Oswaldo Cruz/Associação Brasileira de História Oral, 7 a 9 de nov. 2001. cd-Rom.

Anais do v Encontro Regional Sudeste de História Oral "Diálogos Contemporâneos: Cultura e Memória". Belo Horizonte: Programa de História Oral – Centro de Estudos Mineiros/puc-Minas/abho, 19 a 21 nov. 2003. cd-Rom.

Anais do vi Encontro Nacional de História Oral "Tempo e Narrativa". São Paulo: Departamento de História, Faculdade de Filosofia, Letras e Ciências Humanas da Universidade de São Paulo. São Paulo, 28 a 31 maio 2002. cd-Rom.

Anais do vii Encontro Nacional de História Oral "História e Tradição Oral". Goiânia: ufgo/ uego/ Universidade Católica de Goiás/abho, 18 a 21 maio 2004. cd-Rom.

Anais do viii Congresso Internacional de História Oral. International Oral History Conference. "Memory and multiculturism". Siena-Lucca: Comitato Internazionale di Storia Orale, 1993.

Anais do ix Congresso Internacional de História Oral. International Oral History Conference. "Communicating experience". Göteborg: Suécia, 1996.

Anais do x Congresso Internacional de História Oral. International Oral History Conference. "Oral History: challenges for the 21st century". Rio de Janeiro: cpdoc/fgv/ Fiocruz, 1998.

Anais do xi Congresso Internacional de História Oral. International Oral History Conference. Istambul: History Association & Department of History at Bogaziçi University, 2000.

Anais do xii Congresso Internacional de História Oral. International Oral History Conference. "Memory, Healing and Development". Pietermarltzburg: South Africa, 2002.

Anais do xiii Congresso Internacional de História Oral. International Oral History Conference. "Memory and Globalization". Roma, 23 a 26 jun. 2004. Anais eletrônicos.

Annales. Economies, Sociétés, Civilisations. Paris, n. 35, v. 1, jan./fev. 1980; parte intitulada "Archives orales: une autre histoire?".

Arias Neto, José Miguel. João Cândido 1910-1968: arqueologia de um depoimento sobre a Revolta dos Marinheiros. *História Oral.* São Paulo: Revista da Associação Brasileira de História Oral, n. 6, jun. 2003, pp. 159-85.

Aron-Schnapper, Dominique; Hanet, Danièle. D'Hérodote au magnétophone: sources orales et archives orales. *Annales.* Economies, Sociétés, Civilisations. Paris, n. 35, v. 1, jan./fev. 1980; "Archives orales: une autre histoire?", pp. 183-199.

Bertaux, Daniel. L'approche biographique. *Cahiers Internationaux de Sociologie.* Paris: puf, v. 69, juil.1 dec. 1980, pp. 197-225.

_____; Thompson, Paul (eds.). *Between Generations:* Family Models, Myths, and Memories. International Yearbook of Oral History and Life Stories, v. ii. Oxford: Oxford University Press, 1993.

Bosi, Eclea. *Memória e sociedade:* lembranças de velhos. São Paulo: T. A. Queiroz, 1979.

Bourdieu, Pierre. A ilusão biográfica. In: Ferreira, Marieta de Moraes; Amado, Janaína (coords.). *Usos & abusos da história oral.* Rio de Janeiro: fgv, 1996, pp.183-191 (originalmente publicado em *Actes de la Recherche en Sciences Sociales,* 1986).

Cadernos ceru: Centro de Estudos Rurais e Urbanos. São Paulo: usp. série 2, n. 12, 2001.

Cahiers de l'Institut d'Histoire du Temps Présent. Paris: ihtp, n. 4, 1987: "Questions à l'histoire orale".

Cahiers Internationaux de Sociologie. Numéro spécial: Histoires de vie et vie sociale. Paris: puf, v. 69, juil./dec. 1980.

Camargo, Aspásia. *História oral e história.* Rio de Janeiro: Cpdoc, 17f., pp.4-5 (Trabalho apresentado no i Seminário Brasileiro de Arquivos Municipais. Niterói: uff, 2 a 6 ago. 1976).

_____. História oral e política. In: Ferreira, Marieta de Moraes (org.). *História oral e multidisciplinaridade.* Rio de Janeiro: Diadorim/Finep, 1994, pp. 75-99

_____. Como a história oral chegou ao Brasil: entrevista com Aspásia Camargo, por Maria Celina d'Araujo. *História Oral.* Revista da Associação Brasileira de História Oral. São Paulo, n. 2, jun.1999, pp. 167-79.

Corrêa, Carlos Humberto P. *História oral:* teoria e técnica. Florianópolis: ufsc, 1978.

Costa Lima, Luiz. *Sociedade e discurso ficcional.* Rio de Janeiro: Guanabara, 1986.

_____. *A aguarrás do tempo.* Estudos sobre a narrativa. Rio de Janeiro: Rocco, 1989.

Dados. Revista de Ciências Sociais. Rio de Janeiro: Campus, v. 27, n. 1, 1984: "História oral e história de vida".

Bertaux, Daniel (ed.). *Biography and Society:* the Life History Approach in the Social Sciences. California: Sage Publications Inc./International Sociological Association, 1981.

Ferreira, Marieta de Moraes (org.). *Entre-vistas:* abordagens e usos da história oral. Rio de Janeiro: fgv, 1994a.

_____. História oral: um inventário das diferenças. In: Ferreira, Marieta de Moraes (org.). *Entre-vistas:* abordagens e usos da história oral. Rio de Janeiro: fgv, 1994b, pp. 1-13.

_____ (org.). *História oral e multidisciplinaridade.* Rio de Janeiro: Diadorim/Finep, 1994c.

_____. História oral e tempo presente. In: MEIHY, José Carlos Sebe (org.). *(Re) introduzindo a história oral no Brasil.* São Paulo: Xamã, 1996, pp. 11-21.

_____. "Entrevista", por Verena Alberti e Marco Aurélio Santana. *História Oral.* Revista da Associação Brasileira de História Oral. São Paulo, n. 4, jun. 2001, pp. 165-76.

_____; AMADO, Janaína (coords.). *Usos & abusos da história oral.* Rio de Janeiro: FGV, 1996.

_____; FERNANDES, Tania Maria; ALBERTI, Verena (orgs.). *História oral:* desafios para o século XXI. Rio de Janeiro: Fiocruz/Casa de Oswaldo Cruz/CPDOC-FGV, 1998. Publicação das conferências e palestras das mesas redondas do X Congresso Internacional de História Oral.

FRANK, Robert. La mémoire et l'histoire. In: VOLDMAN, Danièle (org.). *La bouche de la vérité? La recherche historique et les sources orales.* Paris: Cahiers de l'IHTP, 1992, pp. 65-72.

FREITAS, Sônia Maria de. *História oral:* possibilidades e procedimentos. São Paulo: USP/ Imprensa Oficial do Estado de São Paulo, 2002.

FRISCH, Michael. *A Shared Authority:* Essays on the Craft and Meaning of Oral and Public History. Albany: State University of New York, 1990.

FUCHS, Werner. Möglichkeiten der biographischen Methode. In: NIETHAMMER, Lutz (org.). *Lebenserfahrung und kollektives Gedächtnis. Die Praxis der "Oral History".* Frankfurt: Syndikat, 1980, pp. 323-48.

GARRIDO, Joan del Alcàzar i. As fontes orais na pesquisa histórica: uma contribuição ao debate. *Revista Brasileira de História.* São Paulo: Anpuh/Marco Zero, v. 13, n. 25/26, set. 1992/ago. 1993, pp. 33-54.

GRELE, Ronald. *Envelopes of Sound: the Art of Oral History.* Chicago: Precedent Publishing [1975] 1985.

_____. Memorias de un movimiento. *Palabras y Silencios.* Boletín de la Asociación Internacional de Historia Oral. v. 2, n. 3, jun. 1998, pp. 3-6.

HALBWACHS, Maurice. *Les cadres sociaux de lá mémoire.* Paris: Mouton [1935] 1976.

_____. *La mémoire collective.* Paris: PUF, 1950.

HERBERT, Ulrich. Zur Entwicklung der Ruhrarbeiterschaft 1930 bis 1960 aus erfahrungsgeschichtlicher Perspektive. In: NIETHAMMER, Lutz; PLATO, Alexander von (orgs.). *"Wir kriegen jetzt andere Zeiten". Auf der Suche nach der Erfahrung des Volkes in Nachfaschistischen Ländern.* Lebensgeschichte und Sozialkultur im Ruhrgebiet 1930 bis 1960 (Lusir), Bd. 3., Berlin-Bonn: J. H. W. Dietz Nachf., 1985, pp. 19-52.

HISTÓRIA Oral. Revista da Associação Brasileira de História Oral publicada desde 1998. Os índices dos volumes encontram-se reproduzidos na página da associação: www.cpdoc.fgv.br/abho.

HISTÓRIA Unisinos. Revista do Programa de Pós-graduação em História da Universidade do Vale do Rio dos Sinos. Número especial: II Encontro Regional Sul de História Oral – ABHO. Jul./dez 2002.

HISTORIA, Antropología y Fuentes Orales. Barcelona: Publicacions Universitat de Barcelona. Revista publicada pela primeira vez em 1989, sob o título Historia y Fuente Oral; passou a circular com o nome atual em 1996.

HÜTTENBERGER, Peter. Überlegungen zur Theorie der Quelle. In: RUSINEK, Bernd-A.; ACKERMANN, Volker; ENGELBRECHT, Jörg (orgs.). *Einführung in die Interpretation historischer Quellen.* Schwerpunkt: Neuzeit. Paderborn: Ferdinand Schöning, 1992.

ISER, Wolfgang. Os atos de fingir ou o que é fictício no texto ficcional. In: COSTA LIMA, Luiz (org.). *Teoria da literatura em suas fontes.* 2. ed. rev. e ampl. Rio de Janeiro: Francisco Alves, v. 2, 1983, pp. 384-416.

JANOTTI, Maria de Lourdes Mônaco; ROSA, Zita de Paula. História oral: uma utopia? *Revista Brasileira de História.* São Paulo:Anpuh/Marco Zero, v. 13, n. 25/26, set. 1992/ago. 1993, pp. 7-16.

JOLLES, André. *Formas simples.* São Paulo: Cultrix [1930] 1976.

BALÁN, Jorge et al. *Las historias de vida en ciencias sociales:* teoría y técnica. Buenos Aires: Ediciones Nueva Visión, 1974.

JOUTARD, Philippe. *Ces voix qui nous viennent du passé.* Paris: Hachette, 1983.

_____. História oral: balanço da metodologia e da produção nos últimos 25 anos. In: FERREIRA, Marieta de Moraes; AMADO, Janaína (coords.). *Usos & abusos da história oral.* Rio de Janeiro: FGV, 1996, pp. 43-62.

LE GOFF, Jacques. Documento/monumento. *Enciclopédia Einaudi.* v. 1: Memória – História. s/l (Portugal), Imprensa Nacional – Casa da Moeda, 1984, pp. 95-106.

LEJEUNE, Philippe. *Je est un autre.* Paris: Le Seuil, 1980.

LEVI, Giovanni. Usos da biografia. In: FERREIRA, Marieta de Moraes; AMADO, Janaína (coords.). *Usos & abusos da história oral.* Rio de Janeiro: FGV, 1996, pp. 167-182.

LEWIS, Oscar. *The Children of Sanchez:* Autobiography of a Mexican Family. London: Penguin Books, [1961] 1970.

MATTOS, Hebe Maria. Terras de quilombo: citoyenneté, mémoire de la captivité et identité noire dans le Brésil contemporain. *Cahiers du Brésil Contemporain.* Paris: CRBC, n. 53/54, 3003, 2003, pp.115-47.

MEIHY, José Carlos Sebe Bom (org.). *(Re)introduzindo a história oral no Brasil.* São Paulo: Xamã, 1996.

_____. *Manual de história oral.* 2. ed. São Paulo: Loyola, 1998.

MINTZ, Sidney.*Worker in the Cane:* a Puerto Rican Life History. New Haven: Yale University Press, 1960.

MONTENEGRO, Antonio Torres. *História oral e memória:* a cultura popular revisitada. São Paulo: Contexto, 1992.

MONTENEGRO, Antonio Torres; FERNANDES, Tania Maria (orgs.). *História oral:* um espaço plural. Recife: Universitária/UFPE, 2001.

NEUENSCHWANDER, John A. Native American Oral History/History as Evidence in American Federal Courts. Trabalho apresentado ao XIII Congresso Internacional de História Oral. "Memory and Globalization". Roma, 23 a 26 jun. 2004.

NIETHAMMER, Lutz (org.) *Lebenserfahrung und kollektives Gedächtnis. Die Praxis der "Oral History"*. Frankfurt: Syndikat, 1980.

_____. Fragen-Antworten-Fragen. Methodische Erfahrungen und Erwägungen zur Oral History. In: NIETHAMMER, Lutz; PLATO, Alexander von (orgs.). *"Wir kriegen jetzt andere Zeiten". Auf der Suche nach der Erfahrung des Volkes in Nachfaschistischen Ländern*. Lebensgeschichte und Sozialkultur im Ruhrgebiet 1930 bis 1960 (Lusir), Bd. 3., Berlin-Bonn: J. H. W. Dietz Nachf., 1985, pp. 392-445.

PALABRAS y Silencios/Words and Silences. Boletim bilíngue da International Oral History Association, publicado desde 1997.

PERELMUTTER, Daisy; ANTONACCI, Maria Antonieta (orgs.). *Ética e história oral*. São Paulo: Educ, 1997.

PERKS, Robert; THOMSON, Alistair (eds.). *The Oral History Reader*. London/New York: Routledge, 1998.

POLLAK, Michael. Memória, esquecimento, silêncio. *Estudos Históricos*. Rio de Janeiro: CPDOC-FGV, v. 2, n. 3, 1989, pp. 3-15 (disponível para *download* em www.cpdoc.fgv.br).

_____. Memória e identidade social. *Estudos Históricos*. Rio de Janeiro: CPDOC-FG, v. 5, n.10, 1992, pp. 200-15 (disponível para *download* em www.cpdoc.fgv.br).

PORTELLI, Alessandro. O massacre de Civitella Val di Chiana (Toscana, 29 jun. 1944): mito, política, luto e senso comum. In: FERREIRA, Marieta de Moraes; AMADO, Janaína (orgs.). *Usos & abusos da história oral*. Rio de Janeiro: FGV, 1996, pp. 103-30.

Pós História. Revista de Pós-graduação em História da Universidade Estadual Paulista. São Paulo: Unesp, v. 4, 1996.

PROJETO História. Revista do Programa de Estudos Pós-graduados em História e do Departamento de História da Pontifícia Universidade Católica de São Paulo. Número especial: História e oralidade. São Paulo: Educ, n. 22, jun. 2001.

QUEIROZ, Maria Isaura Pereira de. Relatos orais: do "indizível" ao "dizível". In: CIÊNCIA e Cultura. Sociedade Brasileira para o Progresso da Ciência, v. 39, n. 3, mar. 1987, pp. 272-86.

REVISTA Brasileira de História. Órgão oficial da Associação Nacional de História. São Paulo: Anpuh/Unijuí, v. 17, n. 33, 1997. Dossiê Biografia.

SALVATICI, Silvia. Memórias de gênero: reflexões sobre a história oral de mulheres. *História Oral*. Revista da Associação Brasileira de História Oral, n. 8, mar. 2005.

SIMSON, Olga Rodrigues de Moraes von (org.). *Os desafios contemporâneos da história oral*. Campinas: Área de Publicações/Centro de Memória da Unicamp, 1997.

STIERLE, Karlheinz. Die Struktur narrativer Texte. Am Beispiel von J. P. Hebels Kalendergeschichte "Unverhofftes Wiedersehen.". In: BRACKERT, Helmut; LÄMMERT, Eberhard (orgs.). *Funk-Kolleg Literatur*. Frankfurt: Fischer Verlag, v. I, 1977.

THOMPSON, Paul. *A voz do passado:* história oral. Trad. Lolio Lourenço de Oliveira. São Paulo: Paz e Terra, [1978] 1992.

TONKIN, Elizabeth. *Narrating our Pasts:* the Social Construction of Oral History. Cambridge: Cambridge University Press, 1995.

TREBITSCH, Michel. A função epistemológica e ideológica da história oral no discurso da história contemporânea. In: FERREIRA, Marieta de Moraes (org.). *História oral e multidisciplinaridade.* Rio de Janeiro: Diadorim/Finep, 1994. pp. 19-43.

VANSINA, Jan. *La tradición oral.* Barcelona: Labor, 1966.

VILANOVA, Mercedes."Entrevista", por Verena Alberti e Marco Aurélio Santana. *História Oral.* Revista da Associação Brasileira de História Oral. São Paulo, n. 4, jun. 2001, pp.149-64.

VOLDMAN, Danièle (org.). La bouche de la vérité? La recherche historique et les sources orales. *Cahiers de l'Institut d'Histoire du Temps Présent.* Paris: IHTP, nov. 1992.

ZIMMERMANN, Michael. Zeitzeugen. In: RUSINEK, Bernd-A.; ACKERMANN, Volker; ENGELBRECHT, Jörg (orgs.). *Einführung in die Interpretation historischer Quellen.* Schwerpunkt: NEUZEIT. PADERBORN: FERDINAND SCHÖNING, 1992, PP.13-26.

FONTES BIOGRÁFICAS

Grandezas e misérias da biografia*

Vavy Pacheco Borges

A biografia

> A missão do biógrafo seduziu minha imaginação: a ideia de compreender um ser humano tão completamente como uma pessoa poderia compreender outra, de afundar-me numa vida que não a minha, de ver o mundo por meio de olhos novos, de seguir alguém pela infância e por seus sonhos, trilhando a variedade de seus gostos.[1]

Em geral, ao longo de um percurso mais que milenar, fala-se na biografia como "gênero compósito", "híbrido", "controverso", "problemático", "confuso", "duvidoso", ou seja, um "gênero menor". Esse debate, comparado ao grande sucesso atual da biografia, me inspirou a pensar em suas "grandezas e misérias", ou seja, em sua fecundidade e em seus limites.

O que se entende hoje por biografia?

Biografia: 1- Narração oral, escrita ou visual dos fatos particulares das várias fases da vida de uma pessoa ou personagem. 2- O suporte físico (livro, filme, texto teatral, disco óptico, etc.) onde se insere uma biografia. 3- A história da vida de alguém. 4- Compilação de biografias de homens célebres. 5- Gênero literário cujo objeto é o relato da aventura biográfica de uma pessoa ou de uma personagem. 6- Ciência relativa a essa espécie de descrição.[2]

Ao começar a me preocupar com os trabalhos sobre biografia, eu não tinha ideia de que esse termo tivesse surgido tão tarde, oriundo do grego *bios* = vida e *graphein* = escrever, inscrever, acrescido de *ia*, um formador de substantivo abstrato. No mundo antigo, o termo biografia como "relato de vidas" parece ter ocorrido pela primeira vez em Damásio, cerca de 500 d.C. Na língua francesa, o termo aparece somente no *Dictionnaire* de Trévoux, em 1721,[3] Emile Littré, no *Dictionnaire de la langue française* (1800-1801), definiu: "Biografia: espécie de história que tem por objeto a vida de uma só pessoa".

Pode-se ver como biografias diversos tipos de textos – desde um verbete em dicionários de figuras políticas, literárias, até relatos em filmes, documentários, programas de televisão etc. Apesar de os historiadores hoje usarem o termo biografia sem maiores preocupações,[4] alguns autores, especialmente os ligados à Antropologia, rejeitam o termo, preferindo falar em "trajetórias".[5]

Ao longo dos séculos, alguns autores viram a biografia em oposição ou distinta da História, por diferentes razões nos diferentes momentos. Em uma visão esquemática, pode-se perceber que entre a história – vista como forma de conhecimento "científico" – e a "arte", a maioria dos autores constrói um percurso amplo de sua história, vendo-a oscilar entre a "ciência" e a Literatura (a posição apresentada neste capítulo não é, porém, dicotômica). Não me estenderei em detalhes sobre esse longo percurso, vou apenas lembrar alguns marcos e socializar algumas reflexões, com o intuito de propiciar aprofundamentos e, quem sabe, problematizações introdutórias da temática. Sei que, ao simplificar um debate, corre-se o risco de falsificá-lo; tudo o que li sempre me pareceu muito mais complexo do que o que se segue.

O percurso da biografia no mundo ocidental

A preocupação com a descrição da história de uma vida teve seu início no mundo grego antigo, ao mesmo tempo em que surgiu a História como forma de conhecimento: essa era uma História política, com sua diferenciação/imbricação com a memória. Ao longo de mais ou menos dois milênios, autores acharam que contar a história da vida de alguém era algo distinto de uma "História" (que narrava fatos coletivos e contava a verdade): as histórias "das vidas" (termo usado então pelos autores) serviam, desde o mundo greco-romano, para dar exemplos morais, negativos ou positivos – muitas vezes constituindo os panegíricos.[6] Essa chamada biografia clássica punha um acento muito maior no caráter político, moral ou religioso do biografado do que em sua pessoa, em sua singularidade. No mundo medieval, a ideia dos *exempla* prolongou-se, configurando-se na hagiografia e nas crônicas.

Na Renascença, no século XIII, o escritor toscano Bocaccio fez uma *Vida de Dante* com certa concepção moderna, pois fundada sobre documentos; no século XVI, outro belo e clássico exemplo da preocupação com as vidas particulares é o trabalho escrito pelo pintor e arquiteto florentino Giorgio Vasari, *Delle Vitae de´più eccelelenti pittori, scultori ed architettori (Sobre as vidas dos mais excelentes pintores, escultores e arquitetos)*, publicado pela primeira vez em Florença, em 1550, e dedicado a Cosimo de Médici.

No século XVII, o elogio fúnebre selecionava os momentos mais gloriosos da vida do biografado, passando por cima de seus defeitos.[7]

Na chamada Idade Moderna, em especial nos séculos XVII e XVIII, a concepção de biografia vai se alterando profundamente. Na Inglaterra, uma obra revolucionária, a *Life of Samuel Johnson LL.D. (Vida de Samuel Johnson LL.D.)*, de James Boswell, foi publicada em 16 de maio de 1791, com imediato e enorme sucesso de vendas – antes de 1831 houve dez edições! O trabalho é tido por muitos como o marco inicial do que hoje chamamos de biografia, dada sua preocupação com novos métodos de se investigar uma vida, compreendendo forte relação de convivência biógrafo/biografado (com quase vinte anos de pesquisa e seis anos para ser escrito), um interesse em evitar o panegírico e um ideal de contar a "Verdade" (preocupação forte daquele momento), com a dramatização de diálogos a partir de documentação e inúmeras entrevistas com personagens variados.

Nos dois últimos séculos, intelectuais ingleses produziram muitas biografias e, para muitos deles, Boswell foi uma grande inspiração; como diz um de seus estudiosos, o literato inglês Richard Holmes, ele é o avô da biografia inglesa, e o "Prefácio" de sua obra pode ser considerado o "manifesto da biografia moderna".[8] T. Macaulay e T. Carlyle, historiadores de fala inglesa do século xix, elogiaram enormemente o trabalho feito por Boswell. Mas, ainda segundo Richard Holmes, seu grande verdadeiro herdeiro talvez tenha sido Lytton Stratchey, quem, com *Eminent Victorians* (*Eminentes Vitorianos* – trabalho constituído por quatro ensaios publicados em 1918), "pulou para sempre por cima da grande muralha da respeitabilidade"; a geração de Stratchey viu a "biografia literária", libertada das inibições vitorianas, tornar-se virtualmente um novo gênero. Desse gênero de biografia é parte inerente "a tensão inescapável, e o contínuo desvendar da clássica história de detetive: com a promessa psicológica de alguma espécie de ´revelação´ – não a solução de um crime, mas a resolução, pelo menos parcial, de um mistério humano".[9]

No amplo campo da Literatura, do romance à autobiografia, debateu-se a possibilidade de se escrever a vida de um indivíduo. O historiador italiano Giovanni Lévi (assim como analistas franceses) mostra o exemplo vanguardista do escritor inglês do século xviii Lawrence Sterne, que, em *Tristam Shandy,* seu romance clássico e paradigmático, tratou da extrema fragmentação de uma vida individual, dos diferentes tempos e seus retornos, do caráter contraditório, paradoxal mesmo dos pensamentos e da linguagem. Também no mesmo século, as *Confissões* do filósofo J.-J. Rousseau estabeleceram o diálogo na narrativa, como uma tentativa para restituir ao indivíduo sua forma complexa. Assim, surgiu um tipo de biografia apostrofado por alguns de "biografia romântica", que pretendia apresentar a totalidade do homem e de sua intimidade.[10]

Durante o século xix, a influência da Filosofia da História e do positivismo – este, a "ciência dos fatos sociais", preocupada com as instituições, trabalhando com objetos de estudo como meio, raça, nação, e não com a vida particular – levou à redução da importância do indivíduo na História. A então dominante História nacional personificava o percurso político pelos grandes homens e essas grandes figuras eram trabalhadas em geral também na literatura; encontram-se assim inúmeras biografias de heróis políticos ou militares produzidas nessa época. Mas o debate sobre o papel do indivíduo e da biografia, realizado nesse século, ainda se prolonga no debate atual; nos dias de hoje, para a historiadora italiana Sabina Loriga, as questões discutidas por historiadores como T. Carlyle, J. Burckhardt e H. Taine são as que perduram até o final do século xx.[11]

O literato francês Daniel Madelénat analisa as transformações sofridas pela biografia com base em três paradigmas:

> [...] a biografia "clássica", cujas normas qualitativas e quantitativas permanecem estáveis desde a Antiguidade até o século xviii (apesar de numerosas modificações internas ao paradigma); a biografia "romântica" (do final do século xviii ao início do xx); e a biografia moderna, filha do relativismo ético, da Psicanálise e das transformações epistemológicas da História. Essa tripartição não é uma periodização no sentido estrito, mas uma sucessão de tipos dominantes e valorizados: os paradigmas "ultrapassados" podem sobreviver em formas consagradas, esclerosadas.[12]

Michel Trebitsch, a partir de sugestões do escritor francês André Maurois e do já citado Madelénat, também aceita ver o amplo percurso da biografia sob três paradigmas: o clássico, o romântico e o moderno. Ao fazê-lo, elabora um esquema no qual compara como o sujeito da biografia é tratado, quais os procedimentos do autor, como este se coloca diante de seu objeto, de forma sucinta e ilustrativa.[13]

Em recente obra teórica sobre o tema, o historiador francês François Dosse sugere três fases no percurso da biografia: uma primeira que chama de "idade heroica", na qual a biografia transmitiria modelos, valores para as novas gerações; uma segunda fase, a da "biografia modal", em que a biografia do indivíduo teria valor somente para ilustrar o coletivo (a sociedade do biografado em tempos e em espaços diversos); e uma terceira e última fase, a atual, que chama de "idade hermenêutica", momento em que a biografia tornou-se terreno de experimentação para o historiador, aberto a várias influências disciplinares.[14]

O atual sucesso: um retorno?

> A História se cansa de ser sem rosto e sem sabor. Ela volta ao qualitativo e ao singular. E a biografia retoma seu lugar no meio dos gêneros históricos. Não renega, entretanto, os laços que sempre manteve com a moral e com o imaginário.[15]

Na década de 1980 falou-se de um "retorno" da biografia. No campo de estudo dos historiadores, o que é por vezes apresentado como retorno não é, a meu ver, verdadeiramente um retorno. Narrações de vidas lineares e factuais existem há tempos e creio que sempre (palavrinha terrível para se usar em História!) existirão, muitas delas com o escopo difícil de cobrir a história de uma vida "do berço ao túmulo", por meio de uma "cronologia ordenada na narração, uma personalidade coerente e estável; ações sem inércia e decisões sem incerteza".[16] Esse tipo tem tido e continuará tendo sucesso (embora tentando inutilmente abarcar toda a riqueza incomensurável de uma vida e dando uma visão simplificada e por isso mesmo falsificada de seu biografado).

Na verdade, a ideia de falar em retorno me parece algo bastante francês. O renomado biógrafo francês Jean Lacouture achava que o sucesso da biografia na França seguiu o sucesso no mundo da língua inglesa, pois lá a biografia gozava de maior aceitação pela História. Segundo o medievalista francês Jacques Le Goff, a pretendida "História total" – também ambicionada pelo marxismo e definida pelo historiador hispano-francês Pierre Villar não como aquela História que quisesse "dizer tudo sobre o todo, mas aquilo de que o todo depende" – procuraria dar conta de todas as relações humanas e, portanto, também da biografia.

O chamado retorno talvez em parte tenha-se insinuado mediante o conceito (vindo do senso comum) de "história de vida", a partir da década de 1970, utilizado pela Sociologia e pela Antropologia. Na França (país cuja forma de escrever a História marcou bastante os estudos históricos brasileiros), começaram a surgir, na década de 1980, ensaios e colóquios sobre biografia.[17]

A preocupação com uma renovação da História, expressa em coletânea dirigida por Jacques Le Goff e Pierre Nora na primeira metade da década de 1970, não contempla a biografia;[18] uma espécie de enciclopédia ou dicionário organizado por Jacques Le Goff, Roger Chartier e Jacques Revel, intitulado *La Nouvelle Histoire*, publicado em 1978, também não trata do tema da biografia.[19] Em 1986, o *Dictionnaire des Sciences Historiques*, porém, traz o verbete *histoire biographique* (*história biográfica*), assinado por Guy Chaussinand-Nogaret.[20]

Em 1988, Georges Duby, outro medievalista francês, ao produzir um balanço sobre as orientações da pesquisa histórica na França de 1950 a 1980, observa que não há na realidade uma "Nova História"; seus fundamentos são, até o fim da década de 1980, os mesmos que, em 1950, Lucien Febvre, em seu escritório da VI Seção da *École Pratique des Hautes Études*, saboreava como vitórias e objetivos do "grupo dos *Annales*". G. Duby fala especificamente dos desafios lançados pela interdisciplinaridade e conclui que "os historiadores não inventaram novos processos de leitura de seus documentos, mas emprestaram-nos de outras ciências pioneiras, como a Psicologia social, a Etnologia, a Linguística". Além disso, ao mostrar o que foi feito, G. Duby acha importante falar do que não o foi, que designa como *"zonas de sonolência"* e entre as quais coloca a biografia. Pondera ele:

> Eu poderia, por exemplo, deplorar que a biografia – para dizer a verdade, dentre os gêneros históricos, um dos mais difíceis – tenha sido, nesses últimos trinta anos, tão esquecida pelos historiadores profissionais – e isso infelizmente, já que o grande homem (ou o homem médio, que o acaso faz com que tenha falado muito ou se tenha falado muito dele) é, tanto quanto o acontecimento, revelador, por tudo que desperta como declarações, descrições e ilustrações, pelas ondas que seus gestos ou suas palavras põem em movimento ao seu redor.[21]

O mesmo Le Goff – nada preocupado com a biografia na década de 1970 – tem duas frases ilustrativas do dito retorno. Em 1989 afirmou: "[A biografia é] um complemento indispensável da análise das estruturas sociais e dos comportamentos coletivos".[22] Dez anos depois, em 1999, vai mais longe: "A biografia é o ápice do trabalho do historiador".[23]

Esse "retorno" – ou o atual grande interesse pela biografia – tem muitos pontos em comum com o também chamado pelos franceses de "retorno da História política", vindo ambos dentro da ampla renovação historiográfica que tem-se dado nas últimas décadas.[24] Dois eixos claramente imbricados podem explicar hoje esse interesse pelas biografias: os movimentos da sociedade e o desenvolvimento das disciplinas que estudam o homem em sociedade.

No primeiro eixo destaca-se um reforço enorme do individualismo, constatado por grande massa de autores das diversas áreas: cada vez mais o indivíduo tem seu espaço na sociedade e cada vez mais o homem se detém sobre ele mesmo. Também tem seu papel a discussão sobre a liberdade do indivíduo e sua relação com a sociedade, por intermédio da problemática das normas e dos valores, a partir das desilusões já muito discutidas da crise das utopias. Além desses fatos, a mídia hoje entretém grande fome de imagens e de testemunhos, enorme curiosidade sobre a vida das outras pessoas: quer-se "consumir a vida dos outros", próximos e longínquos (e até mesmo imaginários!).[25] O literato (suíço que vive na Inglaterra) Alain de Botton ressalta: "O *voyeurismo* das biografias tinha como pretexto a fama de seus sujeitos, quando, no fundo, o que existia poderia ter sido um desejo de bisbilhotar, ver alguém em pleno ato de administrar o negócio da vida".[26] T. Carlyle afirmara: "A natureza social do homem se evidencia, a despeito de tudo que se possa dizer, de maneira bastante evidente já num simples fato: o inexprimível deleite que o homem encontra na biografia".[27] Acho que o grande e recente *boom* da memória pode-se entender, nessa linha, em certa medida em reação às dificuldades atuais de identidade encontradas pelos indivíduos, ligadas à fluidez das relações modernas, causadas pela massificação, pela midiatização e pela chamada globalização.[28]

Em relação ao segundo eixo – mudanças nas disciplinas acadêmicas – começo por lembrar as já muito analisadas alterações nas formas de se escrever a História, derivadas das crises dos grandes paradigmas (marxismo e estruturalismo e, em particular, na França, do desprestígio da antes consagrada História quantitativa/serial). Percebem-se reações contra conceitos totalizantes como "classe" e "mentalidades", contra categorias predeterminadas (como "revolução") e um favorecimento da experiência. Próximo a isso, surgiu o interesse pelos "excluídos" ou os "vencidos" da história, como as ditas minorias sociológicas (negros, mulheres, homossexuais).[29] Teve seu papel também o já lembrado triunfo de um polimorfismo do homem vindo da Literatura: "Toda a Literatura contemporânea afirma a ausência de um sentido unitário para a vida, de um valor ao qual ligar a multiplicidade da experiência e descobre assim que todo homem é um arquipélago".[30] A Psicanálise contribuiu enormemente ao teorizar sobre essa fragmentação.[31]

Entre nós, meu próprio percurso profissional pode ilustrar alguns momentos do percurso da biografia. Em minha graduação em História, na segunda metade da década de 1950, fui formada na tradicional orientação de que são os homens importantes, as chamadas "grandes figuras", que fazem a história. Alguns anos mais tarde, na pós-graduação do início da década de 1970, eram as "classes" apontadas como os grandes sujeitos da história; alguns entre nós, marxistas fanáticos e desavisados, passavam-me a impressão de que, para eles, o verdadeiro sujeito da história seria um abstrato conceito de "modo de produção", em uma absurda "existência concreta". Eu, seja por "vício" de formação (ou por personalidade, pois sempre gostei muito de "gente"), seja pelo gosto muito marcado tanto pela História política como pelo tecido das relações humanas, fiz um mestrado em torno da imagem do líder político que mais marcara o país durante minha vida: Getulio Vargas.[32]

Convidada, no início da década de 1980, para fazer uma "séria e completa" biografia de Vargas, recusei peremptoriamente por mais de uma vez: "Getulio" (como sempre o chamávamos) suscitava-me pouca atração e eu percebia que sua enorme importância na política nacional me obrigaria a muitos anos de pesquisa somente a ele dedicados.[33] Nos cursos que ministrava e em outras atividades nas quais estava envolvida fui me interessando pelo problema do papel do indivíduo na história.[34] Examinei com os alunos a importância atribuída à figura de Vargas, que chegou a determinar periodizações de nossa História como os "Anos Vargas" e a "Era Vargas". Em um curso, ao ministrar uma unidade sobre as biografias de G. Vargas, comecei a me enfronhar no campo teórico sobre a temática, interessando-me cada vez mais em pensar o indivíduo, "a mais real das realidades", procurando recuperá-lo de "perdido" que estava entre "classes" ou "estruturas".[35]

Em 1994, o convite para prefaciar a publicação de um documento – um diário com aquarelas sobre a Revolução de 1932 – resultou na primeira vez em que tive de me enfronhar na vida de um personagem: o desconhecido capitão Alfredo Feijó, autor do diário, envolvido na guerra civil entre São Paulo e o restante do Brasil.[36] Esse primeiro esboço de biografia colocou-me diretamente diante da necessidade de pensar um indivíduo em sua trajetória, suas origens, sua personalidade e seu "contexto".

Acabei por me envolver definitivamente com a biografia, debruçando-me no debate teórico e me apaixonando pela tarefa de esmiuçar o percurso de uma vida. Na fase que atravesso e na tão falada atual crise de valores, que a vida, a existência (obviamente em suas condições dignas), parece-me o grande valor incontestável.

As dimensões atuais da biografia para o historiador

Alguém, naturalmente, poderia replicar que nunca tantas pessoas dedicaram tanto tempo às minúcias dos outros. Vidas de poetas e astronautas, generais e ministros, alpinistas e fabricantes, todas se estendem diante de nós, nas prateleiras das livrarias elegantes. Elas anunciam a era mítica profetizada por Andy Warhol, em que todos seriam famosos (isto é, biografados) por quinze minutos.[37]

É importante pensar na relação do historiador brasileiro com a biografia. Sempre brinco: *"todo mundo gosta de uma historinha bem contada"*.[38] Mas a seção de livros da revista *Veja*, em 26 de julho de 1995, mostrava que todos os livros de não ficção mais vendidos eram sobre história e nenhum escrito por historiador! Ao comentar a produção editorial mundial, afirmava: "Ao frenético ritmo de um lançamento a cada dois dias, as biografias só perdem para o segmento da autoajuda". Dez anos se passaram e a situação continua semelhante. Infelizmente, a quase totalidade das biografias no Brasil não é encomendada a ou escrita por historiadores, mas por jornalistas e outros intelectuais. Os historiadores parecem não se preocupar com essa situação, seja por considerar o grande peso da tarefa (como eu em relação a Vargas) ou por estarem presos a um esquema de publicações por demais acadêmico. Embora as biografias, no Brasil como em todo o mundo ocidental, tenham bastante sucesso e encham as vitrines de lojas e resenhas dos jornais (e ainda, por exemplo, a seção da internet da *amazon.com*), nós, historiadores, ainda passamos longe delas. Por outro lado, a maioria das biografias realizadas não parece satisfazer os historiadores, por oscilar entre uma idealização simplista do personagem e falsas polêmicas em torno de pessoas famosas, visando a uma grande vendagem; além disso, muitas se comprazem no anedótico, não no essencial.

Como se pesquisa a vida de um indivíduo? Por intermédio das "vozes" que nos chegam do passado, dos fragmentos de sua existência que ficaram registrados, ou seja, por meio das chamadas fontes documentais. Como "sem documentos não há História", os vestígios que encontramos em boa medida condicionam nossa ambição de investigação.

Há os mais diferentes tipos de biografia, desde um rápido (ou não) percurso da vida do biografado (às vezes, um político, um intelectual, um líder religioso, identificados em dicionários e enciclopédias no estilo mais tradicional, em geral em sequência cronológica, célebre, com datas importantes e indicando obras de apoio)[39] até o tipo mais ambicioso, como "um mergulho na alma" do biografado (em geral narrado sob forma temática). Podemos esquematizar de forma simples três tipos, segundo finalidade e grau de elaboração:

- o artigo de dicionário biográfico: um breve resumo da vida de uma pessoa pública, por vezes famosa;
- a monografia de circunstância: elogios fúnebres ou ligados a uma circunstância particular (breves, muitas vezes presentes na imprensa escrita);
- a biografia dita "científica" ou dita "literária": obras mais importantes, com preferência narrativa e finalidade histórica, que trabalham com documentação numerosa e variada. É sobre essa que estamos refletindo.

O grande estudioso francês da chamada "escrita de si", Phillippe Lejeune, aponta três categorias de biografias:

- a "biografia pura": aquela na qual o narrador não conheceu seu objeto de estudo e visa a dar uma imagem completa de sua existência a partir de documentos e testemunhos;
- o testemunho com pretensão de biografia: no qual o narrador conheceu ou conhece seu personagem; é um testemunho que poderá ser utilizado por um biógrafo para futura biografia, com apoio de documentos que possui, como a correspondência do biografado (ativa e/ou passiva);
- o testemunho puro: o narrador conhece o indivíduo e participou de momentos de sua vida; são em geral textos de filhos, amigos ou companheiros.

Giovanni Lévi faz uma tipologia sobre a grande diversidade de biografias. Esquematiza quatro tipos hoje existentes:

- prosopografia e biografia modal: sobre um caso modal, ou seja, aquele caso que ilustra formas típicas de comportamento de certo tempo e espaço;
- biografia e contexto: aquela que procura tornar a pessoa "normal", reconstituindo o meio em torno do indivíduo;
- biografia e casos extremos: é o personagem não representativo, singular para sua época; o exemplo mais claro e conhecido é o

personagem Menocchio, de *O queijo e os vermes*, do historiador italiano Carlo Guinzburg, um dos marcos iniciais da chamada *"micro-storia"* (micro-história) italiana;

❑ biografia e hermenêutica: ligada à Antropologia, não há preocupação em escrever uma biografia tipo tradicional: esse tipo de trabalho entre antropólogos é a alternância contínua de perguntas e respostas no seio de uma comunidade em torno da questão de uma vida particular – o que se torna significativo é o próprio ato interpretativo, o ato biográfico assumindo assim infinitos significados.[40]

O tipo mais completo de uma biografia seria aquele em que o biógrafo realiza um "mergulho na alma" de seu biografado, conseguindo penetrar no que veríamos como a intimidade da pessoa já desaparecida.[41] E como se daria esse penetrar? Basicamente **por meio dos documentos da "escrita de si"** ou de "produção de si", que podem nos revelar a intimidade do biografado.[42] Seriam esses:

❑ a memória ou a tradição oral familiar;

❑ memórias, autobiografias, ego-história, correspondência (ativa e passiva), diários;

❑ entrevistas na mídia (orais, escritas ou em filmes, vídeos);

❑ os chamados objetos da cultura material: fotos, objetos pessoais, a biblioteca etc., que alguns chamam de "teatro da memória".

A própria vida do biografado fornecerá pistas para outras fontes, como sua produção no campo da arte, da indústria, da política, da ciência etc.

Percebem-se também as relações da biografia com outras áreas do conhecimento. O laço mais antigo é com a Literatura. Esta trabalha com a multiplicidade de pessoas que cada um é, interessa-se por qualquer homem (o chamado homem comum) e não apenas pelo "grande personagem", trabalha de várias formas o papel do imaginado ou do vivido. Assim, a distância entre História e ficção literária é por vezes sutil.[43]

Com a Psicanálise, os laços desenvolveram-se em um sentido próximo ao da Literatura, pois essa forma de conhecimento da "alma humana" veio, como já apontado, aprofundar o estudo da – conhecida desde a cultura grega – divisão do indivíduo, o papel do inconsciente, a multiplicidade do ser humano.

Com a Sociologia e a Antropologia, os laços surgiram no reaparecimento da preocupação dessas disciplinas com a história de vida dos personagens.

Ao se ler sobre a biografia, percebe-se de imediato quantas áreas importantes da História se cruzam ou mesmo se confundem, quantos temas estão contidos ou próximos da biografia: a micro-história, os estudos de caso; a História oral, as histórias de vida; os trabalhos sobre vida cotidiana, sobre sensibilidade, sobre sociabilidade. Também a discussão sobre memória, sobre geração, sobre família, sobre gênero são de grande interesse para quem precisa entender uma vida individual.

A biografia, uma fonte para a História

> A História sem a biografia seria algo como uma pausa em que a gente não se relaxa, um alimento sem sabor, uma história de amor sem amor.[44]

No sentido do senso comum, a biografia é hoje certamente considerada uma fonte para se conhecer a História. A razão mais evidente para se ler uma biografia é saber sobre uma pessoa, mas também sobre a época, sobre a sociedade em que ela viveu.

Mas, de forma não tão evidente, a biografia tem sido considerada uma fonte de conhecimento do ser humano: não há nada melhor para se saber como é o ser humano do que se dar conta de sua grande variedade, em espaços e tempos diferentes.

Como escrever a história de uma vida, ou seja, como fazer uma biografia digna do nome

> A biografia histórica, hoje reabilitada, não tem por vocação esgotar o absoluto do 'eu' de um personagem, como já se quis e ainda se quer. [...] Ela é o melhor meio de mostrar os laços entre passado e presente, memória e projeto, indivíduo e sociedade e de experimentar o tempo como prova de vida. [...] A biografia é o local por excelência da condição humana em sua diversidade.[45]

Para se escrever a história de uma vida, primeiro, é preciso **aceitar tal desafio.**[46] Depois, **dispor-se ao tempo realmente necessário**: "A biografia é um casamento", pois é "de uma longa intimidade que nasce uma biografia".[47]

É necessário o que A. de Botton chama de "impulso biográfico", isto é, um **impulso para conhecer o outro** de modo pleno. Esse impulso posteriormente se alimenta da adrenalina das descobertas (pois, a meu ver, as descobertas em uma pesquisa estão para os historiadores como o poder está para os políticos – são um afrodisíaco!). Para alguns, escrever sobre uma vida é um exercício que se pratica melhor na velhice, depois de já se estar adiantado nesse percurso.

Pode-se, hoje, afirmar que não há regras ou métodos indiscutíveis para se escrever a história de uma vida, ou seja, para se produzir uma biografia. Mas pode-se afirmar, também, que os problemas enfrentados são semelhantes aos que precisamos encarar em qualquer trabalho de pesquisa histórica, acrescidos dos inerentes à observação específica da vida de um indivíduo; embora eu os coloque separadamente, para uma discussão mais didática, encontram-se bastante imbricados.

O que há de "verdade" na história dessa vida? ou há alguma "Verdade" nessa vida?

Como podemos captar o passado? Será que isso é possível? Quando eu era estudante de Medicina, para fazer uma brincadeira numa festa de final de ano, alguns colegas soltaram um porquinho coberto de sebo. Ele se enfiava entre nossas pernas, escapava a qualquer tentativa de ser agarrado e soltava gritos lancinantes. O Passado me parece muitas vezes se comportar como esse porquinho.[48]

É algo pacífico hoje, até para não profissionais, a inexistência de uma única "Verdade" (com maiúscula mesmo), pois muitos estão conscientes de que para cada fato pode haver – e há – mais de uma versão. Muitos dos historiadores – os de vanguarda ou de ponta? – passaram a acreditar que todo trabalho de História é uma "representação". Todos nós historiadores construímos representações sobre o passado: toda História é uma construção, resultante de quem a escreve, do seu tempo e espaço, marcado por instituições e grupos. Richard Holmes ressalta: "Fico fascinado pelas muitas formas através das quais uma 'história verdadeira' pode ser contada".[49]

Além desse aspecto mais amplo, ficou patente a impossibilidade de se "dominar a singularidade irredutível de uma vida". É impossível se esgotar o absoluto do "eu", seja na compreensão da própria vida, seja na daqueles que pesquisamos.

A preocupação atual é com o verossímil, com o que nos parece poder ser verdadeiro, o que é possível ou provável. Na exposição de um trabalho de pesquisa feito em História o fundamental é não enganar o leitor quanto ao que afirmamos. Pode-se, de maneira geral, fazer três tipos de colocações:

- ❑ afirmações seguras e comprovadas pelas fontes – como a maioria que se faz sobre eventos, datas etc. Quando, por exemplo, houver mais de uma data de algum fato, deve-se apresentar todas, indicando-se sempre as fontes; a exatidão não é uma qualidade do historiador, mas sua obrigação;[50]
- ❑ afirmações hipotéticas, suposições, a partir ddados incompletos;
- ❑ intuições: algo mais solto do que uma hipótese; surgem, em geral, das lacunas nos dados mais objetivos e levam o historiador a usar mais da sua própria experiência de vida e confiar em seu "faro".

Obviamente, se for um indivíduo famoso, temos de começar pelo **que já foi escrito** (ou trabalhado de outras formas) sobre ele e, por vezes, isso nos coloca diante de uma imagem já estabelecida, até mesmo marcante, para ser por nós revista.

Como se dá a relação sujeito-historiador/objeto da pesquisa-biografado?

> A biografia é uma troca humana, é o que chamei ´um aperto de mão através do tempo´. É um ato de solidariedade humana e, à sua própria maneira, um ato de reconhecimento e de amor. Talvez sua subjetividade romântica seja precisamente sua força. Confirma nossa necessidade de encontrar nosso ´self´ no outro, de não estarmos sempre sós.[51]

Variou bastante, ao longo dos séculos, a relação sujeito/objeto, ou seja, biógrafo/biografado. Michel Trebistch analisa biografias sobre Lord Byron, usando seu já citado esquema do percurso da biografia. A atitude dos biógrafos é por ele considerada de forma diversa em cada um dos três paradigmas: na "biografia clássica", o biógrafo é o juiz, emitindo valores e apreciações sobre o biografado; na "biografia romântica", ele é o observador imparcial e, na última, a "contemporânea", ele se apresenta implicado na relação biográfica.[52]

Não se acreditando mais em neutralidade em qualquer trabalho de historiador, essa relação tornou-se fundamental. Na década de 1980, Caio Graco Prado, na direção da Editora Brasiliense, então muito atento ao que se passava no mundo da edição, criou uma coleção de biografias que intitulou "Encanto Radical", título esse que chamava a atenção para a relação biógrafo/biografado de forma realista. Foi já muito apontada também a fascinação que, por vezes, o historiador – afinal uma pessoa como as outras – sente pelos documentos pessoais.

O biógrafo é um *voyeur*, um "arrombador" ou "linguarudo profissional" (como brinca a literata americana Janet Malcolm), "uma espécie de vagabundo permanentemente batendo na porta da cozinha para se convidar para o jantar" (como brinca também Richard Holmes).[53] "A biografia pode propiciar uma espécie de espelho ético, no qual podemos ver, com uma força súbita, a nós mesmos e nossas vidas sob diferentes ângulos".[54] Mesmo que o autor não deseje se expor em seu trabalho, ele o faz pois: "o processo biográfico se tornou um instrumento de definição moral e na análise há uma forma de dar sentido ao meu próprio mundo".[55]

O envolvimento pode ser tal que em um dos textos lidos, comentando essa relação, chega-se a questionar: "Quem biografa quem"?[56] Na verdade, **a maior objetividade possível é garantida pela prática estrita e séria do ofício do historiador**, com sua pesquisa de provas documentais e, sobretudo, pelo questionamento e pela contraposição da própria documentação.

Penso que as melhores biografias são aquelas em que o autor não só não se esconde, mas constrói a narração de certa forma acompanhando seu percurso de pesquisa. O já citado literato inglês Richard Holmes, que produz desde a década de 1980 deliciosos trabalhos sobre personagens literárias, procede dessa maneira, envolvendo-se com a interpretação, com a trama, com a pesquisa que faz; vai sempre visitar os lugares que estuda e descreve; no texto final, seus sentimentos na pesquisa (de entusiasmo, de decepção e de proximidade, entre outros) e o faz não de forma gratuita, mas enriquecendo a narração. Coloca-se como "biógrafo romântico" ou "biógrafo experimental".

Ainda no campo da Literatura, outro exemplo que me fascinou foi o da já mencionada Janet Malcolm, que trabalhou a polêmica em torno da poetisa Sylvia Plath. Ao pensar em fazer mais uma biografia da poetisa, ela acabou por estudar a "situação biográfica de Sylvia Plath, uma espécie de alegoria do problema da biografia em geral".[57] Seu trabalho é uma amostra perfeita das dificuldades, da tensão constante da relação do biógrafo com a família dos biografados, pois, em geral, nem sempre os familiares estão abertos ao diálogo, nem sempre permitem acesso às fontes ou concordam com as conclusões do biógrafo.

Como não cair em uma psicologização do personagem?

> Nós tentamos neste momento fazer em História algo de semelhante ao que vocês fazem no teatro, quero dizer, psicologia aplicada. Isso é bem mais difícil que a antiga História, bem mais difícil de ser feita pelo autor e bem mais difícil de ser compreendida pelo público. Mas, em suma, os mecanismos de ideias e sentimentos são a verdadeira causa das ações humanas, as argumentações políticas são secundárias. Por exemplo, neste momento, se eu conseguir construir o estado mental de um jacobino que me satisfaça, todo meu volume estará resolvido: mas é um trabalho diabólico.[58]

É preciso estar constantemente alerta contra um psicologismo simplificador. As dificuldades da Psicobiografia já foram mostradas como incontornáveis: era uma "pop-psicologia", um psicologismo simplista, em moda nas décadas 1960/70 (embora com método e finalidades diversas).

Procurando sintetizar, pode-se dizer que para os historiadores a Psicanálise foi fundamental ao evidenciar:

- ❑ a importância do inconsciente;
- ❑ os vários elementos na interpretação de um indivíduo, mostrando, dentro da unidade individual, sua divisão interna, sua multiplicidade;
- ❑ a impossibilidade de se esgotar a riqueza do "eu";
- ❑ a dificuldade de se atribuir racionalidade ao indivíduo;
- ❑ a importância de suas origens e de seus primeiros anos;
- ❑ a importância do detalhe; e finalmente
- ❑ a dificuldade para se provar todos esses aspectos e como podemos captá-los somente por formas muito indiretas.[59]

Além disso, a Psicanálise também ajudou os historiadores a compreender melhor a relação sujeito-objeto ao mostrar a importância da "dominância subjetiva": **aceitar a subjetividade** não quer dizer submeter-se a um subjetivismo, mas perceber e aceitar que, por trás do discurso historiográfico, há um sujeito que o produz.

Entender um indivíduo parece ser, por vezes, pensá-lo em relação ao que pode ser considerado "a normalidade"; mas esse não é um bom caminho. Não se deve procurar uma definição de normalidade para um homem de um grupo e de uma época determinados. Nessa mesma linha, o critério de racionalidade é perigoso: nós e nossos personagens não somos modelos de coerência, de continuidade em nossos procedimentos e vivemos em uma tensão entre o vivido e o imaginado, o desejado, entre razão e paixões (amores, medos etc.). Leis, normas e práticas existentes são constantemente desrespeitadas; a longa discussão nas ciências humanas entre o que seria "normal" e o que seria um "desvio" das práticas, dos padrões de comportamento nos encaminha para perceber que a discussão entre o que seria normal e patológico é muito complexa. Isso deve levar o biógrafo a caminhar lenta e cuidadosamente em conclusões desse tipo.[60]

Que fatos selecionar para a narração?

> O biógrafo sabe que ele jamais chegará ao final de seu trabalho, qualquer que seja o número de fontes documentais que consiga exumar. Novas pistas se abrem e ele se arrisca a nessas se enredar.[61]

Uma das mais completas biografias recentes é a do medievalista Jacques Le Goff. Seu *São Luís* – um trabalho volumoso, temático – é o resultado da dedicação de toda uma vida acadêmica à história medieval.[62] Com relação a essa obra, J. Le Goff afirma que seu desejo era fazer uma "biografia total", afirmação que me parece ligar seu trabalho à "história total", então em voga na França, a qual seria, a meu ver, uma forma de dizer que tudo sobre uma vida pode ser interessante.

Ao narrar os acontecimentos de uma vida, seja em um verbete para uma enciclopédia, seja em uma biografia do tipo "mergulho na alma", os fatos passam por uma seleção permanente, pois não há outra forma para narrar uma vida a não ser **selecionando o que nos parecer significativo**. Essa escolha (que um teórico chamou de "faxina", pois é o descarte de um "lixo" indesejado) já é uma certa forma de interpretação, ou seja, uma atribuição de sentido.

Embora essa seleção não seja evidente, algumas dessas escolhas parecem ser mais fáceis: sobre fatos importantes, como nascimento, origem social e familiar em geral não pairam dúvidas; também, conforme a vida do personagem, não é difícil escolher os fatos relevantes (se for um político, um escritor etc.). Muitas vezes, o biógrafo opta por analisar apenas um ou alguns dos períodos para ele mais significativos, ou ainda as encruzilhadas decisórias.

Os acontecimentos que podem ser vistos como menores na vida de um indivíduo são mais difíceis de ser selecionados: que detalhe enriquece a interpretação? Qual é meramente anedótico? O que pode ser visto como simbólico? O que é aleatório? Uma vida individual imbrica-se com os grandes acontecimentos de sua época, e a presença de todo o tipo de fatos (políticos, econômicos, culturais etc.) é percebida na vida da pessoa; esses só devem entrar na narração do historiador biógrafo se marcaram essa vida. E ainda uma colocação importante: quando começa a nossa história? Nas origens familiares, no nascimento do biografado? E pode a morte ser considerada o final? José Luiz Borges disse: "Um homem não está verdadeiramente morto a não ser quando morra o último homem que ele conheceu".[63] A memória familiar pode (ou não?) ser fundamental; quanto à memória que faz parte do domínio público, não há dúvida sobre sua importância para o trabalho do historiador.

Não se pode ter a pretensão de esclarecer o mistério de uma vida somente a partir de fatos e de achados concretos; é significativo não só o que se encontrou documentado, mas as incertezas intuídas, as possibilidades perdidas etc. A sensibilidade e a intuição do historiador são muito importantes a fim de **aproveitar ausências e vazios** com os quais ele depara em seu trabalho de pesquisa para também interpretá-los.

Acredito na importância da cronologia – na importância da ordenação dos fatos –para o historiador e, posteriormente, para o leitor. Para uma compreensão inicial é sempre preciso ordenar os acontecimentos no tempo. Uma tábua cronológica deve ser feita por princípio (seu emprego na narração final, total ou em parte, será uma decisão posterior); **esquemas cronológicos, de parentescos e árvores genealógicas** também ajudam na ordenação e na compreensão dos fatos de uma vida.

Qual a relação indivíduo/contexto?
Como estabelecer os laços indivíduo/sociedade?

É através de se mostrar ao indivíduo como particular e fragmentado, ou seja, através dos diferentes movimentos individuais que se pode desmantelar as aparentes homogeneidades (por exemplo, a instituição, a comunidade ou o grupo social) e revelar os conflitos que presidiram a formação e a edificação das práticas culturais: penso nas inércias e nas ineficácias da normatividade, mas também nas incoerências que existem entre as diversas normas, e na maneira pela qual os indivíduos – façam eles ou não história – modelam e modificam as relações de poder.[64]

Esse ponto teórico é, a meu ver, o mais complicado dos vários enunciados: essa relação fica sempre em aberto para cada vida. O ser humano existe somente dentro de uma rede de relações. Assim, algumas coordenadas devem ser levadas em conta pelo pesquisador: deve-se **atentar para os condicionamentos sociais** do biografado, o grupo ou grupos em que atuava, enfim, todas as redes de relações pessoais que constituíam seu dia a dia.

Essas questões nos levam à avaliação do caráter intersticial de liberdade de que dispõem os indivíduos.[65] Parece existir sempre uma dose de indeterminação. Penso nas normas e nas práticas da família e dos grupos nos quais o biografado nasceu, cresceu e viveu (é óbvio que sua variação é quase infinita). É preciso se refletir nas margens de liberdade que cada um possui; as margens não são aferíveis, não são mensuráveis. O grave problema da necessidade ou do determinismo *versus* o fluxo caótico e aleatório da vida nunca está claro em cada vida. Qual é nosso verdadeiro grau de liberdade, de escolha? Conforme fui envelhecendo, esse foi me parecendo cada vez menor. Não aceito uma posição religiosa, tanto para acreditar na fatalidade, em "um destino" que regeria cada vida, quanto para acreditar no famoso "livre-arbítrio", ou seja, a pessoa agiria livremente para tomar suas próprias decisões. Perceber as razões das escolhas feitas em nossa própria vida já não é fácil, imagine na dos outros! Advirto novamente, como na questão de uma "normalidade" ou "desvio" já mencionada, que o historiador evite conclusões apressadas ou rígidas.

É a diversidade de tipos individuais que quebra a ideia de determinação e de necessidade, de unidade de certo grupo social. Não há um tipo de comportamento "normal", conforme já alertamos, um padrão para quem faz parte de um tipo de grupo social, em determinado momento. Mas, como dizem os franceses, *l'air du temps* marca as pessoas;[66] os indivíduos de um mesmo grupo social apresentam lances de vida parecidos (de maior e de menor porte), e uma reflexão sobre o grupo pode iluminar a compreensão do biografado. Há na bibliografia a discussão se o biografado é ou não representativo de um grupo social, de um momento, ou seja, se ele é um caso modal (aquele caso que ilustra formas típicas de comportamento): se o biografado for pensado como um indivíduo representativo, estamos aceitando, no limite, uma reflexão sobre a possibilidade de uma generalização. Trata-se do sério problema do geral e do particular, que não se resolverá por uma fórmula, mas por uma procura lenta e cuidadosa de afirmações sobre cada vida.

Outra questão que se coloca é de como **organizar esse problema na narração**: a relação do biografado com o "contexto", no dizer de muitos. Será que essa questão se resolveria se pensássemos a biografia como um *curriculum vitae*, recheada com fatias de contexto? Sabina Loriga alerta contra esse perigo: a narração corre o risco de parecer um sanduíche, pois teria uma parte (fatia) de contexto, depois uma parte (fatia) da vida individual, depois outra parte (fatia) de contexto, e assim por diante. É preciso também estar atento para não "enraizar" o indivíduo em seu meio social, em seu tempo; é preciso vê-lo em movimento. Dito de outra forma, o contexto histórico não pode ser um cenário descrito no primeiro capítulo e do qual depois o autor distinguirá a silhueta do biografado. Como já foi dito de início, não há métodos canônicos para se escrever uma biografia e cada biógrafo vai ter de estar atento aos princípios que enunciamos, para encontrar finalmente o que considerar boas soluções.

Para tal, deve procurar conhecer a sociedade, o tempo em que viveu seu biografado mediante obras de História e de Literatura; deve também se familiarizar com os temas que fazem parte da vida sobre a qual se debruça (por exemplo, se a biografada é uma líder feminista, é preciso conhecer bem esse tema para se compreender sua militância).

Como pensar e narrar o(s) tempo(s) de uma vida?

> Mas a experiência da vida, que a vida faz dela mesma, de nós mesmos enquanto a vivemos, é algo de ativo. E é algo no presente, necessariamente. Ou seja, ela se alimenta do passado para se projetar no futuro.[67]

Ser um "profeta do passado" é uma acusação recorrente lançada ao historiador. Em qualquer trabalho de História, como se sabe como tudo acabou, há o perigo de se apresentar uma visão retrospectiva, "um percurso orientado". Percebe-se isso em uma biografia quando o autor afirma que o biografado teve um "destino incontornável", uma "vocação irresistível". Em meados da década de 1980, o sociólogo francês Pierre Bourdieu fez duras críticas, hoje clássicas, à "ilusão biográfica" da maior parte das narrações de vidas, que identifica na linearidade com que é descrito, de forma geral, o percurso de uma vida.[68] **O perigo de uma falsificação por meio desse finalismo** tem de estar bem claro desde o início da pesquisa: é preciso tomar cuidado para não mostrar que a vida se encaminhava para o final que teve, que tudo que aconteceu foi para levar a pessoa àquele papel na história, àquele final de vida

Em nosso dia a dia, ao tomarmos uma decisão, pautamo-nos pelo que sabemos naquele momento, pelas possibilidades concretas que então se apresentam. Os atos decisórios se dão no coração e na mente, em um cruzamento dos tempos passado – presente – futuro bastante imbricados. Infelizmente, a maioria das vezes não ficam documentados os comos e os porquês das decisões do biografado; poucas vezes pode-se acompanhar os desafios decisórios, em **momentos de conflito, as hesitações e dúvidas**. Mas é preciso ter sempre em mente que esses existiram.

O mais sério desafio do historiador ao narrar uma vida é trabalhar, ao mesmo tempo, com a cronologia linear (que parece ter uma única direção) e com o percurso de vida que não é linear. Como trabalhar com o contínuo e o descontínuo, como **pensar as diferentes temporalidades**? Como apreender o tão comentado "fluxo caótico e aleatório" da vida? Como conseguir "um relato impressionista [...] que se recusa a pôr ordem na desordem da vida", conforme Sérgio Buarque de Holanda escreve em prefácio para a autobiografia de Yolanda Penteado?[69]

Uma cronologia linear realmente existe em nossas vidas (nasci, fui crescendo etc. e, cotidianamente, acordo, me visto, me alimento etc.), mas também há um embaralhar contínuo e constante em nossa mente, pois enquanto me lavo no chuveiro, lembro-me de minha infância, de ontem à noite, penso no que farei daqui a pouco, temo pelo que pode me acontecer daqui a seis meses. No plano do senso comum, o cinema nos levou a compreender isso mais facilmente, ao tratar a temporalidade como ela é, não linear, não definitiva, mostrando-a por meio de uma fragmentação de *flashbacks*, simultaneidade de imagens, imagens que se cruzam etc.

Como trabalhar com isso? Formas variadas têm sido bem-sucedidas para enfrentar essa problemática. Embora a maioria das biografias siga o tradicional percurso cronológico, alguns autores inovam. Muitos trabalham no que chamamos de corte temático, ou seja, uma vida organizada a partir de seus diferentes aspectos e não de seu desenvolvimento temporal. Outros propõem um método progressivo-regressivo, cheio de *flashbacks*, ou seja, alternando na narração as temporalidades de uma vida; alguns poucos propõem até algo aparentemente sem lógica histórica, escolhendo narrar por itens alfabeticamente organizados da vida do personagem.[70] Uma forma que me parece bem instigante é organizar a narração seguindo os passos da pesquisa ou pelo menos mencionar o percurso realizado na pesquisa, ou seus momentos, nem que seja de forma intermitente, ao longo da narração. Essa maneira de expor deixa bem evidente como se constrói o trabalho do historiador e bem clara a presença e a forma de ser do sujeito que a construiu.

Há sentido(s) nessa vida?

> A biografia pode ser comparada a um livro em que um estranho faz seus rabiscos. Depois que morremos, nossa história passa às mãos de desconhecidos. O biógrafo não se vê como alguém que toma essa vida emprestada. Mas como seu novo proprietário, com o direito de escrever e sublinhar onde quiser.[71]

Como em qualquer trabalho de História, a vida do biografado terá o sentido que o historiador lhe conferir. Como diz Alain de Botton, "nosso passatempo mais ubíquo, porém complexo (é) o de compreender pessoas"; os problemas de interpretação de uma vida são riquíssimos, pois nos defrontam com tudo o que constitui nossa própria vida e as daqueles que nos cercam. Em um círculo vicioso, exigem de nós autoconhecimento e preocupação com a compreensão dos outros seres humanos; mas, ao mesmo tempo, podem acabar por reforçar em nós tudo isso.

Não se deve, conforme já salientado, interpretar uma vida buscando-se uma unidade, uma racionalidade, uma linearidade. Ao se procurar entender e explicar a vida de uma pessoa, deve-se ficar atento a todos os seus aspectos, e não a um só deles, pois em uma vida todos esses se entrelaçam. Mais dois perigos devem ser evitados: querer fazer do personagem uma "revelação da essência da humanidade",[72] ou, em vez de descrever uma vida, procurar reconstituir um "projeto existencial", reduzindo essa vida a essa fórmula, a um projeto que se realizou ou não.[73]

Concluindo: o leitor e a biografia

> A biografia gerencia uma parte da memória, liofiliza o passado em módulos prontos para serem consumidos, irriga docemente hoje os encantos dos tempos de outrora.[74]

Já apontei o que vejo como prazer do historiador: é o prazer do detetive, por meio das sucessivas descobertas. E o prazer do leitor? Não basta o historiador ser um ótimo pesquisador. A fruição que o leitor encontra na descoberta de uma época e na descoberta de como determinado personagem por essa transitou depende, em boa medida, da qualidade do historiador como narrador. Pesquisar e compreender são os passos iniciais; **narrar bem**, de forma envolvente, é o final.

Em entrevista dada ao brasilianista Richard Graham no início da década de 1980, o eminente historiador brasileiro Sérgio Buarque de Holanda, perguntado sobre que conselho desejaria dar aos "historiadores mais jovens", deixou-nos este recado:

> O que consegui fazer, mal ou bem, não me veio como dádiva milagrosa. Veio como uma conquista gradual sobre uma fraqueza minha [...] falava e escrevia como se fosse só para mim mesmo, sem consciência da pessoa a quem me dirigia ou de um eventual leitor. [...] Só lentamente cheguei a ter ideia da necessidade de moldar minha linguagem e de dar-lhe forma cuidadosamente. Tentei fazê-la precisa e expressiva mais do que bonita. Procurei a palavra correta, não a floreada – ou frondosa, mas a exata e incisiva. Algumas vezes isso exigiu procura longa e cuidadosa, e eu tinha que estar vigilante e atento para eliminar a inútil decoração e a redundância. Você deve ser conciso, se não por outra razão, somente porque, de outro modo, o leitor pode cansar-se de você. [...] Creio que foi Lucien Febvre quem disse que "o perfeito historiador deve ser um grande escritor". Nenhum historiador sensível pode afirmar ter sido bem sucedido, mas nenhum historiador pode fugir de tentar.[75]

Um historiador não pode contentar-se, portanto, em simplesmente "colocar os leitores diante de uma mesa de trabalho muito bem arrumada".[76]

Transformar a pesquisa em ato de comunicação – em geral um texto escrito – supõe indubitavelmente certa arte e, nesse momento, precisamos nos aproximar dos literatos. Desde a Grécia antiga tem sido sublinhada a importância de bem se redigir um trabalho literário, e o que isso representa de investimento temporal, o que exige de esforço e persistência. Eu, desde meu mestrado, tenho uma folha, hoje velhinha, sujinha, em cima de minha mesa de trabalho, na qual está escrito: "A pressa é a inimiga do trabalho intelectual". Uma linha de advertência nesse sentido, bem antiga, passa pela *Arte poética* do poeta latino Horácio e, muitos séculos mais tarde, no século XVII, por outra *Arte poética*, escrita pelo francês Nicolas de Boileau.[77] O computador, com suas facilidades técnicas, veio encurtar o tempo material da redação de um trabalho, mas não seu tempo de gestação.

Se escrever bem é notoriamente uma tarefa dura que exige muito treinamento, perceber que o historiador é um bom narrador é uma tarefa simples, quase imediata. Por outro lado, julgar o mérito da pesquisa feita é algo bem mais complicado para o leitor. J. Malcolm afirma:

> Existe uma insegurança epistemológica [que] assola a todo momento e em toda parte o leitor de biografias e autobiografias (bem como de História e Jornalismo). Numa obra de não ficção, nunca ficamos conhecendo a verdade do que aconteceu [...] na criação ficcional, o escritor faz um relato fiel do que ocorre em sua imaginação [...]. Devemos sempre aceitar a palavra do romancista, do dramaturgo e do poeta, assim como podemos quase sempre duvidar da palavra do biógrafo, do autobiógrafo, do historiador ou do jornalista.[78]

Como enfrentar esse problema? O bom biógrafo, como todo bom historiador, apresenta suas fontes, suas "provas diante do tribunal da História", como disse o historiador inglês E. P. Thompson; mas o leitor não pode chegar ao extremo de verificar a fidelidade da pesquisa, pois isso implicaria refazê-la. Creio que uma das formas de aferir o valor histórico da biografia é aquilatar o respeito demonstrado pelo autor aos pontos teórico-metodológicos aqui levantados.

Não prescrevi uma receita para se escrever uma biografia; mas apresentei pontos de reflexão para se fazer esse trabalho de forma a torná-lo verdadeiramente um trabalho de História e, ao mesmo tempo, atraente para os leitores. Da mesma forma, não sugiro uma outra receita, mas pontos pelos quais se pode avaliar a construção de uma biografia.

DICAS

- ❏ Conhecer o debate historiográfico a respeito da biografia e sua relação com os historiadores.
- ❏ Localizar seu projeto de pesquisa nesse debate.
- ❏ Dispor de tempo para uma longa e exaustiva pesquisa.
- ❏ Reconhecer o "impulso biográfico".
- ❏ Levantar e estudar as fontes documentais (incluindo os relativos à "escrita de si").
- ❏ Estudar e analisar o que já foi escrito antes sobre o indivíduo biografado e procurar formar uma opinião a respeito a partir de sua própria pesquisa.
- ❏ Ao fazer afirmações, preocupar-se com a verossimilhança na história de vida relatada e deixar claro o que são as aferições seguras e comprovadas, as afirmações hipotéticas e as afirmações baseadas na intuição do pesquisador.
- ❏ Ter em mente e procurar registrar os diversos aspectos da relação: sujeito da pesquisa (historiador)-objeto da pesquisa (biografado).
- ❏ Buscar a objetividade – tão cara à História – com um levantamento consistente de provas documentais e com o questionamento e a contraposição da documentação obtida.
- ❏ Aceitar e destacar a subjetividade evitando o psicologismo.
- ❏ Estabelecer critérios e selecionar fatos significativos para a narração.
- ❏ Aproveitar também as ausências e vazios existentes na documentação.
- ❏ Estabelecer uma cronologia, um esquema de parentesco, uma árvore genealógica e outros instrumentos necessários à melhor compreensão da vida do biografado.
- ❏ Atentar para os condicionamentos sociais do biografado.
- ❏ Definir como o contexto social será apresentado na narrativa biográfica.
- ❏ Evitar finalismos, buscando as possibilidades com as quais o biografado pode ter se defrontado.
- ❏ Trabalhar com as diferentes temporalidades.
- ❏ Desenvolver uma narrativa atraente e de qualidade em termos historiográficos e literários.

Notas

* Dedico este artigo a Cecília Correa de Toledo, com quem descobri tanto (ou alguma coisa?) sobre mim mesma e sobre a vida. Agradeço as indicações de leituras de Christina R. Lopreato e de Mariza Correa e as leituras feitas por Modesto Florenzano, Omar Saad e Ilka Stern Cohen.

[1] Alain de Botton, Nos mínimos detalhes, Rio de Janeiro, Rocco, 2000.

[2] Antonio Houaiss, Dicionário Houaiss de Língua Portuguesa, Rio de Janeiro, Objetiva, 2001.

[3] Dictionnaire Grand Robert de la Langue Française, Paris, Le Robert, verbete: "Biographie"; e Albert Dauzat, Dictionnaire Etymologique, Paris, Larousse, 1938.

[4] Outros propõem-nos usar o termo "ensaios biográficos". Por exemplo: Christine Plante, "Femmes Excepitionnelles: Des exceptions pour quelle règle", em Les Cahiers du grif, Paris, Éditions Tierce Trimestriel, Printemps, n. 37/38, 1988.

[5] Um bom exemplo é Suely Kofes, Uma trajetória em narrativas, Campinas, Mercado das Letras, 2001.

[6] Dois exemplos bastante conhecidos: "Vidas paralelas", de Plutarco, e "Vida dos 12 Césares", de Suetônio.

[7] Como a famosa "Oração fúnebre para o príncipe de Conde", por Bossuet.

[8] Richard Holmes, Sidetracks: explorations of a romantic biographer, New York, Pantheon Books, 2000, p. 372.

[9] Para o conhecimento dos duzentos anos de percurso da biografia na Inglaterra após o trabalho de Boswell, pode-se ler Richard Holmes "Boswelll´s Bicentenary", em Richard Holmes, op. cit.

[10] Giovanni Lévi, "Usos da biografia", em Marieta de M. Ferreira e Janaína Amado, Usos e abusos da História Oral, Rio de Janeiro, FGV, 1996 (original 1986).

[11] Sabina Loriga, "La biographie comme problème", em Jacques Revel (dir.), Jeux d´échelles: de la micro-analyse à l´expérience, Paris, Seuil/Gallimard, 1996.

[12] Daniel Madelénat, La biographie, Paris, PUF, 1984. A maioria das citações foi por mim traduzida.

[13] Michel Trebitsch, "Post-Scriptum au Colloque: Les folies de Byron", em Problèmes et Métodes da la Biographie: Actes du Colloque Sorbonne, Paris, Publications de la Sorbonne, 3 a 4 mai. 1985, p. 207.

[14] François Dosse, Le pari biographique: écrire une vie, Paris, La Découverte, 2005.

[15] Bernard Guénée, Entre l'Église et l'État. Quatre vies de prélats français à la fin du Moyen Age, 1987

[16] Giovanni Lévi, op.cit.

[17] Hoje praticamente todas as editoras francesas têm sua coleção de biografias.

[18] Jacques Le Goff; Pierre Nora, Faire de l´histoire, Rio de Janeiro, Francisco Alves, 1995.

[19] Jacques Le Goff (dir.), La Nouvelle Histoire, Paris, Retz, 1978.

[20] André Burguière, Dicionário das ciências históricas, Rio de Janeiro, Imago, 1993. (original de 1986).

[21] Georges Duby, Idade Média: idade dos homens, São Paulo, Companhia das Letras, 1989.

[22] Jacques Le Goff, Revue Le Débat, n. 54, 1989.

[23] Jornal Libération, 7.10.1999. O prolixo historiador, em entrevista ao Jornal do Brasil, em 19 de maio de 2001, diz, em aparente paradoxo: "Nem meu São Luís, nem meu São Francisco de Assis são, na verdade, biografias. São Luís é a tentativa de contar, mostrar e explicar tudo que podemos saber sobre um personagem enquanto indivíduo. É um ensaio sobre o indivíduo no século XIII". Ele queria, suponho, desvincular seus trabalhos da imagem tradicional de biografia.

[24] Vavy Pacheco Borges, "História e Política: laços permanentes", Revista Brasileira de História: Política e Cultura, n. 23/24, ANPUH/Marco Zero/SCT/CNPq/Finep.

[25] Georges Balandier, "Prefácio", Franco Ferrarotti, Histoire et histoires de vie: La méthode biographique dans les sciences sociales, Paris, Méridiens Kliencksieck, 1990. Quanto aos personagens imaginários, refiro-me às constantes discussões sobre comportamento que se dão nos diversos estratos da sociedade brasileira a partir das novelas televisivas.

[26] Alain De Botton, op. cit., p. 18.

[27] Annie Oliver, Le biographique, Paris, Hatier, 2001, p. 109.

[28] Claudine Haroche, em artigo recente, indica inúmeros autores que refletem sobre essa temática: Claudine Haroche, "Maneiras de ser, maneiras de sentir do indivíduo hipermoderno", Agora, Estudos em Teoria Psicanalítica, vol. VII, n. 2, jul./dez. 2004.

[29] Como um subproduto do marxismo e do estruturalismo, uma "classe operária" ou os trabalhadores foram vistos como "vencidos" na construção do então chamado "socialismo real".

[30] Sabina Loriga, op. cit., p. 226.

[31] Phillipe Lévillain, "Les Protagonistes: de la biographie", em René Rémond, Pour une Histoire Politique, Paris, Seuil, 1988. (Tradução: Por uma história política, Rio de Janeiro, FGV, 2003.). Esse autor fala ainda de um individualismo em áreas como economia, direito, sociologia, que, segundo ele, explicam os fenômenos coletivos sobretudo pelos comportamentos e estratégias individuais.

[32] Vavy Pacheco Borges, Getúlio Vargas e a oligarquia paulista, São Paulo, Brasiliense, 1979. Trabalhei com a imagem de Vargas vista pela imprensa paulistana, analisando as relações dos políticos paulistas com Vargas no cenário político nacional.

[33] Convite feito por Caio Graco Grado, da Editora Brasiliense, na década de 1980.

[34] Em minha docência em história medieval, meu prazer em pensar os personagens se deu inicialmente com a utilização do Medieval People, de Eileen Power. Essa obra, datada de 1924, recupera, por meio de documentos de época, muita imaginação e arte narrativa, flashes de vidas de personagens desde o século III d.C., como um tal Bodo, um camponês do Império de Carlos Magno, o viajante Marco Polo ou uma dona de casa na Paris do séc. XIV, entre outros. Muito me entusiasmaram então biografias inovadoras, como a bela Eleanor de Aquitânia, de Marion Meade, apresentada por Hilário Franco Jr. como "uma síntese – com certos traços acentuados – do século XII" e a joia que é Guilherme, o Marechal, de Georges Duby.

[35] Os primeiros autores, lidos ainda no original, foram Philippe Lévillain e Guy Chaussinand Nogaret.

[36] Vavy Pacheco Borges, Memória paulista, São Paulo, Edusp, 1997.

[37] Alain de Botton, op. cit.

[38] Em 1999, uma professora da rede pública carioca, ao ouvir minha comunicação sobre o tema da biografia em Congresso da Anpuh em Florianópolis, declarou que sua experiência indica um enorme interesse dos alunos dos Ensinos Fundamental e Médio por vidas, biografias, pois "leem o livro todo" com interesse.

[39] Sabina Loriga conta-nos que Havelock Ellis afirmou que o Dictionary of National Biography está povoado de personagens "sem arestas, decorativos, convencionais, bem arrumadinhos e sobretudo cuidadosamente amputados da cintura para baixo": Sabina Loriga, op. cit., p. 227.

[40] Giovanni Lévi, op. cit.

[41] No *Dicionário Houaiss da língua portuguesa* encontramos dezesseis sentidos para a palavra "íntimo", entre os quais: 1 - relativo ao que constitui a essência, o cerne de algo; 2 - que tem origem ou que existe no âmago da pessoa; 3 - que diz respeito ao que se passa nos recônditos da mente, do espírito; 4 - que trata de assuntos extremamente pessoais e confidenciais; particular, privado; 5 - o que há de mais profundo e interior em alguma coisa; âmago; 6 - o fundo da alma, da mente, o âmago, o mais secreto. A etimologia latina: "intimus" = o mais afastado.

[42] Ângela de C. Gomes (org.), Escrita de si, escrita da história, Rio de Janeiro, FGV, 2004.

[43] Um ótimo exemplo de trabalho com vidas entre o real e o imaginário é Modesto Carone, Resumo de Ana, São Paulo, Companhia das Letras, 1998.

[44] Victor Albjerg, History through biographical lenses, 1947.

[45] P. Levillain, op. cit.

[46] O recente livro publicado na França por François Dosse, já citado, se intitula exatamente Le pari biographique: écrire une vie.

[47] Jean Orieux, "A arte do biógrafo", em Georges Duby, et al., História e Nova História, Campinas, Unicamp, pp. 35 e 39. Em razão disso, muito me surpreendi ao ler a apresentação que Antonio Bivar faz de sua biografia de Yolanda Penteado. Conta que foi convidado a fazer rapidamente a biografia, para que fosse publicada com a minissérie "Um só coração", exibida pela TV Globo em finais de 2003 e início de 2004, na qual Yolanda era a personagem central. Ele se orgulha de ter feito o trabalho em três meses! Na verdade, sua biografia não se preocupa em ser um trabalho de pesquisa histórica, pois usa em boa parte a autobiografia de Yolanda Penteado, à qual ele ajunta outras informações e reflexões de forma superficial, caindo em uma psicologização indevida de sua personagem. (Antonio Bivar, Yolanda, São Paulo, A Girafa, 2004).

[48] Julian Barnes, Le Perroquet de Flaubert, Paris, Stock, 1985.

[49] Richard Holmes, op. cit., Prologue, p. XI, 2000.

[50] Maurice Aguilhon, em pequeno artigo, contribuição em um colóquio da época, insistiu na importância da "noção lógica e moral de verdade histórica'" e precisou sua aplicação. Para ele, é em relação à História chamada "evénementielle" - aquela que trata dos fatos, dos acontecimentos - que se aplica esta noção. Para conclusões mais amplas, afirma que é um consensus geral que acaba por firmar sua veracidade, o que se realiza de forma lenta, através de vários trabalhos. Ver Maurice Aguilhon, "Quelques réfléxions sur le vrai et le faux" em Gilbert Gadoffre, Certitudes et incertitudes de l'histoire, Paris, PUF, 1987.

[51] Richard Holmes, op. cit.

[52] Michel Trebitsch, op. cit.

[53] Richard Holmes, Footsteps, Adventures of a romantic biographer, New York, Vintage Books, 1985, p. 144.

[54] Richard Holmes, op. cit., 2000, p. 377.

[55] Richard Holmes, op. cit., 1985, p. 83.

[56] Annie Oliver, op. cit., p. 96.

[57] Janet Malcolm, A mulher calada: Ted Hughes e os limites da biografia, São Paulo, Companhia das Letras, 1994, p. 36.

[58] Hypolyte Taine, Pages Choisis, 1909.

[59] Na crítica à visão de uma evolução linear, não se pode explicar o adulto pela criança, embora a importância das origens e do começo da vida para a compreensão do que ocorre depois seja algo já assimilado nesta sociedade de um século pós-Freud. As conversas do dia a dia de pessoas, até de nível cultural simples, estão cheias de comentários ligados à psicanálise, como "Como estou frustrado!", "Fulano é tão complexado!", "Isso me deu o maior trauma" etc. Apanhado atual do tema é o artigo de Anne Levallois, "Psychanalyse et Histoire: le règne épémère de la psychohistoire et l'avènement de la biographie historique em France", em Diane Le Boeuf et al., Construire l'histoire, Monographies de la Revue Française de Psychanalyse, Paris, PUF, Juin 1998. Também Saul Friedlaender, Histoire et psychanalyse: essais sur les possibilités et les limites de la psychohistoire, Paris, Seuil, 1975; Jacques Szaluta, La psycohistoire, Collection Que sais-je, Paris, PUF, 1987; e Peter Gay, Freud para historiadores, Rio de Janeiro, Paz e Terra, 1989 (original de 1985).

[60] Repito muito uma frase (que aprendi com o compositor brasileiro Caetano Veloso): "De perto ninguém é normal".

[61] François Dosse, op. cit.

[62] Jacques Le Goff, São Luís: biografia, Rio de Janeiro, Record, 1999.

[63] Reproduzido por Jacques Le Goff, no "Prefácio" de seu São Luís, op. cit.

[64] Sabina Loriga, op. cit.

[65] Esse problema é bastante discutido na maioria dos textos lidos. No campo do pensamento político: Isaiah Berlin, Quatro ensaios sobre a liberdade, Brasília, Unb, 1981.

[66] Michèle Perrot intitulou assim sua contribuição autobiográfica para a "Ego-Histoire", em Pierre Nora (org.), Essais d'Ego-Histoire, Paris, Gallimard, 1987.(Trad.: Ensaios de Ego-História, Portugal, Edições 70, 1989).

[67] Jorge Semprun, L'écriture ou la vie, Paris, Gallimard, 1996.

[68] Pierre Bourdieu, "A ilusão biográfica", em Marieta de Moraes Ferreira; Janaina Amado, op. cit.

[69] Prefácio de Sérgio Buarque de Holanda para Yolanda Penteado, Tudo em cor-de-rosa, Rio de Janeiro, Nova Fronteira, 1976.

[70] José Castello, Na cobertura de Rubem Braga, Rio de Janeiro, José Olympio, 1996.

[71] Janet Malcolm, op. cit..

[72] Philippe Lévillain, op. cit., p. 137.

[73] Annie Oliver, op. cit., p. 17.

[74] Daniel Madelénat, op. cit.

[75] Entrevista concedida a Richard Graham, publicada na Hispanic American Historical Review, n. 62, v. 1, feb. 1982, pp. 3-17. Há tradução na revista Ciência e Cultura, n. 34, v. 9, set. 1982.

[76] A citação é de Leon Edel, Literary Biography, London, Rupert Hart-Davis, 1957, apud Daniel Madelénat, La Biographie, Paris, PUF, 1984, p. 147.

[77] Este, um dos pilares do clacissismo francês em seu gosto pela razão e pela beleza, registrou frases antológicas: "Selon que notre idée est plus ou moins obscure, l'expression l'a suit, plus nette ou plus pure. Ce que l'on conçoit bien s'ennonce clairement et les mots pour le dire, arrivent aisément. [...] Hâtez-vous lentement, et sans perdre courage, Vingt fois sur le métier remettez votre ouvrage. Polissez-le sans cesse et le repolissez". Nicolas de Boileau, l'Art Poétique, julho de 1674.

[78] Janet Malcolm, op. cit., p. 183.

Bibliografia

Os trabalhos a seguir trazem extensa bibliografia, de origens e tempos diversos; optei pelas indicações mais disponíveis e em português:

CHAUSSINAND-NOGARET, Guy. História biográfica. In: BURGUIÈRE, André. *Dicionário das ciências históricas*. Rio de Janeiro: Imago, 1993.

BOURDIEU, Pierre. A ilusão biográfica. In: FERREIRA, Marieta M.; AMADO, Janaina. *Usos e abusos da História Oral*. Rio de Janeiro: FGV, 1996.

GIOVANNI, Lévi. Usos da biografia. In: FERREIRA, Marieta M.; AMADO, Janaina. *Usos e abusos da História Oral*. Rio de Janeiro: FGV, 1996.

LÉVILLAIN, Philippe. Os protagonistas: sobre a biografia. In: REMOND, René. *Por uma História Política*. Rio de Janeiro: FGV, 1996.

ORIEUX, Jean. A arte do biógrafo. In: DUBY, Georges et al. *História e nova história*. Campinas: Editora da Unicamp, 1989.

REVISTA CPDOC – Estudos histórico: Arquivos Pessoais. Rio de Janeiro: FGV, n. 21, 1998.

MALCOLM, Janet. *A mulher calada*: Ted Hughes e os limites da biografia. São Paulo: Companhia das Letras, 1994.

GOMES, Ângela de C. (org.). *Escrita de si, escrita da história*. Rio de Janeiro: FGV, 2004.

FONTES AUDIOVISUAIS
A História depois do papel

Marcos Napolitano

Os historiadores e as fontes audiovisuais e musicais

Vivemos em um mundo dominado por imagens e sons obtidos "diretamente" da realidade, seja pela encenação ficcional, seja pelo registro documental, por meio de aparatos técnicos cada vez mais sofisticados. E tudo pode ser visto pelos meios de comunicações e representado pelo cinema, com um grau de realismo impressionante. Cada vez mais, tudo é dado a ver e a ouvir, fatos importantes e banais, pessoas públicas e influentes ou anônimas e comuns. Esse fenômeno, já secular, não pode passar despercebido pelos historiadores, principalmente para aqueles especializados em História do século xx.

As fontes audiovisuais e musicais ganham crescentemente espaço na pesquisa histórica. Do ponto de vista metodológico, são vistas pelos historiadores como fontes primárias novas, desafiadoras, mas seu estatuto é paradoxal. Por um lado, as fontes audiovisuais (cinema, televisão e registros sonoros em geral) são consideradas por alguns, tradicional e erroneamente, testemunhos quase diretos e objetivos da história, de alto poder ilustrativo, sobretudo quando possuem um caráter estritamente documental, qual seja, o registro direto de eventos e personagens históricos. Por outro lado, as fontes audiovisuais de natureza assumidamente artística (filmes de ficção, teledramaturgia, canções e peças musicais) são percebidas muitas vezes sob o estigma da subjetividade absoluta, impressões estéticas de fatos sociais objetivos que lhes são exteriores. A questão, no entanto, é **perceber as fontes audiovisuais e musicais em suas estruturas internas de linguagem e seus mecanismos de representação da realidade, a partir de seus códigos internos**. Tanto a visão "objetivista" quanto o estigma "subjetivista" falham em perceber tais problemas.

A primeira visão – "objetivista" – decorre do "efeito de realidade" que o registro técnico de imagens e sons denota para o espectador ou ouvinte. Com efeito, todas as imagens e sons obtidos pelo registro técnico do real criam um "efeito de realidade" imediato sobre o observador, efeito esse – já notado por Roland Barthes, semiólogo francês, no seu trabalho clássico sobre fotografia – produzido pela impressão de uma adesão imediata do *referente* (a "realidade" fotografada) à *representação* (o registro fotográfico em si).[1] Entre as fontes audiovisuais aqui discutidas, os filmes documentários e os diversos tipos de jornalismo (no rádio, no cinema e na TV) podem potencializar esse "efeito de realidade", pois a busca de eventos e processos fornece o mote para a criação.

Em relação à visão "subjetivista", o exemplo mais nítido seria o documento musical, dada sua natureza estética e polissêmica,[2] que sugere certa "ilusão da subjetividade", cujos significados sociológicos e históricos seriam produto de uma dose de especulação por parte do historiador, na medida em que a obra teria um conjunto de significados quase insondáveis e relativos, variável de acordo com a fruição do ouvinte. Prova disso é a supervalorização da "letra" na abordagem da "canção" como documento histórico, dominante até bem pouco tempo entre historiadores e outros cientistas sociais, ou seja, a crença de que o sentido histórico da canção estaria restrito ao seu conteúdo verbal, muitas vezes tomado em si mesmo e apartado da estrutura musical que lhe acompanha e, como experiência estética, lhe é inseparável.

O cinema, ou o audiovisual de ficção, ocupa um estatuto intermediário entre as duas ilusões aludidas, a "objetivista" e a "subjetivista". Seu caráter ficcional e sua linguagem explicitamente artística, por um lado, lhe conferem uma identidade de documento estético, portanto, à primeira vista, subjetivo. Sua natureza técnica, sua capacidade de registrar e, hoje em dia, de criar realidades objetivas, encenadas num outro tempo e espaço, remetem, por outro lado, a certo fetiche da objetividade e realismo, reiterado no pacto que os espectadores efetuam quando entram numa sala de cinema ou ligam um aparelho de televisão. A força das imagens, mesmo quando puramente ficcionais, tem a capacidade de criar uma "realidade" em si mesma, ainda que limitada ao mundo da ficção, da fábula encenada e filmada. A experiência social do cinema e da televisão apoia sua força nesse pacto, ainda que os mecanismos de consciência possam ser diferentes para cada um dos dois meios.[3] Em alguns casos, o historiador pode reproduzir esse fetiche em seu trabalho de análise, o que fica claro nos casos em que a análise é pautada pela avaliação do grau de "realismo" e "fidelidade" do filme histórico, em relação aos eventos "realmente" ocorridos. Em outras palavras, é menos importante saber se tal ou qual filme foi fiel aos diálogos, à caracterização física dos personagens ou a reproduções de costumes e vestimentas de um determinado século. O mais importante é entender o porquê das adaptações, omissões, falsificações que são apresentadas num filme. Obviamente, é sempre louvável quando um filme consegue ser "fiel" ao passado representado, mas esse aspecto não pode ser tomado como absoluto na análise histórica de um filme.

A tensão entre subjetividade e objetividade, impressão e testemunho, intervenção estética e registro documental, marca as fontes históricas de natureza audiovisual e musical. Não é raro o historiador – sobretudo aquele mais treinado para a análise das fontes escritas e que passa a se aventurar nas fontes audiovisuais e musicais – ficar um tanto indeciso entre a análise das fontes em si, tomadas como texto documental autossuficiente, ou cotejá-las com informações históricas que lhes são extrínsecas, deixando que o contexto determine o sentido do texto.

Nossa perspectiva aponta para um conjunto de possibilidades metodológicas pautadas por uma abordagem frequentemente enfatizada por historiadores especialistas em fontes de natureza não escrita: a necessidade de **articular a linguagem técnico-estética das fontes audiovisuais e musicais (ou seja, seus códigos internos de funcionamento) e as representações da realidade histórica ou social nela contidas (ou seja, seu "conteúdo" narrativo propriamente dito)**. Se essa é uma tendência cada vez mais forte entre os historiadores, que vêm questionando a transparência dos documentos, mesmo os documentos escritos, tradicionalmente considerados "objetivos" e diretos, para o caso dos documentos de natureza audiovisual ou musical, tal abordagem deve ser mais cuidadosa ainda, pois os códigos de funcionamento de sua linguagem não são tão acessíveis ao leigo quanto parece, exigindo certa formação técnica. Mesmo que o historiador mantenha sua identidade disciplinar e não queira se converter em comunicólogo, musicólogo ou crítico de cinema, ele não pode desconsiderar a especificidade técnica de linguagem, os suportes tecnológicos e os gêneros narrativos que se insinuam nos documentos audiovisuais, sob pena de enviesar a análise.

A **primeira decodificação é de natureza técnico-estética**: quais os mecanismos formais específicos mobilizados pela linguagem cinematográfica, televisual ou musical? A **segunda decodificação é de natureza representacional**: quais os eventos, personagens e processos históricos nela representados? Na prática, essas duas decodificações não são feitas em momentos distintos, mas à medida que analisamos a escritura específica do material audiovisual ou musical, suas formas de representação da realidade vão tornando-se mais nítidas, desvelando os "fatos" social e histórico nela encenados direta ou indiretamente.[4] O cotejo com informações contextuais, localizadas fora do filme, do programa de TV ou da canção, é importante, mas somente na medida em que a fonte específica demanda e sugere questões e problemas para o historiador responder. Como em toda operação historiográfica, crítica externa e crítica interna, análise e síntese, devem estar devidamente articuladas. Nesse sentido, o uso de fontes audiovisuais e musicais pelo historiador pode ir além da "ilustração" do contexto ou do "complemento *soft*" de outras fontes mais "objetivas" (escritas ou iconográficas), revelando-se uma possibilidade a mais de trabalho historiográfico.

O debate metodológico sobre o uso dessas fontes ainda é incipiente, ao menos no campo historiográfico brasileiro, em que pese o grande número de trabalhos mais atentos a suas especificidades, surgidos a partir de meados dos anos 1980. Vamos a um breve resumo dos principais problemas.

Uma linguagem não verbal e não iconográfica: o entrelugar das fontes audiovisuais e musicais no trabalho do historiador

"Escreve-se História com documentos", proclamavam os metódicos, pais fundadores da historiografia acadêmica. A História nasce como técnica de busca dos fatos nas "pistas" ou nos "testemunhos" fornecidos pelos documentos de época, ou seja, aqueles que foram produzidos dentro da periodização estudada pelo pesquisador, o qual se debruça sobre as fontes dotado de uma técnica de crítica documental.

> Mediante a crítica externa [...] os historiadores conseguiram expor as falsificações, datar os documentos verídicos. Pela crítica interna, o exame da coerência interna e a comparação com documentos contemporâneos, o documento adquire um sentido para o historiador [...]. Esta concepção é muito restrita porque privilegia os documentos escritos de caráter narrativo tomado em sua singularidade. Com a história serial e com a incorporação de outras linguagens documentais (imagem, filme, fotografia, estatísticas, etc.) este tipo de concepção documental foi questionada. Por outro lado, com o tempo o historiador tomou consciência que o documento é um monumento, dotado de seu próprio sentido, a que não pode recorrer sem precaução. Cumpre então restituí-lo ao contexto, aprender o propósito consciente ou inconsciente mediante o qual foi produzido diante de outros textos e localizar seus modos de transmissão, seu destino, suas sucessivas interpretações.[5]

O conceito moderno de documento rejeita a máxima metódica "o documento fala por si". Portanto, as armadilhas de um documento audiovisual ou musical podem ser da mesma natureza das de um texto escrito. Mas é inegável que a maior armadilha reside na ilusão de objetividade do documento audiovisual, tomado como registro mecânico da realidade (vivida ou encenada) ou da pretensa subjetividade impenetrável do documento artístico-cultural. No trato com a imagem, como fonte, o historiador Roger Chartier já destacava a falsa transparência de "conteúdo":

> A imagem é, para o historiador, ao mesmo tempo, transmissora de mensagens enunciadas claramente, que visam seduzir e convencer, e tradutora, a despeito de si mesma, de convenções partilhadas que permitem que ela seja compreendida, recebida, decifrável.[6]

Por exemplo, num quadro como *O Grito do Ipiranga*, de Pedro Américo, o observador parece ter acesso imediato à cena histórica da proclamação da Independência, por D. Pedro I e sua comitiva e muitas vezes se esquece de pensar sobre as convenções e linguagens da "pintura histórica", gênero específico que floresceu no século XIX e que possuía regras próprias de composição, para além da representação "verdadeira" dos fatos históricos retratados.

Enunciação direta e convenção de linguagem são os polos de tensão no trabalho de análise das imagens-sons registradas mecanicamente, como no cinema e na televisão. Fundamentalmente, no entanto, essa tensão também ocorre na análise do documento escrito, mesmo naqueles mais oficiais e informativos. Na perspectiva da moderna prática historiográfica, nenhum documento fala por si mesmo, ainda que as fontes primárias continuem sendo a alma do ofício de historiador. Assim, as fontes audiovisuais e musicais são, como qualquer outro tipo de documento histórico, portadoras de uma tensão entre **evidência e representação**. Em outras palavras, sem deixar de ser representação construída socialmente por um ator, por um grupo social ou por uma instituição qualquer, a fonte é uma evidência de um processo ou de um evento ocorrido, cujo estabelecimento do dado bruto é apenas o começo de um processo de interpretação com muitas variáveis. Ao contrário da tradição metódica e positivista, que acreditava na neutralidade e na transparência das fontes escritas, desde que "verdadeiras", estabelecidas sua autoria e datação, a Nova História e seus herdeiros apontam para o caráter representacional das fontes, mesmo as tradicionais fontes escritas, que são documentos e monumentos carregados de intencionalidade e parcialidade.[7]

Em que pesem essas questões metodológicas gerais, cada tipo de fonte audiovisual e musical possui características peculiares, conforme a sua linguagem constituinte.

Problemas teóricos

Cinema

O cinema descobriu a história antes de a História descobri-lo como fonte de pesquisa e veículo de aprendizagem escolar. No início do século xx, os "filmes históricos" quase foram sinônimo da ideia de cinema, tantos foram os filmes que buscaram na história o argumento para seus enredos.[8]

Nunca é demais reiterar as três possibilidades básicas de relação entre história e cinema: O cinema *na* História; a história *no* cinema e a História *do* cinema. Cada uma das três abordagens implica uma delimitação específica: O cinema *na* História é o cinema visto como fonte primária para a investigação historiográfica; a história *no* cinema é o cinema abordado como produtor de "discurso histórico" e como "intérprete do passado"; e, finalmente, a História *do* cinema enfatiza o estudo dos "avanços técnicos", da linguagem cinematográfica e condições sociais de produção e recepção de filmes.[9] Neste texto, enfatizaremos a primeira abordagem, com algumas considerações sobre a segunda, na medida em que o historiador é constantemente chamado a se posicionar sobre o "filme histórico". Nesse tipo de filme, o cinema como fonte para o estudo de um determinado contexto e o cinema como representação do passado se confundem.

Numa perspectiva mais acurada, o historiador e pesquisador de cinema Eduardo Morettin aponta quatro maneiras pelas quais a história se manifesta no cinema:[10]

- ❏ herança positivista: preocupação com a exatidão da reconstituição fílmica do passado ou com o registro mais fiel possível de eventos ocorridos;
- ❏ predomínio da ideologia ("discurso ideológico") dos realizadores sobre a historicidade, subvertendo o sentido dos personagens e dos fatos;
- ❏ apelo ao "discurso novelesco", predominante ao discurso histórico, tornando mais sutil a "subversão" dos fatos e processos;
- ❏ criação de uma narrativa histórica própria, que opera dentro do discurso histórico instituído, utilizando técnica de citação bibliográfica e documental, legitimada por pesquisadores.

O que está em jogo, portanto, são várias opções de representação cinematográfica da história que terão implicações não apenas estéticas, mas ideológicas, completamente diferentes. Em muitos casos, essas quatro maneiras interpenetram-se, exigindo do historiador um olhar atento que vá além da tradicional dicotomia entre "realismo" ou "ficção", ou filmes documentais tomados como realistas e filmes ficcionais tomados como fantasias históricas.

O historiador Cláudio Aguiar Almeida chama a atenção para a importância da análise historiográfica não se limitar a filmes de caráter documental, como se eles fossem testemunhos mais autorizados de uma sociedade, pois o longametragem ficcional, independentemente de sua "qualidade" ou reconhecimento a partir de valores estéticos, também pode ser percebido, por parte do público, como fonte de "verdade histórica". Analisando a produção brasileira das décadas de 1930 e 1940, tradicionalmente desvalorizada pela crítica, o autor destaca que "grande parte das produções do período esconde, sob a aparente simplicidade dos seus enredos melodramáticos, uma complexa estratégia propagandística que, sem pretender espelhar a realidade, buscou influenciar as massas para aderirem aos ideais defendidos pelo Estado Novo".[11] Assim, para quem se dispõe a analisar o cinema como parte da propaganda política, diga-se, tema muito instigante dentro do campo da História política, documentários, cinejornais e filmes de ficção constituem um corpo documental muito rico e ainda pouco explorado.[12]

Conforme Alcides Ramos, professor e pesquisador de cinema, os historiadores de inspiração positivista enfatizam o caráter realista das imagens cinematográficas, registradas por um "instrumento objetivo" – a câmera –, caráter que é muito mais acentuado quando o documento fílmico se filia à categoria de cinejornais e documentários de atualidades.[13] Para essa corrente de historiadores, criticada pelo autor, há uma crença de que o documentário restringe a capacidade de manipulação da "linguagem", pois a objetividade do instrumento cinematográfico é gritante ante um evento efetivamente acontecido, e não encenado. Os historiadores mais identificados com a concepção positivista de documento como "testemunho objetivo e verdadeiro de um fato" acreditam que a possibilidade de "falsificação documental" no cinema é o resultado da montagem de planos que podem realizar uma trucagem de documentos/fatos originalmente autênticos.[14] Nessa linha de pensamento, o material filmado deveria ser analisado pelo historiador como portador de uma autenticidade documental, perdida ou ameaçada no processo de montagem (manipulação dos planos pelo diretor ou pelo editor).

Alguns historiadores que pensaram a questão do cinema como fonte histórica ainda trabalham com uma dicotomia bastante rígida entre os *actuality films* (documentários) e os *featured films* (filmes encenados).[15] No primeiro tipo, conforme essa visão, cada plano, sequência ou produção completa é um registro primário do passado e seu conjunto editado transforma-se num documento em si; no segundo tipo de filme

> em contraste com os filmes documentais, sua utilidade como fonte histórica tem valor reduzido se os fragmentamos na ordem inversa da sua criação: da produção completa para a sequência e o plano. Sua utilidade é maior quando ele está editado e completo. Ao contrário, materiais não editados de filmes documentais são mais valorizados como fontes primárias do que um filme documental editado e completo, exceto que este, assim como o filme de ficção editado, tem valor simplesmente como afirmação do ponto de vista do seu criador.[16]

A preferência historiográfica pelos *actuality films* e a desconfiança em relação à "manipulação" do material filmado são tributárias originalmente de uma tradição iniciada por Marc Ferro,[17] que possui o mérito de ter sido um dos primeiros historiadores de ofício a refletir sobre o filme como material de pesquisa, numa perspectiva além da História do cinema *stricto sensu*. Entretanto, seu ponto de vista teórico compartilha a crença de que o documento fílmico possui valor de "testemunho" indireto e involuntário de um evento ou processo histórico e sua veracidade ou não estaria diretamente ligada à manipulação intencional dos realizadores (edição, trucagem, censura), no sentido de deturpar o seu conteúdo original. Suas famosas concepções de filme como "agente da história" ou como exemplo de "contra-análise da sociedade"[18] implicam a crença de que a ficção, o documentário e o noticiário intervêm na sociedade como "testemunhos indiretos" de processos sócio-históricos. Ferro afirma que "mesmo fiscalizado, um filme testemunha" e é nessa brecha que o historiador deve atuar, atento para as manipulações do documento primário. Alcides Ramos explicita a concepção de "testemunho" de Ferro: "registrar mediante a utilização de meios técnicos e neutros aquilo que se apresenta como realidade diante da câmera".[19] Esse processo ocorreria independentemente ou mesmo contra a vontade do operador da câmera e do diretor do filme. Assim, o filme seria um documento afeito a uma "contra-análise" da sociedade, crítica da História oficial. A ficção e o documentário podem revelar aspectos sócio-históricos não previstos pelo realizador, na medida em que o historiador possa perceber a realidade bruta por trás da obra lapidada. Em última instância, para o autor, há uma realidade externa ao documento, à qual este pode ser fiel ou não.

As críticas que a nova historiografia, brasileira e estrangeira, vem fazendo a Ferro enfatizam o caráter de manipulação intrínseco à linguagem do cinema, focando as escolhas dos realizadores manifestadas no enquadramento, diálogos e edição, entre outros elementos. Além disso, apontam para certas lacunas na maneira como Ferro pensa a relação entre história e cinema: como a linguagem intrínseca ao filme, seja ele documentário ou ficção, interfere no registro de um evento, de um processo ou de um personagem de valor "histórico"? Como o filme com tema histórico, documental ou ficcional traduz o presente ao representar o passado? Quais são as tensões internas do filme, pensadas a partir da sua estrutura narrativa, na tentativa de registrar ou representar fatos históricos?

O pesquisador Eduardo Morettin sistematizou algumas dessas críticas.[20] De acordo com ele, as tensões internas de um filme vão além do jogo "história oficial" ou "contra-história", da "manipulação" fílmica em oposição a uma "verdade" por trás do filme, como coloca Ferro. O que é mais importante, para o pesquisador brasileiro, é perceber a ambiguidade das imagens que nem sempre conseguem apresentar uma leitura coerente e unívoca do fato histórico, mesmo quando é o desejo dos seus realizadores, como nos filmes históricos patrocinados pelo Estado. Morettin lembra que Ferro chegou a propor uma metodologia para avaliar a "veracidade" do documento fílmico, consequentemente do valor do filme como documento histórico: ângulo adotado pela câmera, distância das imagens de um mesmo plano, grau de legibilidade das imagens e da iluminação; grau de intensidade de ação, grau de película (mais afeita à trucagem ou não). Tal metodologia deveria avaliar se o documento fílmico é autêntico ou não, em relação aos fatos registrados. Menos "manipulação" do material bruto filmado significaria mais veracidade. O problema está em separar, no cinema, o que é "manipulação" e "adulteração" dos códigos narrativos básicos que estruturam a imagem fílmica e que são compartilhados, guardadas as diferenças de estilos, gêneros e linguagens, pelo conjunto de cineastas.

A nova historiografia que trabalha com filmes como documentos históricos vem chamando a atenção para os "abusos" e problemas decorrentes dessas posições metodológicas clássicas, sem o devido exercício crítico. Eduardo Morettin cita três visões distorcidas acerca do documento fílmico:

- ❏ filme como contraponto/complemento do documento escrito;
- ❏ filme como registro mecânico do real, sem linguagem (ou linguagem como "manipulação", evitável pelo cineasta). Nesse caso o filme seria um "documento bruto";
- ❏ filme como resgate do passado e testemunho do presente e prenúncio do futuro (no sentido de apresentar uma antevisão do que será ou do que deveria ser a sociedade encenada).[21]

Em contraposição a essas armadilhas de abordagem, Morettin propõe o exame de

> como o sentido é produzido [...] para que possamos recuperar o significado de uma obra cinematográfica, as questões que presidem o seu exame devem emergir de sua própria análise. A indicação do que é relevante para a resposta de nossas questões em relação ao chamado contexto somente pode ser alcançado depois de feito o caminho acima citado, o que significa aceitar todo e qualquer detalhe (do filme) [...] trata-se de desvendar os projetos ideológicos com os quais a obra dialoga e necessariamente trava contato, sem perder de vista a sua singularidade dentro do seu contexto. [22]

Analisando *Descobrimento do Brasil*, de Humberto Mauro, considerado filme "oficial" e "pedagógico", representativo dos anos 1930, Morettin demonstra a dificuldade de controlar o discurso oficial dentro do filme, pois, seja pela precariedade técnica do cinema brasileiro da época, seja pelo caráter ambíguo das imagens cinematográficas, o filme não se realiza plenamente como propaganda oficial ou como espetáculo para fins pedagógicos.

Nessa perspectiva, que nos parece mais fecunda, o filme se traduz como uma "pluralidade de canais", conforme expressão do professor e crítico de cinema Ismail Xavier. Portanto, nem as "manipulações" são evitáveis pelo diretor, nem as contradições internas do filme representam indício de "falsificação", tornando-se um trunfo de análise para o historiador. Retomando Pierre Sorlin, pesquisador francês,[23] Morettin e Ramos enfatizam que o historiador deve "partir dos próprios filmes", de sua significação interna, a partir da qual se insere determinada base ideológica de representação do passado. Portanto, a questão da autenticidade e da objetividade do registro, importantes na perspectiva clássica de Ferro, pouco importam. Trata-se de **buscar os elementos narrativos que poderiam ser sintetizados na dupla pergunta: "o que um filme diz e como o diz?".**

Alcides Ramos chama a atenção para um problema específico da relação cinema-história, que é a representação fílmica do passado, na qual ficaria superada a perspectiva do filme como documento stricto sensu. Ramos lembra que "os historiadores podem também se interrogar sobre o modo de constituição da escritura da história pelos filmes, mesmo realizados por não historiadores",[24] e destaca a questão específica do "filme histórico", um outro tipo de fonte (e perspectiva) para pensar a relação história e cinema. Pierre Sorlin, ao definir o "filme histórico", deu importante contribuição a fim de delimitar um gênero cinematográfico que, dentro do campo ficcional, encena o passado com os olhos voltados para o presente. O filme histórico é um "espião da cultura histórica de um país, de seu patrimônio histórico". Trata-se de um outro **olhar sobre o cinema, como fonte e veículo de disseminação de uma cultura histórica, com todas as implicações ideológicas e culturais que isso representa.**

Na definição de filme histórico, Pierre Sorlin estrutura sua forma de pensar a relação cinema-história em três proposições básicas:

☐ relação presente/passado: o filme histórico ancora-se no presente (produção/ distribuição/exibição) e no passado (datas/eventos/ personagens que marcam o tema dos filmes);

☐ filmes históricos são formas peculiares de "saber histórico de base". Eles não criam esse saber, mas o reproduzem e o reforçam. O filme histórico está inserido numa cadeia de produção social de significados que envolvem historiadores, críticos, cineastas e público;

☐ problematização da "narração fílmica da história": tensão entre ficção e história, ou seja, entre documentos não ficcionais e imaginação/encenação ficcional. Nesse sentido, a narrativa fílmica e a historiográfica estruturam-se como formas de narração literária, com a particularidade de esta última buscar efeito de realidade/verdade.

Do ponto de vista mais amplo de uma "sociologia do cinema", Pierre Sorlin propõe algumas perguntas sociológicas básicas para a análise sócio-histórica do filme: como o filme representa, por meio dos seus personagens, os papéis sociais que identificam as hierarquias e lugares na sociedade representada? Quais os tipos de conflitos sociais descritos no roteiro? Quais as maneiras como aparecem a organização social, as hierarquias e instituições sociais; como se dá a seleção de fatos, eventos, tipos e lugares sociais encenados? Qual é a maneira de conceber o tempo: histórico-social ou biográfico? O que se pede ao espectador: identificação, simpatia, emoção, rejeição, reflexão, coação?[25]

Outros historiadores, mesmo não sendo especialistas em cinema, destacam a capacidade dos filmes não apenas de registrar o passado e o contexto social, mas de criar uma memória histórica própria:

> Um certo segmento do cinema brasileiro se instituiu como "lugar de memória", onde diretores, roteiristas, atores e produtores, bem como o próprio público que prestigiou os filmes, se esforçaram em retomar e monumentalizar certos acontecimentos ou problemáticas da história do Brasil. [26]

Filmes como *Independência ou Morte* (1972), de Carlos Coimbra, ou *Carlota Joaquina* (1995), de Carla Camurati, grandes sucessos de público, contribuíram de maneiras diferentes para fixar determinada imagem do período da Independência, seja pelo viés oficial e melodramático (*Independência...*), seja pelo viés satírico da chanchada (*Carlota...*). No caso, essas imagens do passado propiciam muito mais **formas de memória** – oficial ou debochada – do que a reflexão histórico-crítica daquele momento da história brasileira.

Para a nova historiografia especializada no cinema como fonte e objeto da História, ocorre um duplo afastamento em relação às teorias mais antigas:

❑ nega-se a ênfase ao documentário de atualidades, tão marcante nos primeiros historiadores que abordaram o problema;

❑ critica-se a ideia do caráter imprevisto da encenação ficcional do passado, trazendo uma outra verdade sobre a sociedade.

Para essa corrente, ficção e história, no campo do cinema, não se autoexcluem, interferindo mesmo no gênero documentário, que a princípio seria a negação da ficção. Enfim, **cinema é manipulação** e é essa sua natureza que deve ser levada em conta no trabalho historiográfico, com todas as implicações que isso representa. Vale a advertência de Eduardo Morettin:

> Se não conseguirmos identificar, por meio da análise fílmica, o discurso que a obra cinematográfica constrói sobre a sociedade na qual se insere, apontando para suas ambiguidades, incertezas e tensões, o cinema perde a sua efetiva dimensão de fonte histórica.[27]

Televisão

Os historiadores, no Brasil e no exterior, ainda não descobriram a televisão como objeto de pesquisa. Não se trata apenas de uma questão de preconceito temático ou dificuldade metodológica. A própria televisão, talvez devido ao seu caráter de produto cultural volátil, tem muita dificuldade em guardar e sistematizar a sua própria memória. Na medida em que os órgãos e arquivos públicos não assumiram a guarda do material televisual como parte de uma política de preservação de patrimônio, a maioria dos arquivos existentes é privada e pertence às próprias emissoras, que, por sua vez, os tratam como desdobramento das suas atividades comerciais. Portanto, dos três tipos de fontes aqui analisados, as em vídeo, sobretudo aquelas produzidas pela televisão comercial, são as que apresentam maiores dificuldades, não apenas teórico-metodológicas, mas principalmente quanto ao acesso sistemático e organizado de fontes de época.

Apesar desses problemas, alguns trabalhos historiográficos pioneiros devem ser mencionados, sem falar naqueles também importantes nas áreas de Comunicação e Sociologia, que podem fornecer à História bases teóricas gerais na abordagem da televisão. Devido aos limites deste texto, vamos destacar os trabalhos voltados para a relação entre história e televisão.[28] A maior parte da bibliografia aponta questões amplas sobre as diversas fases da televisão brasileira, desde o seu surgimento na década de 1950, com alguma ênfase na indústria de telenovelas, de longe o tema mais estudado pela historiografia da televisão. São trabalhos ensaísticos, amplamente ancorados em fontes escritas e matérias de imprensa. Esse aspecto não deixa de ser revelador da dificuldade de acesso ao material audiovisual propriamente dito. A importância desses ensaios, entretanto, deve-se ao seu caráter pioneiro e amplamente informativo, que esmiúça não apenas as estruturas empresariais da televisão brasileira, mas também seus gêneros consagrados e seu impacto social na modernização sociocultural. A maior parte das fontes primárias utilizadas nesses trabalhos foi entrevistas, memórias, sinopses e textos de novela, índices de audiência, documentação institucional das empresas televisuais (faturamento, normas e documentos internos etc.).

O trabalho de Armand e Michelle Mattelard procura inserir a construção do melodrama televisual latino-americano, particularmente o brasileiro, numa teia de continuidades e rupturas com outras linguagens da história da cultura, marcando a memória social, elemento fundamental para a reflexão histórica sobre o meio e seus conteúdos: "Fato marcante da memória narrativa de um continente, o melodrama transitará pelo cinema, pelo rádio, folhetins, fotonovelas, canções e televisão." [29] Os autores articulam a análise de uma espécie de "economia política da televisão" com as narrativas visuais produzidas, numa perspectiva sócio-histórica, afirmando:

> O poder catártico do gênero (melodrama televisual) e sua empatia com o público o definem como um fato excepcional de comunicação, fato ecumênico e transclassista. Porém não se pode esquecer o caráter social do que é representado.[30]

A TV Globo, principal objeto de reflexão do livro, por exemplo, favoreceu um esquema de representação do Brasil centrado na Zona Sul do Rio de Janeiro, dentro de um projeto de integração nacional autoritária, gestado na década de 1970.

Além dos espaços sociais, psicológicos e geográficos implicados na produção televisiva, sobretudo na teledramaturgia, o passado tem sido objeto de representação nas ficções televisuais e constitui-se num importante tema para o historiador, ainda pouco explorado. Uma das primeiras pesquisas historiográficas a esmiuçar o material audiovisual produzido para a televisão foi a realizada por Mônica Kornis, pesquisadora do CPDOC, da Fundação Getúlio Vargas.[31] Aproveitando-se, em parte, da facilidade de acesso ao material audiovisual de produção relativamente recente, a autora analisa um conjunto de seis minisséries – *Anos Dourados, Anos Rebeldes, Agosto, Incidente em Antares, Decadência* e *Hilda Furacão*. A partir das imagens ficcionais, o trabalho articula a narrativa melodramática à representação do passado, dentro de uma estratégia definida pela própria TV Globo. A autora conclui que, ao fim e ao cabo, é a própria mídia que se autorrepresenta nas séries históricas analisadas, para se afirmar como agente da história recente, muitas vezes escondendo suas contradições ideológicas.[32]

Outro campo de produção da memória e do discurso histórico na televisão de grande impacto social, também pouquíssimo explorado, é o telejornal. Em *Como usar a TV na sala de aula* (Editora Contexto), apresentamos um esboço de uma teoria da produção da memória social nos telejornais que vale a pena ser retomado.[33] A produção de uma memória social, sempre vinculada à lógica de espetáculo que rege a linguagem da TV, está ligada a uma operação articulada no gênero telejornal (mas não só) que, a nosso ver, envolve três momentos: o registro do DADO; a caracterização do FATO; e a narrativa do EVENTO. Um mesmo acontecimento histórico, dependendo do seu impacto social ou do seu interesse para a mídia, passa pelas três operações. Na primeira delas (o registro do *dado*), o acontecimento é registrado e repassado ao público em suas informações básicas (o que, quando, onde, quanto etc.). Na segunda operação (a caracterização do *fato*), esse conjunto de informações brutas é inserido numa rede de causalidade e efeitos imediatos. Na terceira fase (a narrativa do *evento*), quase sempre reservada a acontecimentos de grande impacto social ou de importância estratégica para os interesses da mídia, os elos causais ganham a conotação narrativa e valorativa, adensados por um conjunto de implicações sociais de caráter ideológico mais amplo. **Cabe ao historiador que analisar tal documento realizar o movimento inverso dessas operações, desconstruindo os fatos descritos ou os eventos narrados pelo documento televisual.**

De um ponto de vista mais teórico, **as análises da mídia parecem exigir reflexão acurada sobre o problema não apenas da produção e das questões de linguagem aí envolvidas, mas também sobre o problema da recepção dessas imagens pelos grupos sociais.** A mídia, quase sempre, foi pensada a partir do primeiro polo, o da produção, mas trabalhos recentes procuram encarar o desafio da recepção como parte do problema estrutural complexo e não subsumido pela lógica da produção.[34]

A imagem televisual, nesse sentido, apresenta um duplo desafio: por um lado pode ser analisada como fonte histórica, pensada a partir de seus elementos estruturais internos; por outro, dado o grande e heterogêneo impacto social do meio, a questão da recepção social dos seus produtos coloca-se como tarefa urgente para aqueles que se preocupam com uma História social da TV. Mas, se o acesso aos materiais televisuais produzidos no passado já não é tão fácil, a constituição de um *corpus* documental que permita uma análise da recepção social dos programas é um obstáculo ainda maior para o historiador. As fontes seriadas e quantitativas (índices de audiência, por exemplo) podem ser o primeiro recurso documental para uma História social da recepção de programas televisuais. Para a análise qualitativa desse campo, no entanto, as fontes são praticamente inexistentes, estão desorganizadas ou são inacessíveis (cartas de fãs, relatórios qualitativos de audiência, enquetes etc.).

Algumas perspectivas teóricas ajudam a constituir teorias da recepção "qualitativa" da TV, pensada a partir das peculiaridades de linguagem desse meio. Umberto Eco, um dos primeiros autores que analisou a linguagem da TV, no início dos anos 1960, já demonstrava a preocupação de construir uma reflexão metodológica para enfrentar o problema.[35] No seu projeto de pesquisa sobre o meio televisual, Eco chamava a atenção para que o pesquisador não se limitasse unicamente ao polo da produção, como enfatizava a concepção adorniana de indústria cultural, sugerindo um conjunto de problemas a serem abordados pelo comunicólogo e pelo sociólogo: situações do espectador diante do vídeo, alterações no ritmo de vida familiar e cotidiana após o surgimento da TV; fruição de outros meios e circuitos culturais; mapeamento da hipertrofia sensorial, em detrimento da assimilação conceitual, como suporte para o conhecimento do mundo; supervalorização da realidade imediata como base para o evento televisivo, em prejuízo de uma assimilação mais lenta e duradoura das experiências passadas. Anos mais tarde, Michel De Certeau, historiador francês, avançava em relação ao problema da recepção, propondo um outro axioma que pudesse superar o conceito vigente de receptor "teleguiado" pelos interesses ideológicos do polo produtor: "Resta ainda perguntar o que o consumidor fabrica com estas imagens [de TV] e durante essas horas."[36] Para ele, o receptor também produz sentidos, por meio de apropriações simbólicas, filtradas pelo repertório cultural de cada um, pouco perceptíveis pela sociologia mais tradicional.

Francesco Casetti e Roger Odin sugeriram uma tipologia de linguagem que poderá auxiliar o historiador a mapear o impacto e também na recepção social da televisão desde a sua disseminação pelo mundo, a partir do final da década de 1940. Trata-se dos conceitos de *paleo* e *neotelevisão*. A *paleotelevisão*, para os autores, vigorou até os anos 1960, sendo evidenciada pelas seguintes características básicas: a) a existência de um "pacto" de comunicação com uma instituição que detinha "saber" e "valores" comunicava a um público que desejava partilhá-los; b) uma estrutura de programação que se baseava em gêneros de programas direcionados a públicos e interesses específicos; c) grade de programação que sugeria uma "escolha" por parte do público, movimentando-se no eixo paradigmático de comunicação (opções excludentes). Já a *neotelevisão*, característica da TV pós-1970, é assim definida: a) programação conduzida por um processo de interatividade cada vez mais sofisticado (e não por um pacto pedagógico-comunicacional); b) estrutura de programas que tende a diluir a fronteira de gêneros de programas direcionados a públicos específicos, substituindo a escolha (eixo paradigmático) pelo fluxo contínuo de programação (eixo sintagmático); c) um convite à vibração emocional e, principalmente, sensorial e ao convívio virtual com as celebridades, ambientes e personagens de TV, mais do que uma incorporação conceitual das mensagens por ela veiculadas.[37]

Para o historiador que se preocupa com a representação do passado na televisão e com a produção da memória social a partir desse meio, é preciso **pensar a televisão como uma nova experiência social do tempo histórico**, na medida em que "a TV faz coincidir o verdadeiro, o imaginário e o real no ponto indivisível do presente".[38] A TV favorece e amplifica a experiência do tempo, mas não a consciência do tempo. Nela, a "atualidade", a exigência sensorial de uma coação (agir junto) ganha maior dimensão, mas essa mesma "atualidade" é constantemente desvalorizada pelo ritmo alucinante da sucessão das transmissões televisuais, volatizando a experiência histórica.[39]

Portanto, além de "testemunho" de um determinado momento histórico, a televisão interfere na concepção de tempo histórico e nas formas de fixação da memória social sobre os eventos passados e presentes. Esse aspecto de ordem teórica é fundamental para o historiador, pois, no limite, ele estará presente no próprio material audiovisual analisado.

Outro aspecto que não pode ser esquecido é que, atualmente, as experiências sociais do cinema e da televisão estão muito imbricadas, com a invasão da linguagem cinematográfica pelas regras do melodrama televisual e, ultimamente, pelos *video games*, o que constitui um problema que escapa aos limites deste texto. Esse fenômeno de hibridização de linguagem audiovisual é acompanhado pela migração de públicos, com a crescente hegemonia de um público criado sob as regras da televisão e dos *games* demandando filmes cinematográficos. Em contraponto, torna-se cada vez mais comum a assimilação da experiência fílmica em ambientes domésticos, cada vez mais capacitados para recriar a qualidade de imagem e som das salas de cinema. **Esse cruzamento de espaços, narrativas e linguagens deve se tornar mais nítido nos próximos anos e não pode passar despercebido nas pautas de discussão e pesquisa.**

Finalmente, não se pode deixar de enfatizar que nem toda produção em vídeo está direcionada para a televisão comercial, aberta ou fechada.[40] Os historiadores tendem a ter maior interesse pelo cinema, uma vez que, pensado em sua forma clássica, "estaria morrendo, devorado pela televisão". Apesar do parentesco audiovisual, do ponto de vista do registro da vida social, cinema e televisão divergiriam na medida em que a televisão é pouco seletiva, buscando notícias nos diversos aspectos da existência. Já o cinema, particularmente o filme de ficção, não se mistura com aquilo que estamos vivendo cotidianamente.[41] Entre os dois, há um estatuto intermediário, o *vídeo*, que nem sempre é produzido para ser exibido na televisão (tais como os campos do vídeo independente, do vídeo experimental e do vídeo-arte). Temos, portanto, um terceiro grande grupo de documento histórico de natureza audiovisual, que genericamente poderíamos chamar de "vídeo independente", exigindo outro tipo de crítica interna e externa.

Vídeo independente

O campo de produção conhecido genericamente como "vídeo independente" oferece ampla área de pesquisa para o historiador, com a vantagem de que boa parte do material produzido a partir de 1980 pode ser encontrada e pesquisada sem maiores impedimentos. O "vídeo independente" está ligado a dois tipos de expressão:

❏ a produção com intenções de pesquisa estética feita por *videomakers* que procuraram escapar das regras rígidas e dos compromissos exigidos pela produção comercial voltada para a TV (telejornalismo, teledramaturgia, videoclipe ou publicidade);

❏ a produção ligada aos movimentos sociais urbanos e rurais que procuram registrar suas ações políticas e institucionais, constituindo-se num importante material de memória de lutas sociais e políticas que pode se transformar em documento histórico extremamente fecundo. Atos públicos, passeatas, greves, assembleias, experiências educacionais e culturais, o cotidiano de militantes conhecidos e atores anônimos desses movimentos tem sido objeto constante de registros videográficos, realizados muitas vezes pelos próprios movimentos ou por produtores simpatizantes. Esse tipo de fonte audiovisual oferece ao pesquisador um olhar diferenciado da imprensa televisiva, constituindo uma espécie de discurso audiovisual interno aos movimentos, livre de certos vícios ideológicos liberais, quase sempre hegemônicos do discurso da televisão comercial.

Não se trata de decidir qual a fonte mais "verdadeira", mas ampliar o escopo documental na abordagem dos processos e fenômenos sociais estudados pelo historiador.

Música

Grosso modo, a abordagem acadêmica da música divide-se em três grandes áreas: a Musicologia histórica, a Etnomusicologia e um terceiro campo, ainda confuso, que poderíamos chamar de "Estudos em música popular", congregando Sociologia, Antropologia e História. Nesta seção, por limite de espaço e de competência, enfatizaremos este último objeto, delimitando suas possibilidades como fonte histórica.

No campo dos "Estudos em música popular", os historiadores de ofício mais uma vez chegaram atrasados. A área de Letras e as Ciências Sociais já haviam descoberto a canção e consagrado algumas abordagens antes dos historiadores utilizarem a música como fonte para História. Aqui não estamos considerando a vasta produção das "Histórias da música", erudita ou popular, muitas vezes escritas por jornalistas diletantes ou eruditos. Os trabalhos historiográficos de José Ramos Tinhorão, historiador e crítico musical,[42] constituem-se, desde os anos 1970, numa tentativa de estabelecer uma historiografia da música popular mais ancorada em fontes primárias. Entretanto, a maior parte das fontes por ele utilizadas é de natureza escrita, o que permite ao polêmico autor tecer considerações de ordem sociológica (e ideológica) muitas vezes desvinculadas da análise do material musical e artístico. Do ponto de vista musicológico, Tinhorão centrou suas análises na sucessão de gêneros musicais brasileiros, tomando-os como hegemônicos em determinadas épocas (choro, samba, samba-exaltação, samba-canção, bossa-nova, canção de protesto, Tropicália etc.). O uso de fontes escritas (além das "letras" das canções) para a pesquisa histórica em torno da música popular mereceria uma discussão específica, pois no caso da música brasileira essa opção heurística tem dado o tom das análises e da organização de uma pauta de conteúdos historiográficos. As crônicas de época, memórias, autobiografias, entrevistas (radiofônicas ou impressas), artigos de crítica musical, matérias de imprensa, entre outros tipos de fontes escritas, foram mais utilizados nos estudos de música popular no Brasil do que fonogramas, partituras ou *performances* registradas em vídeo.

Obviamente, não se trata de menosprezar as fontes escritas não musicais para o estudo da música, sobretudo a música popular, mas de destacar a importância da incorporação do material musical, em forma de partitura, fonograma ou vídeo pelos historiadores, operação que não é tão simples do ponto de vista metodológico. No caso da música popular, uma mesma canção assume significados culturais e efeitos estético-ideológicos diferenciados, dependendo do suporte analisado: sua partitura original (que muitas vezes nem existe como documento primário, sendo de transcrição posterior ao fonograma), seus registros em fonograma e suas *performances* registradas em vídeo.

Ao contrário do cinema – área em que há uma tradição consolidada de crítica e análise acadêmica de filmes –, os estudos musicais acadêmicos pouco dialogam com a crítica especializada, que até pouco tempo nem era tão especializada. Por outro lado, os aportes teórico-metodológicos da Musicologia histórica e da Etnomusicologia, áreas de tradição acadêmica mais consolidada, podem distorcer os resultados de pesquisa, quando aplicados mecanicamente ao campo da "música popular". Basicamente, a diferença entre as três áreas de estudos musicais reside não apenas nos métodos, mas no objeto de pesquisa: a Musicologia histórica concentra-se no estudo da vida e obra dos compositores e das formas eruditas. A Etnomusicologia enfoca o estudo das formas e manifestações musicais dos grupos comunitários, de caráter socialmente integrador ou ritualístico, cuja prática musical não está voltada, *a priori*, à industrialização e ao consumo massificado. Se a primeira trabalha, prioritariamente, com a análise de partituras, com a evolução dos instrumentos musicais e com a documentação escrita gerada por compositores e críticos, a segunda tende a enfatizar o "trabalho de campo", no qual o etnomusicólogo faz o papel do etnógrafo, produzindo uma determinada documentação a partir dos seus "informantes" (os agentes de uma determinada *performance* musical). Essa etnografia musical pode ter vários suportes: vídeo, fitas magnéticas ou mesmo partituras transcritas pelo pesquisador a partir da audição de uma *performance* musical.

Portanto, no caso da Etnomusicologia, temos a produção constante de fontes audiovisuais, como parte do trabalho de campo do pesquisador. Esse material, com o passar dos anos, pode se constituir num *corpus* documental a ser utilizado por historiadores da cultura e da música, que irão se debruçar sobre o material etnográfico transformado em fonte histórica.[43] A crítica documental, nesse caso, deve ter consciência que existem dois níveis de linguagem envolvidos: em primeiro lugar, a *performance*, individual ou coletiva, do "informante" (o músico comunitário que executou a obra); em segundo lugar, o olhar do etnomusicólogo fazendo o papel do etnógrafo, ou seja, aquele que registra e descreve os traços culturais de um grupo social percebido em sua alteridade. O historiador, por sua vez, ao trabalhar com esse tipo de fonte audiovisual defronta-se com um dilema básico que se traduz na pergunta fundamental diante das fontes: qual é o meu objeto principal? A **prática musical do grupo social "nativo"**, registrada em sons e imagens, ou **a perspectiva do pesquisador que a registrou?** As duas abordagens são possíveis, mas envolvem problemáticas e estratégias de análise completamente diferentes.

Na análise da chamada "música popular" produzida pela indústria fonográfica e audiovisual, a questão das fontes coloca-se de outra maneira. O suporte privilegiado de boa parte da produção musical urbana, voltada para o mercado, é o fonograma. A partir do final da década de 1980, o **videoclipe** e a apresentação de cantores em programas televisuais passou a determinar as características da produção musical. Em outras palavras, arriscaríamos dizer que, até meados da década de 1970, a música era composta e produzida para ser ouvida e dançada. A partir daí, ela é produzida cada vez mais para ser vista (embora a dança continue um elemento fundamental da experiência sociomusical), frequentemente subordinada ao império da imagem. Esse é um processo que não pode escapar ao historiador do futuro e que representa a **integração dos suportes sonoros e audiovisuais**, com a tendência do fim do suporte fonográfico tradicional, potencializado pelo fenômeno da troca de músicas pela internet.

O **fonograma**, por sua vez, é o *corpus* documental privilegiado do pesquisador em música popular do século xx. Entre 1902 e 1990 no Brasil, o fonograma impresso em discos de vários formatos (78 rotações por minuto, compactos simples e duplos, *long-playings* de 10 e 12 polegadas, *compact discs*) constitui um patrimônio documental ainda longe de ser amplamente explorado. A rigor, não existe um levantamento completo desse material, ou seja, aquele trabalho inicial dos historiadores e arquivistas que é o estabelecimento das fontes. Para o caso dos 78 RPM, que foram produzidos de 1902 a 1964, existe um catálogo geral organizado com apoio oficial, no início dos anos 1980,[44] mas a conservação desse riquíssimo acervo documental deveu-se mais aos colecionadores particulares do que aos órgãos oficiais da cultura. Para o formato LP (o popular "vinil") ou compactos (duplos e simples), não existe sequer um levantamento amplo dos lançamentos realizados pelas gravadoras entre 1951 e 1990, período conhecido como "Era do LP". Muitas matrizes foram perdidas ou destruídas pelas próprias empresas e mais uma vez o acervo particular dos colecionadores é o tesouro a ser descoberto, mapeado e estudado pelos historiadores.

Há ainda uma outra fonte audiovisual importante para o estudo da música popular comercial, que é o cinema. Principalmente nas décadas de 1930, 1940 e 1950, o **filme-musical** foi um importante ramo do consumo de música popular. No caso do cinema musical brasileiro, apesar de muitos filmes estarem perdidos ou deteriorados, esse material está relativamente bem preservado graças à mentalidade preservacionista na área do cinema, assumida por grandes instituições como a Cinemateca Brasileira. Nesse caso, a abordagem teórico-metodológica deve levar em conta a linguagem híbrida, a encenação dramática ou coreográfica da *performance* musical. Num certo sentido, o filme-musical é o antepassado do videoclipe, embora a linguagem, o estilo e as técnicas de filmagem sejam completamente diferentes.

Por esse breve painel documental, é possível perceber o rico manancial de fontes fílmicas e fonográficas que ainda não foram incorporadas pelo historiador da música. Somente a partir da década de 1990 os trabalhos historiográficos estão trabalhando de maneira mais ampla e sistemática com fontes audiovisuais e sonoras para o estudo da música popular. Tal negligência ocorreu não apenas pela dificuldade de acesso às fontes audiovisuais e fonográficas, mas também porque há, na academia brasileira, uma certa tradição de análise da História e Sociologia da música centrada na palavra escrita.

No Brasil, a área de Estudos Literários[45] e as Ciências Sociais consagraram certas formas de analisar a canção ainda nos anos 1970 que acabaram influenciando os primeiros trabalhos historiográficos: a primeira destacou o parâmetro poético da canção – a "letra" – como foco privilegiado de análise, enquanto a segunda enfatizou o estudo dos atores sociais envolvidos na criação, produção e consumo da música. Em muitos trabalhos de análise histórica por meio da canção, a "letra" funciona como simulacro de um documento escrito – crônica de época ou tentativa de crítica social feita por um autor –, sendo analisada em sua significação puramente verbal, com alguns elementos de análise poética.[46] Os historiadores, lentamente, vêm tentando encontrar caminhos próprios de análise, na medida em que não têm formação em crítica literária / poética, nem são treinados em pesquisas de campo e conceitos sociológicos, correndo o risco de fazer péssima análise poética e má sociologia. Sem falar da dificuldade, para quem não tem formação em música, na análise da linguagem musical, escrita em partitura ou registrada em fonograma. Para complicar ainda mais a situação, a área de Musicologia não se pautou pela reflexão sistemática em torno da canção urbana e comercial, enfatizando o estudo da tradição erudita ou "folclórica" (base da Etnomusicologia atual). A música popular como um todo, e a canção em particular, até bem pouco tempo ficou órfã de reflexão teórico-metodológica mais consistente e ampla.

Qual seria então a peculiaridade da análise da música popular, sobretudo da canção, tomada como fonte histórica? Existe mesmo alguma peculiaridade, ou caberia ao historiador adaptar ferramentas teórico-metodológicas de outras áreas? Qual seria o estatuto da canção, como linguagem estética, e como analisar seus códigos intrínsecos? Essas parecem ser as grandes perguntas do momento, não apenas na área de História, mas na grande área conhecida como "Estudos em música popular", com predomínio dos estudos em torno dos gêneros cancioneiros consagrados pelo mercado musical.

A partir dessas inquietações, reiteramos a definição de canção, sintetizada pela historiadora Mariana Villaça, como um

> complexo conjunto composto pelos elementos musicais por excelência: harmonia, ritmo, melodia, arranjo, instrumentação – e por uma série de outros elementos que compõem sua forma: a interpretação e os signos visuais que formam a imagem do intérprete, a *performance* envolvida, os efeitos timbrísticos e os recursos sonoros utilizados na gravação [...] a estes elementos acrescenta-se à letra da canção e toda a sua complexidade estrutural, à medida que qualquer signo linguístico, associado a um determinado signo musical, ganha outra conotação semântica, que extrapola o universo da compreensão da linguagem literária.[47]

Arnaldo Contier foi um dos primeiros historiadores de ofício a enfrentar essas questões teórico-metodológicas e criticar a ênfase dada ao componente linguístico-verbal na análise da canção. Uma de suas primeiras advertências é a de que

> a música não exprime conteúdo diretamente [...] mesmo quando acompanhada da letra, no caso da canção, o seu sentido está cifrado em modos muito sutis e quase sempre inconscientes de apropriação dos ritmos, timbres, das intensidades, das tramas melódicas e harmônicas dos sons. [48]

Na perspectiva de Contier, o "sentido cifrado" da canção, objeto último da crítica interna da fonte, começa a se desvelar na análise do contexto histórico no qual o compositor se insere, como agente social e personagem histórico. Nessa ótica, o caráter polissêmico do documento musical não é um obstáculo intransponível e as possibilidades de trabalho do historiador ancoram-se no **mapeamento das "escutas" históricas (crítica, público e os próprios artistas, que são também ouvintes) que dão sentido histórico às obras musicais.** Obviamente, esse sentido sociocultural não é nem extrínseco à obra, nem ilimitado em suas possibilidades, apoiando-se nos **materiais e na linguagem musical que estruturam a peça musical.**

A questão central é que, em que pese a estrutura interna da obra e as intenções subjetivas do compositor, o sentido social, ideológico e histórico de uma obra musical reside em convenções culturais que permitem a formação de uma rede de escutas sincrônica e diacrônica.[49] Sincrônica, pois uma obra erudita ou uma canção popular têm um tempo/espaço de nascimento e circulação original, caso contrário não seria uma fonte histórica. Diacrônica, pois como patrimônio cultural, ela será transmitida ao longo do tempo, sob o rótulo de obra-prima ou obra medíocre, e suas releituras poderão dar-lhe novos e inusitados sentidos ideológicos e significados socioculturais. Mesmo o esquecimento reservado a uma obra ou artista é um dado para o historiador, cuja preocupação com o juízo de valor não deve ser o foco principal da análise. Em outras palavras, as "obras medíocres" também são portadoras de significados sociais e históricos, ainda que menos profundos e instigantes do que as "obras-primas" consagradas pela memória e pelo gosto vigente. Sem falar na grande fluidez de gosto e dos critérios de julgamento estético, que podem mudar com o passar dos anos, resgatando obras do esquecimento e emprestando-lhes novas escutas. Qualquer que seja a problemática e a abordagem do historiador, fundamental é que ele promova o **cotejamento das manifestações escritas da escuta musical (crítica, artigos de opinião, análises das obras, programas e manifestos estéticos etc.) com as obras em sua materialidade (fonogramas, partituras, filmes).** A partir desse procedimento, o historiador pode perceber quais parâmetros foram destacados numa canção ou peça instrumental, quais foram os critérios de julgamento de uma determinada época, como foram produzidos os sentidos sociais, culturais e políticos a partir da circulação social da obra e de sua transmissão como patrimônio cultural coletivo. No caso da música popular, sua natureza industrial deve ser pensada como parte da estrutura de criação e circulação da obra, emprestando-lhe um estatuto de "obra de arte na era da reprodutibilidade técnica" que não pode ser abstraído na análise e submetido aos imperativos puramente estéticos.

Como usar fontes audiovisuais na pesquisa histórica
Coleta e arquivos
Acesso às fontes fonográficas e audiovisuais (patrimônio ameaçado) no Brasil

No Brasil, por incrível que pareça, a documentação audiovisual do século xx está mais ameaçada do que a documentação de épocas históricas mais remotas. Existem algumas iniciativas importantes do poder público para melhorar essa situação, mas, em linhas gerais, o que não foi perdido está em mãos de arquivos institucionais privados, colecionadores particulares ou em situação de risco, inclusive na medida em que não há um levantamento sistemático desse patrimônio. Essa deveria ser a prioridade para os próximos anos, trabalho que envolveria arquivistas, historiadores, colecionadores e autoridades públicas na área da cultura. Obviamente, o quadro não é o mesmo para as três grandes áreas documentais aqui discutidas: cinema, televisão e música.

A memória patrimonial e artística do cinema é, de longe, a mais bem preservada. A criação da Cinemateca Brasileira, nos anos 1940, representou um passo importante na coleta, catalogação, preservação e disponibilidade para pesquisa do material fílmico e de parte da documentação escrita na área de cinema. A Cinemateca do Museu de Arte Moderna do Rio de Janeiro é outra instituição que, até bem pouco tempo, guardava boa parte da memória do cinema brasileiro das décadas de 1960 e 1970. O Museu Lasar Segall, de São Paulo, também realizou importante trabalho de preservação de documentação ligada ao cinema brasileiro, sobretudo o material crítico e informativo publicado na imprensa, desde os anos 1970. Além desses grandes acervos públicos brasileiros, a área de cinema é a que mais disponibiliza no mercado suas obras clássicas. Com a disseminação do formato DVD é possível encontrar no mercado brasileiro grande número de títulos clássicos do cinema, desde filmes de escolas cinematográficas dos anos 1920 e 1930, até filmes mais recentes. A vantagem é que o formato DVD possibilita uma melhor qualidade de imagem e som, além de facilitar o trabalho de pesquisa e análise do filme em casa. Para o caso do cinema brasileiro, a TV a cabo mantém um canal especializado, transmitindo filmes que, em muitos casos, não existem em DVD ou só existem em formato VHS, editados há muito tempo, com perda progressiva de qualidade de imagem e som.

Apesar dessa facilidade, o ideal para o historiador que deseja se aprofundar na análise fílmica é, sempre que possível, tomar contato com o filme em película, cujo acesso quase nunca é possível para pesquisadores que estão fora dos grandes centros urbanos.

Em síntese, seja pela melhor situação dos arquivos públicos de cinema (cinematecas e outras instituições), seja pelo interesse do mercado em disponibilizar obras importantes, seja pela TV a cabo, o acesso ao documento fílmico é relativamente mais fácil do que em outros tipos de fontes audiovisuais. Além do documento fílmico, há um esforço de sistematização de informações escritas sobre filmes (fichas técnicas, biografias dos profissionais de cinema, críticas, manifestos etc.). No Brasil e, principalmente, no exterior, há abundante documentação fílmica e escrita sobre cinema.

Em relação à música, sobretudo ao campo da música popular, a questão é um pouco mais complicada. A começar pela situação absurda gerada pela falta de política de preservação das grandes gravadoras e pela inexistência de uma política pública de guarda e preservação de fonogramas. Em muitos casos, as matrizes originais de discos produzidos nas décadas de 1950 e 1960 estão destruídas, o que representa perda de profundidade na pesquisa histórica, com lacunas de informações importantes e originais.

As gravadoras brasileiras lançam grande quantidade de coletâneas de músicas populares, principalmente aquelas gravadas a partir da década de 1970. A questão é que muitas coletâneas não veiculam informações mínimas sobre os álbuns originais nos quais as faixas musicais estavam incluídas, sem data de gravação ou nomes de músicos envolvidos. Para o historiador, essas informações são fundamentais e, nesse sentido, ao contrário do mercado de filmes cinematográficos, o material antigo veiculado pelo mercado fonográfico é mais lacunar e precário. No caso das "caixas de CDs", que em geral possibilitam acesso a obras completas dos cancionistas (compositores ou intérpretes), o material informativo tende a ser mais elaborado e completo.

A facilidade de acesso às fontes fonográficas e às fontes escritas conexas varia conforme o formato do suporte do fonograma. Dos três grandes formatos do século xx – o disco 78 RPM, o álbum de 12 polegadas e o *compact disc* –, o que apresenta sistematização mais avançada é o primeiro. Graças ao trabalho de jornalistas pesquisadores e de colecionadores particulares, essas fontes foram preservadas e no final dos anos 1970 foi realizado amplo trabalho de levantamento informativo, gerando um catálogo de todos os discos 78 RPM lançados no Brasil. Infelizmente, esse material não foi reeditado e hoje o acesso a ele não é tão fácil. De qualquer forma, por meio dessa iniciativa é possível saber praticamente tudo o que foi gravado nesse formato, entre 1902 e 1964. Outras iniciativas de levantamento documental e informativo, como a da Casa Edison do Rio de Janeiro[50] ou a discografia completa de Noel Rosa,[51] entre outras, são dignas de nota e facilitam o trabalho do historiador, que pode ir além das fontes já consagradas e analisadas em outras pesquisas. O trabalho feito pela Collectors, empresa do Rio de Janeiro, também é importante na medida em que disponibiliza praticamente todo o acervo da Era clássica do rádio (1930 a 1950), embora boa parte do material encontre-se no Museu da Imagem e do Som do Rio de Janeiro – acervo que poderia ser de acesso mais amplo e facilitado, caso fosse informatizado e digitalizado. Ainda em relação ao formato 78 RPM, deve-se destacar o trabalho da gravadora Revivendo, de Curitiba, ancorada no acervo de cerca de 50 mil discos do seu dono, Leon Barg, que disponibiliza no mercado importante acervo fonográfico, cobrindo os anos 1910 a 1950.

No caso do álbum *long playing* (LP), importante formato de fonograma que praticamente se confunde com a Era clássica da MPB (1960 e 1970), ainda não há um levantamento sistemático de títulos (de álbuns e canções), embora seja mais fácil encontrar esse tipo de fonte nos antiquários e "sebos". Há informações de discografias completas de artistas específicos na internet, geralmente disponíveis nos seus próprios *websites*. Mas ainda há muito material a ser localizado, catalogado e disponibilizado para os pesquisadores e estudantes. A era do LP, vigente entre 1951 e 1990, já terminou, e o Brasil, que nesse período se tornou um dos principais mercados fonográficos do mundo, além de produtor de uma música popular de reconhecida qualidade, ainda não sabe o tudo que foi gravado pelo seu parque industrial fonográfico. Esse é o trabalho de levantamento e catalogação mais urgente a ser feito e, pelo volume de trabalho, deveria ser encarado coletivamente com o apoio oficial, diretamente ou via leis de incentivo.

Para o caso CD, dada sua história mais recente e seu formato digital, ainda é relativamente fácil para o pesquisador ter acesso às informações a partir do mercado ou dos arquivos institucionais das gravadoras. Além disso, o CD disponibilizou grande quantidade de canções e álbuns cujos formatos originais eram em 78 RPM ou LP. Para o pesquisador iniciante, é preciso tomar cuidado com as reedições de faixas musicais antigas em formato CD, pois a gravadora, por razões comerciais, nem sempre mantém o índice original dos álbuns dos quais faziam parte. Como o LP era, no caso da MPB, do *jazz* ou do *rock*, mais que uma reunião aleatória de canções, traduzindo um trabalho conceitual que revelava o momento da carreira do artista e sua inserção na sociedade, a ausência do índice original, da capa ou de informações técnicas originais representa importante perda de qualidade na pesquisa histórica.

O acesso às fontes televisuais é, de longe, o que apresenta maiores desafios para a pesquisa histórica. As televisões brasileiras ainda não assumiram papel ativo na preservação de sua própria memória. Seus arquivos de imagens são vistos como propriedade particular, destinados quase exclusivamente aos seus diversos departamentos de produção. Existem algumas exceções honrosas e até boa vontade de alguns responsáveis pelos arquivos, mas as empresas, como um todo, ainda não têm uma política de acesso público ou mesmo restrito a determinadas fontes. Para complicar a situação, os programas televisivos transmitidos até o início dos anos 1960 eram "ao vivo", perdendo-se no ato da transmissão, ao contrário do acervo radiofônico, relativamente bem preservado desde os anos 1940. Seu registro em suporte magnético começou a ocorrer com a introdução do videoteipe em 1962, mas nos primeiros anos dessa nova tecnologia pouco material gravado foi preservado, pois as fitas eram constantemente reutilizadas para gravar outros programas. Na virada da década de 1960 para 1970, sucessivos incêndios em televisões (Record, Bandeirantes) destruíram boa parte do acervo em vídeo das emissoras. Nos anos 1980, as grandes redes passaram a se preocupar com uma política de preservação visando dar suporte à sua própria produção, na medida em que os programas do passado começaram a despertar o interesse da audiência.

Por outro lado, os arquivos e museus públicos, especializados em material audiovisual, também não conseguiram desenvolver uma política de coleta e preservação para essa área. Portanto, resta ao historiador a pesquisa nos arquivos das próprias emissoras. A situação dos arquivos das emissoras, em termos de preservação e acessibilidade é muito variável. Das grandes TVs ainda em atividade, a Rede Globo é a que possui o melhor, mais organizado e mais *inacessível* arquivo de imagens televisuais de sua própria fatura e de outras emissoras. A TV Cultura e a TV Bandeirantes, de São Paulo, possuem arquivos importantes e com acesso relativamente fácil para o pesquisador, em que pese boa parte da consulta e cópia (de programas próprios) ser paga. A TV Record, emissora mais importante dos anos 1960, tem um arquivo voltado para sua própria memória institucional, com pouca estrutura de pesquisa para receber pesquisadores. Entre as grandes emissoras que não estão mais em atividade – caso da TV Excelsior e da TV Tupi[52] –, a situação é paradoxal. O acervo da Excelsior, emissora que inovou a linguagem e a técnica televisual na década de 1960, ficou virtualmente perdido em meio ao despojo judicial da sua massa falida. O acervo da Tupi de São Paulo, a primeira do Brasil, foi doado à Cinemateca Brasileira e está em processo de catalogação. Um outro ramo de pesquisa importante, pouco estudado, é o das emissoras regionais, muito importantes até o início dos anos 1970. Nesse caso, a dificuldade ao acesso de fontes audiovisuais é ainda maior, pois a sua incorporação pelas grandes redes nacionais praticamente relegou seu acervo e sua memória específicos ao esquecimento. Um recurso que os historiadores têm utilizado é a pesquisa em fontes orais e em acervos escritos (almanaques de TV e jornais locais).

A partir do aniversário de 50 anos do início das atividades da televisão brasileira, muitos livros de memórias, catálogos e almanaques foram lançados.[53] Esse material é um importante apoio à pesquisa em fontes audiovisuais, fornecendo um guia para o pesquisador do que de mais importante aconteceu na TV brasileira desde a sua fundação. No campo da recepção, um corpo documental muito bem preservado, organizado e com um potencial informativo impressionante é a coleção do Ibope (Instituto Brasileiro de Opinião Pública e Estatística), disponível no Arquivo Edgar Leuenroth (da Unicamp–Universidade Estadual de Campinas). Nele, o pesquisador pode encontrar índices semanais de audiência, no Rio de Janeiro e em São Paulo, de 1960 a 1980.

A internet como arquivo e referência

A rede mundial de computadores representa grande apoio a historiadores, sobretudo àqueles que não têm acesso às grandes instituições de coleta e preservação dos acervos audiovisuais. A internet, no entanto, é mais um depósito de informações, um grande arquivo virtual de referência, do que um arquivo material de fontes primárias. O pesquisador iniciante deve ter muito cuidado com a pesquisa na internet, pois muitos websites não citam referências ou atestam a origem dos documentos transcritos.

Na fase de montagem de projetos, conferência de informações, levantamento de fontes (discografias, filmografias, biografias de personagens pesquisados, documentos escritos conexos etc.), a internet é extremamente valiosa, se o pesquisador tiver algum tipo de experiência com esse tipo de pesquisa virtual, facilidade de acesso à rede e muita paciência para passar horas na frente da telinha. São centenas de websites sobre música, cinema e televisão, sobretudo europeus e norte-americanos, que podem e devem ser acessados. A seguir, destacaremos apenas alguns websites brasileiros mais importantes.

O melhor material informativo disponível na internet é sobre as fontes fonográficas. Os websites de artistas específicos, brasileiros ou estrangeiros, os websites de referência em música, popular ou erudita, e os arquivos MP3 e similares, que disponibilizam canções pela rede, fornecem uma enorme quantidade de informações. No caso da música brasileira, o melhor site para pesquisa é o de Chico Buarque de Hollanda, com um levantamento minucioso de sua vida e obra (fonográfica e escrita, incluindo textos e entrevistas). Praticamente, todos os compositores e intérpretes importantes da MPB têm websites próprios. Destacamos também os websites *Cliquemusic* (www. cliquemusic.com.br) e *Agenda do Samba e Choro* (www.samba-choro.com.br), que possuem bons verbetes sintéticos sobre autores, movimentos e obras. O website da Som Brasileiro (www.sombras.com.br) possui grande quantidade de páginas com discografias e links com mais de 150 páginas específicas de artistas, as quais apresentam informações bastante completas, além de outros dados. Algumas discografias apresentam todas as faixas musicais dos álbuns enumerados.

No caso do cinema, dado o volume mais pesado de armazenagem virtual, o acesso virtual a filmes completos ainda não é muito comum, via internet, embora essa possibilidade esteja anunciada para um futuro próximo. No entanto, já é possível consultar bons websites sobre História do cinema, com fontes escritas e bibliografias sobre cinema. Entre as iniciativas brasileiras, destacamos a revista eletrônica *Olho da História* (www.olhodahistoria.ufba.br), que veicula diversos artigos sobre a relação entre cinema e história.

Para o pesquisador interessado em fontes televisuais, a internet facilita pouco, ao menos no caso brasileiro.[54] Os websites de emissoras e redes de TV são puramente institucionais e comerciais, com pouca informação histórica ou material historiográfico. Nesse campo, destacamos o Tele História (www.telehistoria.com.br), que veicula diversas informações sobre emissoras, programas e personagens. Mas, no geral, no caso da televisão ainda é preciso recorrer a arquivos materiais, com todas as dificuldades acima relatadas.

Abordagem

Todo documento, incluindo os documentos de natureza audiovisual, deve ser analisado a partir de uma crítica sistemática que dê conta de seu estabelecimento como fonte histórica (datação, autoria, condições de elaboração, coerência histórica do seu "testemunho") e do seu conteúdo (potencial informativo sobre um evento ou um processo histórico). Com a crescente sofisticação da crítica documental, novas técnicas linguísticas e novas técnicas quantitativas e seriais permitiram não apenas a ampliação do potencial informativo das fontes históricas, mas a própria ampliação da tipologia das fontes. De testemunho visto como "verdadeiro", desde que "autêntico", os historiadores contemporâneos passaram a enfatizar a análise das representações simbólicas contidas na fonte. Se a linguagem, para os historiadores tradicionais, era um veículo neutro das ideias contidas num documento escrito, para os historiadores surgidos a partir dos anos 1950, cada vez mais a linguagem deve ser, em si mesma, objeto da reflexão.

Para o caso do documento audiovisual, essa é uma questão-chave. Nesse tipo de fonte histórica, sua linguagem não escrita foi vista, inicialmente, como "objetiva" e "neutra". Nesse sentido, a fonte audiovisual foi percebida como um registro quase mecânico da realidade externa, testemunho mais fiel ainda aos fatos e processos históricos, conjunto de significados que iam direto ao referente (a "realidade"), parecendo prescindir de análise de significantes e de códigos de linguagem. Como vimos na primeira parte, essa tem sido a grande crítica dos historiadores contemporâneos, especializados em linguagem cinematográfica ou musical, para os quais a linguagem não escrita, apoiada em registros mecânicos, é uma linguagem como outra qualquer, que precisa ser decodificada, interpretada e criticada. Mesmo que o historiador não esteja preocupado com os aspectos estéticos de um filme ou de uma peça musical, ou com os aspectos comunicacionais de um programa de televisão ou de rádio, essas categorias não podem ser negligenciadas. Inclusive os aspectos mais propriamente "técnicos" que envolvem tais fontes, como o processo de filmagem, revelação e edição de um filme, os processos de gravação fonográfica de uma música (gravação, mixagem, equalização, edição etc.) ou os processos de gravação de um programa de TV ou rádio, não podem ser completamente desconsiderados pelo historiador especialista nesses meios.

Em outras palavras, no caso das fontes audiovisuais e musicais, os "conteúdos", as linguagens e as tecnologias de registro formam um tripé que, em última análise, irá interferir no potencial informativo do documento. O historiador, mais treinado em análises de documentos escritos, tende a isolar os aspectos de "conteúdo" da fonte (tema, características psicológicas e ideológicas dos personagens e das situações representadas, canais e códigos verbais etc.) dos aspectos de linguagem técnico-estética (códigos de imagem e som) e tecnologias de registro. Ainda é comum ler artigos, capítulos ou mesmo teses que trabalham com a pesquisa a partir de fontes audiovisuais, mas que pouco incorporam uma crítica documental completa. Mesmo quando os resultados de pesquisa não são completamente enviesados, o potencial informativo das fontes fica prejudicado e limitado aos seus canais verbais (os "diálogos" de um filme, a "letra" de uma canção, o "texto" de uma novela ou telejornal). Obviamente, esses canais e códigos são bastante importantes, em alguns casos até determinantes do "testemunho" ou da "representação" documental da história. O problema está em isolá-los dos outros códigos, canais e técnicas que estruturam o documento como um todo e que remetem a linguagens específicas, complexas e sofisticadas, que não se resumem ao parâmetro verbal. O enquadramento de uma cena, a edição de um filme, a cor/textura empregada na captação da imagem, são fundamentais para que o filme ganhe sentido cultural, estético, ideológico e, consequentemente, sócio-histórico. Na música, a textura ou colocação de uma voz, os timbres e o equilíbrio entre os instrumentos, o andamento e as divisões rítmico-melódicas, são estruturas que interferem no sentido conceitual, corpóreo e emocional de uma letra. Na televisão, o tom da voz, a relação texto/imagem/trilha sonora, a duração da notícia ou da cena, as estratégias de reiteração, o vocabulário escolhido, são elementos fundamentais para o telejornal ou a telenovela serem assimilados e ganharem sentido numa determinada sociedade.

Portanto, existem duas regras fundamentais para abordar de forma mais acurada a fonte audiovisual e sonora (musical): a primeira é **não isolar seus códigos, canais e parâmetros verbais dos outros códigos, canais e parâmetros mobilizados pela fonte** (registro e edição de imagens e sons, e estruturas e gravação musicais); a segunda é **não isolar a cena ou som "real", captado pelo meio tecnológico (a câmera, o microfone etc.) das opções de linguagem, imperativos dos códigos dominantes e das possibilidades técnicas do meio em questão** (cinema, TV, rádio, música). Nem o conteúdo da fonte audiovisual se limita aos parâmetros verbais, nem a realidade por eles registrada ou encenada é bruta e livre de qualquer filtro de linguagem ou de escolhas por parte dos realizadores (produtores, editores, diretores, roteiristas, jornalistas etc.). Essas características das fontes audiovisuais e sonoras não são limites para o historiador, mas o ponto de partida para o trabalho de crítica historiográfica.

De outra forma, a ênfase dada às linguagens não verbais constituintes desse tipo de fonte pode levar o historiador a uma postura oposta: a diluição do seu trabalho historiográfico na análise da linguagem dos meios em si mesma. Muitas vezes o recorte de um trabalho historiográfico é dado por problemáticas que não estão voltadas, prioritariamente, para a História *do* cinema, *da* música ou *dos* meios de comunicação e suas linguagens e materiais. O historiador da política ou dos movimentos sociais pode querer utilizar a fonte audiovisual como meio para discutir outros problemas. Nesse caso, vale o bom senso do pesquisador, do professor ou do orientador, e é caso a caso que se pode avaliar se os objetivos da pesquisa necessitam de uma crítica mais ou menos profunda da linguagem das fontes audiovisuais ou musicais. O que está cada vez mais difícil de sustentar é a completa negligência desse problema. Por exemplo, seria possível escrever uma História institucional ou econômica do cinema ou da televisão e, nesse caso, as questões de linguagem poderiam estar em segundo plano, submetidas a analises de cunho institucional ou econômico. No caso de uma pesquisa que enfatize as representações do passado nos meios audiovisuais, a questão da especificidade da linguagem não pode ser negligenciada, sob pena de obter um resultado de pesquisa enviesado e incompleto.

Uma vez incorporadas essas regras básicas na abordagem do documento, o passo seguinte é a **sistematização de algumas informações essenciais da fonte**. Essa operação envolve o reconhecimento de uma tipologia básica das fontes audiovisuais e seu estabelecimento como fonte histórica.

A tipologia de uma fonte audiovisual não varia, fundamentalmente, dos elementos que definem a tipologia das fontes tradicionais. Basicamente, o historiador deve **identificar os seguintes elementos: gênero, suporte, origem, data, autoria, conteúdo referente, acervo**. Tais elementos compõem a ficha técnica das fontes, que nem sempre estão previamente elaboradas nas coleções e arquivos. Alguns exemplos de fichas técnicas.

❏ Filme: *gênero*: filme de ficção/melodrama; *suporte*: fílmico – película de 35 mm; *origem*: (estúdio e país); *duração*: 60 min.; *autoria*: diretor/produtor; *conteúdo referente* (o documento fala do quê?); *acervo*: (qual a coleção ou instituição que guardou o material?).

❏ Música: *forma/gênero* (por exemplo, "forma canção/gênero samba"); *suporte* (por exemplo, fonograma ou partitura ou videoclipe); *origem* (país/estúdio); *duração*; *data* (data da gravação e da publicação do material); *autoria* (compositor/intérprete/músicos); *acervo* (no qual a fonte foi encontrada).

❏ Televisão: *forma* (por exemplo, telejornal/noturno); *suporte* (por exemplo, vídeo gravado e fixado em meio magnético ou digital); *origem* (emissora, país, cidade); *duração*; *autoria* (editores, apresentadores, diretor de jornalismo); *conteúdo referente* (resumo do tema das notícias/pauta); *acervo*.

Discutidas as questões teóricas, os problemas iniciais da abordagem e o estabelecimento das fontes históricas de natureza audiovisual e musical, passemos aos procedimentos metodológicos propriamente ditos, visando explorar o seu potencial de informação historiográfica, cujo foco, obviamente, vai ser dado pelos temas e problemas da pesquisa em questão.

Como usar fontes fonográficas

O primeiro dilema enfrentado pelo historiador é **escolher o suporte** privilegiado da pesquisa histórica em torno do documento musical. Partitura ou fonograma? A princípio, esse dilema seria falso, pois os dois suportes não se autoexcluem. Para a análise musical mais tradicional, desenvolvida pela Musicologia, a partitura (notação escrita) é o elemento fundamental da análise estrutural da obra musical. A execução musical (*performance*) pode até ser o núcleo vivo da experiência social da música, mas o pensamento e a estrutura musicais de uma época estariam contidos nas partituras, depositárias das intenções e capacidades criativas dos compositores. Nelas, estaria presente a organização mais completa dos sons musicais de uma obra, pensada de forma orgânica. Nesse sentido, as partituras traduziriam não apenas os elementos estéticos, mas também as homologias mais profundas entre obra de arte ("fato estético") e sociedade ("fato social"). Na tradição da música erudita, cabe ao maestro e ao instrumentista valorizarem os elementos estéticos já delimitados pelo compositor, imprimindo pequenas variações de andamento, de intensidade ou colorido, sem alterar a obra interpretada em sua estrutura básica. O talento do maestro e do instrumentista, na música erudita, mede-se pela capacidade de captar a complexidade de uma obra, de traduzir suas harmonias, frases melódicas, pausas e articulações de compassos. Praticamente, a não ser em alguns casos específicos, não há espaço significativo para improvisos e variações estruturais na execução ou gravação de uma sonata, ópera ou sinfonia.

Na música popular, seja ela instrumental ou cantada, o pesquisador defronta-se com o oposto. A não ser em alguns casos específicos, a partitura pouco traduz o que se ouve, chegando mesmo a não delimitar as possibilidades melódico-harmônicas de uma canção ou peça instrumental. Na música popular é comum a notação escrita ser posterior à obra gravada, com certos "acidentes" que determinam a natureza da obra não ter a devida tradução na partitura, sobretudo no plano rítmico. Além disso, muitas vezes, a partitura de uma canção veicula apenas a linha melódica ("voz"), com algumas indicações cifradas das harmonias que o intérprete deve utilizar. O problema principal para o pesquisador que quer articular a obra ao contexto social, é que muitos aspectos estéticos e culturais da canção não estão contidos na partitura, que, nesse sentido, serve principalmente para uma análise da estrutura harmônico-melódica, que, diante do complexo estatuto da canção, acaba sendo uma análise parcial e nem sempre correspondente ao complexo sonoro que ouvimos no fonograma. Uma canção, na tradição ocidental, define-se estética e socialmente por um conjunto de aspectos que vai além do binômio "harmonia-melodia". O ritmo, reforçado por aspectos de natureza timbrística ("percussão"), tem um papel fundamental na definição do "gênero" musical-popular. O gênero musical, em si, também se define por uma série de outros aspectos timbrísticos e performáticos que extrapolam o universo estritamente musicológico da canção. Os músicos e cantores que interpretam uma canção têm liberdade criativa grande, se comparados com o universo da música erudita. Finalmente, o parâmetro verbal da canção é fundamental para sua realização como objeto musical e, desde que a canção tornou-se objeto de pesquisa das Ciências Humanas, entender a articulação letra-música na produção de sentido das canções tem sido um dos principais desafios para o pesquisador.

Sobre esse último aspecto, o pesquisador pode trabalhar com **quatro abordagens** fundamentais:

- ❏ a letra de uma canção, em si mesma, dá o sentido histórico-cultural da obra;
- ❏ o sentido assumido pela letra depende do "contexto sonoro" mais amplo da canção, tais como entoação, colagens, acompanhamentos instrumentais, efeitos eletroacústicos, mixagens;[55]
- ❏ a letra ganha sentido na medida em que a sua materialidade sonora (palavras, fonemas, sílabas) está organizada conforme as alturas que constituem as frases melódicas de uma canção;[56]
- ❏ o sentido sociocultural, ideológico e, portanto, histórico, intrínseco de uma canção é produto de um conjunto indissociável que reúne: palavra (letra); música (harmonia, melodia, ritmo); *performance* vocal e instrumental (intensidade, tessitura, efeitos, timbres predominantes); veículo técnico (fonograma, apresentação ao vivo, videoclipe).[57]

Particularmente, para o caso da pesquisa histórica, defendemos essa última abordagem, pois ela permite **situar uma canção objeto da cultura, não isolando aspectos literários, linguísticos ou tecnológicos** que podem ser muito importantes em outras áreas de pesquisa. Elementos das quatro abordagens podem até coexistir, mas o historiador deve ficar atento para **não cair no ecletismo teórico ou nos dois "pecados" que prejudicam a análise de qualquer fonte histórica: o anacronismo ou a perenidade.** Pelo viés do *anacronismo*, acredita-se que a época contemporânea dá sentido à historicidade do passado, que perde sua eventual especificidade. Já a *perenidade* defende que as fontes históricas (sobretudo aquelas ligadas ao campo artístico-cultural) sempre tiveram o mesmo significado em todas as épocas, sendo irrelevantes os sucessivos processos sociais de construção do passado e releitura dos testemunhos e evidências. Para o historiador, o problema do anacronismo remete à necessidade de **reconhecer a singularidade do passado** e o problema da perenidade exige a **problematização da transmissão social da memória e dos testemunhos de uma época**, pois o sentido ideológico e a valorização estética de uma obra de arte variam conforme o passar dos anos. Muitas vezes, na época de sua produção, uma obra de arte não teve o mesmo sentido que lhe atribuímos hoje em dia.

Ainda do ponto de vista da abordagem, há uma regra básica para a análise da canção como documento histórico: **delimitar historicamente o fonograma ou a partitura analisados**. Se o pesquisador se propõe a analisar a canção *Aquarela do Brasil* como monumento sonoro do Estado Novo, é preciso ir diretamente à gravação coetânea, aos marcos cronológicos da pesquisa, à fonte "de época", como se diz: a gravação clássica de Francisco Alves, em 1939. Qualquer outra gravação dessa mesma canção, mesmo apresentando a mesma letra, a mesma melodia e harmonia, não permitirá uma análise histórica acurada. Nada impede o historiador de analisar as diversas releituras de uma canção, mas sempre as relacionando com as questões mais amplas do período e do objeto em questão na pesquisa. **Não existe a "canção em geral", existem canções ancoradas em suportes materiais – fonogramas ou partituras – que foram produzidas em tempos e espaços determinados.** Num mesmo período histórico, a mesma canção pode ter gravações diferentes, com implicações culturais, ideológicas e estéticas diversas. **A coleta documental e a análise da fonte não podem negligenciar essa regra básica e deve ser coerente com o período, o objeto e a problemática da pesquisa.**

No plano dos **procedimentos de análise**, o documento fonográfico exige uma **audição sistemática**, repetida diversas vezes. Há o momento inicial da **análise da fonte**, na qual aqueles elementos indissociáveis, já aludidos, são momentaneamente decupados pelo pesquisador: letra, estrutura musical, sonoridades vocais e instrumentais, *performances* visuais e outros efeitos extramusicais. Essa decupagem é puramente instrumental e provisória, pois o sentido de uma canção gravada deve ser buscado na rearticulação desses elementos, formando uma crítica interna ampla.

Os registros objetivos e as impressões do pesquisador devem ser devidamente anotados e em seguida cotejados com o contexto extramusical, que pode incluir: dados da biografia dos compositores, cantores e músicos;

ficha técnica do fonograma; críticas musicais e textos explicativos dos próprios artistas envolvidos; dados de consumo da canção e outras informações que completem os sentidos intrínsecos que uma canção pode conter. No geral, as instâncias de **análise contextual** da canção são as seguintes:[58]

- ❑ *criação:* as intenções, as técnicas e as "escutas" que informam e influenciam o compositor ou o intérprete;
- ❑ *produção:* a transformação da obra criada em produto material e, no caso da canção comercial, em artefato industrial (a *performance* gravada em estúdio ou ao vivo, o trabalho dos técnicos e produtores, as estratégias empresariais que norteiam a cadeia de produção musical);
- ❑ *circulação*: os circuitos e espaços sociais, culturais e comerciais pelos quais passa uma canção, como *performance* ao vivo ou artefato musical. Essa instância inclui não apenas os espaços públicos e privados tradicionais (teatros, clubes, instituições), mas também as mídias eletrônicas que veiculam a música popular em geral (televisão, rádio, cinema, internet);
- ❑ *recepção*: instância que é muitas vezes confundida com a anterior na análise de objetos artístico-culturais. Enquanto a "circulação" envolve os espaços e as mídias socialmente identificáveis, a "recepção" envolve os processos culturais (de base sociológica, antropológica ou psicossociológica) que norteiam as formas e sentidos da apropriação da canção (e de qualquer produto cultural) em uma determinada época e sociedade. Nesse caso, o pesquisador deve mapear os grupos sociais específicos (faixa etária, gêneros e identidades sexuais; filiações ideológicas e estratos sociais, entre outras).

Entre a instância primária da *criação* e a instância última da *recepção*, as diversas camadas de sentido de uma canção são construídas, negociadas e reprocessadas. Enquanto essas instâncias são focadas a partir de uma perspectiva sincrônica e sociológica, o historiador não pode esquecer do processo complementar de análise, diacrônico e histórico, que faz com que diversas épocas olhem para o passado e seus produtos e testemunhos de diversas maneiras. Portanto, **os diversos sentidos históricos de uma canção constroem-se no espaço e no tempo.**

Como usar fontes fílmicas (cinematográficas)

A abordagem do cinema pelo historiador segue a mesma regra básica da crítica interna da canção. Podemos, portanto, falar de uma "**assistência sistemática e repetida**" dos filmes que constituem o corpo documental da pesquisa, buscando articular análise fragmentada (decupagem dos elementos de linguagem) e síntese (cotejo crítico de todos os parâmetros, canais e códigos que formam a obra).

A **definição do *corpus* documental** no caso da fonte fílmica, porém, é de natureza mais complexa do que na fonte musical. Normalmente, o historiador que trabalha com a música popular tende a selecionar, coletar e analisar diversas obras (canções ou peças instrumentais), buscando uma discussão sobre gênero musical, representações e imaginários predominantes na letra, no pensamento estético-musical em torno de valores ideológicos, sociabilidades em torno da música etc. Esses, ao menos, têm sido os temas predominantes nos programas de pós-graduação brasileiros. Nos estudos sobre cinema, que constituem um campo de diálogo obrigatório para o historiador, a corrente predominante de pesquisadores defende o lema "uma tese, um filme", pois o detalhe é um elemento que dá sentido histórico e estético ao filme e remete a um conjunto de problemas intrínsecos e extrínsecos ao documento, exigindo certa erudição do historiador.

Nas diversas "assistências" do(s) filme(s) analisado(s), o pesquisador deve buscar um conjunto de informações que se localizam nos diversos canais e códigos que formam a "linguagem fílmica". Em um primeiro momento, deve haver **identificação dos seus elementos narrativos ou alegóricos** com base em uma espécie de "descrição densa" dos elementos narrativos básicos do filme: o plano e as sequências. Alguns pesquisadores defendem a análise plano a plano, sequência a sequência, devidamente articuladas no momento oportuno. Os estudiosos mais rigorosos separaram as operações de análise fílmica, do comentário e da crítica, distinção útil ao historiador interessado nesse tipo de fonte, sendo a primeira mais completa e detalhada do que as duas últimas.

As unidades narrativas básicas do filme, ficção ou documentário, são o plano e a sequência. O plano é o quadro, o enquadramento contínuo da câmera, situado entre um corte e outro. A sequência é a junção de vários planos que se articulam, por meio da montagem/edição, por alguma contiguidade cênica ou narrativa (nem sempre linear). Essas são as unidades básicas a serem registradas pelo pesquisador nas diversas assistências de um filme, cujo olhar deve estar atento a tudo que se vê e ouve no quadro fílmico e às estratégias de ligação dos planos e das sequências: os personagens, o figurino, o cenário, a textura e os tons predominantes nas imagens, o ângulo da câmera, os diálogos, a trilha sonora – musical ou não –, os efeitos de montagem etc. Nessa perspectiva, percebe-se que o elemento verbal (os diálogos, base do roteiro de um filme) é um entre tantos elementos constituintes da linguagem fílmica e o historiador deve cotejá-los com a imagem-movimento que se lhes correspondem. Um outro dado, que passa despercebido a muitos, é a análise das escolhas do diretor, incluindo aquilo que ficou fora do filme, mas que, por dedução lógica, poderia estar nele contido. Nos filmes históricos, essa questão é crucial, pois o importante não é apenas o que se encena do passado, mas *como* se encena e o *que não se encena* do processo ou evento histórico que inspirou o filme. Não se trata de cobrar do diretor a fidelidade ao evento encenado em todas as suas amplitudes e implicâncias, mas de perceber as escolhas e criticá-las dentro de uma estratégia de análise historiográfica.

Na medida em que o historiador deve **entender o sentido intrínseco de um filme**, para analisá-lo como fonte histórica – "testemunho" de uma sociedade e/ou "escritura fílmica" sobre o passado –, é preciso entender algumas regras estruturais básicas que norteiam, por um lado, o chamado "cinema clássico" e, por outro, o "cinema moderno".[59] O cinema clássico, nascido na década de 1910 e que vigora até hoje, sobretudo nas produções de gênero delimitado (aventura, drama, ficção científica etc.) voltadas ao grande público, é marcado pela ideia de "continuidade narrativa", baseada na clareza, no realismo, na construção de personagens-tipo (protagonista, antagonista, vilão), na linearidade, com predomínio da cena (duração da projeção coincidindo com a duração diegética da "estória" narrada) e da sequência (conjunto de planos que apresentam unidade narrativa), construídas por uma edição que enfatiza a relação "causa-efeito" entre as partes. O cinema moderno seria a negação dessas características: a negação do cinema de gênero, a busca de certa descontinuidade narrativa, a despreocupação com roteiro muito encadeado dentro da relação de causa-efeito entre as sequências, a busca de enquadramentos e edições menos convencionais.

Ainda uma outra distinção importante: um filme pode ser predominantemente narrativo ou predominantemente alegórico. Como destaca Ismail Xavier, a alegoria cinematográfica tende a ser associada à

> descontinuidade, pluralidade de focos, colagem, fragmentação ou outros efeitos criados pela montagem "que se faz ver". No entanto, veremos que o alegórico pode se manifestar através de esquemas tradicionais como o emblema, a caricatura, a coleção de objetos que cerca a personagem. [60]

No primeiro caso, a alegoria se manifesta como desorganização da narrativa clássica, linear e realista. No segundo, a alegoria pode se insinuar no plano da própria narrativa linear, aparentemente preservada. Portanto, a oposição entre narrativa e alegoria é meramente instrumental e não deve ser tomada como absoluta.

Em ambos os casos, a "sociedade não é mostrada, mas encenada", e **são os elementos da encenação – narrativa ou alegórica – que devem nortear os princípios da análise do historiador**. Na narração, a ação dos personagens predomina e tenta coincidir com a representação. Na alegoria, a representação nem sempre remete a uma ação diegética (ou seja, aquela que se passa no universo ficcional do filme), sendo importante a justaposição de elementos no plano e na sequência fílmicos que nem sempre remetem a uma causa-efeito de natureza "realista". O que importa é não **analisar o filme** como "espelho" da realidade ou como "veículo" neutro das ideias do diretor, mas como o **conjunto de elementos, convergentes ou não, que buscam encenar uma sociedade, seu presente ou seu passado, nem sempre com intenções políticas ou ideológicas explícitas**. Essa encenação fílmica da sociedade pode ser realista ou alegórica, pode ser fidedigna ou fantasiosa, pode ser linear ou fragmentada, pode ser ficcional ou documental. Mas é sempre encenação, com escolhas predeterminadas e ligadas a tradições de expressão e linguagem cinematográfica que limitam a subjetividade do diretor, do roteirista, do ator. É nessa tensão que se deve colocar a análise historiográfica.

É importante lembrar que o cinema é um dos mais poderosos instrumentos contemporâneos de monumentalização do passado,[61] na medida em que pode fazer dele um espetáculo em si mesmo, com eventos, personagens e processos encenados de maneira valorativa, laudatória e melodramática. Normalmente, o processo de monumentalização visa diluir as tensões, polêmicas e incertezas que cercam determinado momento histórico, legando uma memória para as gerações posteriores carregadas de modelos de ação. Por outro lado, o cinema também foi inúmeras vezes o veículo de desconstrução de mitos e versões oficiais e autorizadas da história, visando propor novas leituras não apenas sobre o evento encenado, mas também intervindo nos debates contemporâneos ao filme. Exemplo da primeira estratégia – o cinema como monumentalização – pode ser encontrado na cinematografia de temas históricos de Steven Spielberg (*A lista de Schindler*, *O resgate do soldado Ryan* ou *Amistad*, entre outros). Mesmo representando conflitos dramáticos da história, esses filmes tendem a atenuá-los, por meio da estratégia de provocar uma catarse emocional no espectador, como se as ações fossem resultados de escolhas morais, da "natureza" humana ou de qualidades individuais Uma estratégia, por exemplo, é a caracterização de personagens "bons" e "maus", apresentados sem maiores problematizações, que servem de válvulas de escape para as emoções e apoio para as identificações pessoais dos espectadores. Por sua vez, a desconstrução fílmica de eventos e personagens monumentalizados pela História oficial encontra exemplos instigantes e complexos em filmes como *Danton*, de Andrei Wajda (1983), e *Os inconfidentes*, de Joaquim Pedro de Andrade (1972). Nesses, as características morais dos personagens não são tomadas como absolutas e determinantes para o sentido dos fatos históricos. Além disso, há um diálogo mais tenso com a historiografia, sem o predomínio do sentido melodramático e espetacular que muitos filmes históricos adquirem.

Os procedimentos do pesquisador devem **dar conta da natureza dessa linguagem e das estratégias de abordagem do passado operadas pelos realizadores**, produzindo um "fichamento" que, mesmo de maneira precária, **contemple a riqueza da imagem em movimento e suas conexões ao longo do filme** analisado. As anotações devem permitir a visualização dos elementos narrativos e alegóricos que compõem um filme, seus planos e sequências, suas técnicas de filmagem e narração, seus elementos verbais, imagéticos e musicais. Como em toda obra de arte, existe certo nível de polissemia, mas isso não deve ser o canal livre para análises despropositadas sem a mínima conexão com a materialidade do documento analisado, no caso, o filme em si. Esse é o diferencial da análise histórica mais ou menos acurada.

Finalmente, o pesquisador não pode esquecer de **buscar os diálogos do filme analisado com outros documentos e discursos históricos e materiais artísticos** (visuais, musicais, literários) que muitas vezes não estão explicitados, mas aparecem na forma de citações, colagens, composição cênica, construção de personagem, narração em *off* etc. Para conseguir decodificar tais elementos, além da erudição fílmica, o pesquisador deve **buscar informações extrafílmicas** (biografias, recepção crítica, polêmicas em torno do filme, censura ou apoio do Estado etc.).

Como usar fontes televisuais

A linguagem da televisão, em que pese seu suporte e veículo técnico diferenciados, aproxima-se das regras gerais da análise fílmica. Os realizadores, tal como no cinema, manipulam planos (que na TV se chama "tomada") e sequências. A questão é **entender a natureza específica dos gêneros televisuais e como eles operacionalizam as regras gerais do audiovisual**. Na teledramaturgia, no telejornal, no videoclipe, na peça de propaganda, existem algumas regras básicas que delimitam a natureza televisual desses gêneros:

- ❏ enquadramentos mais convencionais e simplificados, sem ângulos inusitados, como, por exemplo, excesso de detalhe (*extreme close-up*);
- ❏ busca de uma textura de imagem realista e delineada;
- ❏ cortes rápidos, evitando a câmera fixa num quadro por "muito" tempo (leia-se mais de 10 segundos) ou evitando a utilização do plano-sequência (muito utilizado no cinema moderno);
- ❏ narrativas visuais lineares e aceleradas, buscando conciliar emoção, compreensão narrativa e experiências sensoriais fortes;
- ❏ foco em mensagens e estruturas narrativas básicas (informações jornalísticas, dramas ficcionais, *reality-shows*, anúncio de produtos), fixadas no telespectador através de estratégias de reiteração, estereótipos, apelo emocional e decupagem rigorosa da mensagem em planos e sequências simples e encadeadas.

Por abusar dessas convenções, a TV é acusada pelos críticos mais rigorosos de ser um veículo muito limitado em sua linguagem audiovisual, em que pese toda sua sofisticação tecnológica. As delimitações entre cinema e televisão se complicam na medida em que o cinema tem sido cada vez mais realizado por profissionais oriundos da televisão (teledramaturgia, telejornalismo, videoclipe e publicidade), criando formas híbridas de expressão audiovisual.

Para o historiador, esses elementos de linguagem devem servir para a **compreensão das estratégias dos diversos gêneros e tipos de televisão,**

para encenar, registrar, informar, promover e comunicar valores, eventos, processos sociais e históricos. Como a televisão talvez seja a mais poderosa experiência social das últimas décadas, encabeçando a mídia como um todo e muitas vezes dando-lhe a diretriz básica da abordagem do real, ela tem um poder enorme na própria fixação da memória social, selecionando eventos e personagens a serem lembrados ou esquecidos.

O fichamento historiográfico do material televisual deve ser feito conforme o gênero de programa, construindo **campos de registro, informação e comentário, de acordo com a linguagem e função do referido programa.** Um fichamento de telejornal, por exemplo, deve articular:

- ❑ o tema e a duração de cada notícia;
- ❑ a pauta do dia (ou as sequências de notícias que abrem, dão corpo e fecham o telejornal);
- ❑ as palavras-chave reiteradas no texto lido pelo apresentador;
- ❑ as imagens ou entrevistas articuladas ao texto do apresentador.

É muito instigante a comparação minuciosa de vários telejornais de um mesmo dia ou a comparação com outros materiais jornalísticos (radiofônicos e impressos), para buscar perceber as semelhanças e diferenças nas pautas e nas diversas abordagens sobre um mesmo assunto.

Por sua vez, o fichamento da telenovela ou da minissérie deve registrar o argumento geral (incluindo aí os personagens e suas funções dramáticas) e a sinopse dos capítulos. O pesquisador pode construir, a partir de um texto próprio, o argumento, a descrição dos personagens e a sinopse, mas normalmente é possível conseguir esses materiais escritos nas próprias emissoras. A comparação do texto do pesquisador e do texto institucional fornecido pelas emissoras, geralmente escrito pelo autor e pelos diretores de produção, pode ser bem interessante, revelando focos diferenciados. É muito importante, principalmente no caso das telenovelas e menos nas minisséries, a identificação e análise dos chamados "núcleos dramáticos" e sua teia de relações ficcionais, pois normalmente esses núcleos condensam características e valores sociológicos num conjunto de personagens bem estereotipados, sendo um canal para perceber os valores ideológicos que estão em jogo e as formas de encenação da sociedade e suas tensões. A primeira semana de uma telenovela costuma ser fundamental para a definição de papéis e tensões dramáticas, e como a telenovela é escrita interativamente com o público, por meio de sofisticadas técnicas de sondagem de opinião e audiência, essa documentação deveria ser incorporada pelo pesquisador, na medida do possível, pois geralmente é de uso restrito das emissoras.

Quanto a videoclipes e peças publicitárias, é muito importante **perceber as estratégias de informação, sensacionalismo, erotização e glamourização em torno de "produtos" diversos** (ídolos musicais, sabonetes, carros, bebidas, empresas), imprimindo-lhes um sistema de valores morais, ideológicos, sociais e culturais. Apesar de curtos, esses dois tipos de materiais televisuais condensam muitas problemáticas e linguagens complexas, canais diretos com valores sociais de segmentos específicos da sociedade (tribos de jovens, consumidores de diversos padrões e gostos, regiões específicas etc.) que podem ser exploradas pelo historiador.

Grandes desafios, grandes possibilidades

Entre os tantos costumes tradicionais da tribo dos historiadores está o "interesse quase exclusivo pelo referente",[62] pelas evidências "autênticas" por trás das representações. As fontes escritas acabaram se prestando mais a esse procedimento de busca da realidade por trás da linguagem do que as fontes audiovisuais, que tradicionalmente foram vistas como vias de autenticação do que "realmente se passou" ou como complemento da documentação escrita. Nas últimas décadas, tal perspectiva se desgastou com o fato de a representação e do imaginário assumirem lugar privilegiado no debate historiográfico. No entanto, a questão da linguagem específica de algumas fontes não escritas ainda perturba o trabalho dos historiadores. Filmes de cinema, programas de rádio e TV, obras musicais, demandam um olhar cuidadoso que não supervalorize seus parâmetros escritos, nem sucumba ao "efeito de real" sugerido pela cunhagem aparentemente mecânica da realidade que marca esses meios. Nem suportes adicionais das fontes escritas, nem autenticação da realidade imediata, nem ilustração de contextos, as fontes audiovisuais constituem um campo próprio e desafiador, que nos fazem redimensionar a permanente tensão entre evidência e representação da realidade passada, cerne do trabalho historiográfico.

DICAS

Teoria

- Considerar as fontes audiovisuais e musicais um outro tipo qualquer de documento histórico, portadoras de uma tensão entre evidência e representação.

- Não isolar os códigos, canais e parâmetros verbais dos outros códigos, canais e parâmetros mobilizados pela fonte audiovisual (registro e edição de imagens e sons, e estruturas e gravação musicais).

- Perceber as fontes audiovisuais e musicais em suas estruturas internas de linguagem e seus mecanismos de representação da realidade, analisando, a partir daí, sua condição de "testemunho" de uma dada experiência histórica e social.

- Empreender dois tipos de decodificação: a de natureza técnico-estética e a de natureza representacional.

- Articular a linguagem técnico-estética das fontes audiovisuais e musicais e as representações da realidade histórica ou social nela contidas.

Prática

- Delimitar o *corpus* documental.
- Localizar os documentos.
- Organizar a ficha técnica das fontes, identificando: gênero, suporte, origem, data, autoria, conteúdo referente, acervo.

Música

- Escolher o suporte material (fonograma ou partitura).
- Coletar a documentação para a análise tendo em vista o período, o objeto e a problemática da pesquisa.
- Delimitar historicamente o fonograma ou a partitura analisados.
- Empreender uma audição sistemática e repetida diversas vezes.
- Analisar letra, estrutura musical, sonoridades vocais e instrumentais, *performances* visuais e outros efeitos extramusicais (que são indissociáveis, mas devem ser decupados no momento inicial da pesquisa).
- Buscar, em seguida, o sentido da fonte musical na rearticulação desses elementos, formando uma crítica interna ampla.

❏ Anotar os registros objetivos e as impressões.

❏ Cotejá-los com o contexto extramusical (dados da biografia dos compositores, cantores e músicos; ficha técnica do fonograma; críticas musicais e textos explicativos dos próprios artistas envolvidos; dados de consumo da canção e outras informações que completem os sentidos intrínsecos que uma canção pode conter).

❏ Empreender a análise contextual.

❏ Mapear as "escutas" (crítica, público e os próprios artistas) que dão sentido histórico às obras musicais, apoiando-se nos materiais e na linguagem que estruturam cada peça musical.

❏ Cotejar as manifestações escritas da escuta musical (crítica, artigos de opinião, análises das obras, programas e manifestos estéticos etc.) com as obras em sua materialidade (fonogramas, partituras, filmes).

Cinema

❏ Definir a abordagem: o cinema na História, a história no cinema ou História do cinema.

❏ Assistir sistemática e repetidamente aos filmes que constituem o corpo documental da pesquisa, buscando articular análise fragmentada (decupagem dos elementos de linguagem) e síntese (cotejo crítico de todos os parâmetros, canais e códigos que formam a obra).

❏ Buscar os elementos narrativos: "o que um filme diz e como o diz".

❏ Familiarizar-se com algumas regras estruturais básicas que norteiam o tipo de cinema ("clássico" ou "moderno") em que se estrutura o filme.

❏ Identificar os elementos narrativos ou alegóricos da encenação do filme a partir de planos e sequências, técnicas de filmagem e narração, elementos verbais, imagéticos e musicais.

❏ Produzir um "fichamento" que tente dar conta da riqueza da imagem em movimento e suas conexões ao longo do filme analisado, procurando informar sobre a natureza da linguagem e as estratégias de abordagem do tema do filme operadas pelos realizadores.

❏ Levar em conta que todo filme, ficcional ou documental, é manipulação do "real".

❏ Entender o sentido intrínseco de um filme para analisá-lo como fonte histórica. Observar o filme como o conjunto de elementos que buscam encenar uma sociedade, nem sempre com intenções políticas ou ideológicas explícitas.

❑ Resgatar os diálogos do filme analisado com outros documentos, discursos históricos e materiais artísticos.

Televisão

❑ Entender a natureza específica dos gêneros televisuais e como eles operacionalizam as regras gerais do audiovisual.

❑ Fazer fichamento do material televisual construindo campos de registro, informação e comentário, de acordo com o gênero, a linguagem e a função do referido programa.

❑ Encarar a linguagem da televisão (compreendendo as estratégias dos diversos gêneros e tipos de televisão) como um conjunto de operações de registro, seleção, edição, e realizar o movimento inverso dessas operações, desconstruindo os fatos descritos ou os eventos narrados pelo documento televisual.

❑ Observar a televisão como uma nova experiência social do tempo histórico que faz confluir o "real" e o "imaginário" no fluxo do presente.

Notas

[1] Roland Barthes, La chambre claire: note sur la photographie, Paris, De l'Étoile/Gallimard/Le Seuil, 1980, p. 16.

[2] Arnaldo Contier, "Música no Brasil: história e interdisciplinaridade", em História em Debate, Anais do XVI Simpósio Nacional de História, Anpuh/CNPq, 1991, pp. 151-89.

[3] As teorias de cinema vêm problematizando a dicotomia entre ficção e documentário, mas para tornar a discussão mais acessível, vamos partir dessa oposição para, ao longo do capítulo, problematizá-la. Em outras palavras, nem o documentário prescinde da linguagem artística e da manipulação criativa, nem a ficção deixa de resvalar em aspectos importantes da realidade social.

[4] A representação histórica em uma fonte de natureza ficcional (filmes de ficção, canções, teledramaturgia) pode ser direta quando os eventos históricos são os materiais constituintes da narrativa ou indireta, quando a realidade é alegorizada ou a narrativa não remete aos fatos diretamente, mas às estruturas sociais que formam uma sociedade dada. No caso das fontes de natureza documental (cinejornalismo, telejornalismo, documentários), as opções estéticas também estão presentes, mas a representação do "contexto", do referente social, tende a ter uma mediação diferente.

[5] O. Dumolin, "Documento", em A. Burguiere, Dicionário de ciências históricas, Rio de Janeiro, Imago, 1993, p. 244.

[6] Roger Chartier, em A. Burguiere (org.), op. cit., p. 407.

[7] Jaques Le Goff, História e memória, Lisboa, Edições 70, 2000.

[8] Roger Andrade Dutra, "Da historicidade da imagem à historicidade do cinema", em Projeto História, PUC, n. 21, nov. 2000, p. 126.

[9] Idem, ibidem.

[10] Eduardo Morettin, "O cinema como fonte histórica na obra de Marc Ferro", em História, Questões e Debates, Curitiba, História/UFPR, n. 20/38, jan./jun. 2003, pp. 11-42.

[11] Cláudio A. Almeida, O cinema como "agitador de almas": Argila, uma cena do Estado Novo, São Paulo, Fapesp/AnnaBlume, 1999, p. 22.

[12] Sobre cinema e propaganda política ver: Wagner P. Pereira, "Cinema e propaganda política no fascismo, nazismo, salazarismo e franquismo", em História, Questões & Debates, Curitiba, n. 38, 2003, pp. 101-31; José Inácio M. Sousa, "Trabalhando com cinejornais: o relato de uma experiência", em História, Questões & Debates, Curitiba, n. 38, 2003, pp. 43-62 e Denise Assis, Propaganda e cinema a serviço do golpe, Rio de Janeiro, Mauad/Faperj, 2001.

[13] Alcides Ramos, O canibalismo dos fracos: cinema e história do Brasil, Bauru, Edusc, 2002.

[14] Idem, p. 20.

[15] R. C. Raack, Historiogaphy as Cinematography: a prolegomenon to film work for historians. Journal of Contemporary History, Sage, London, n. 18, 1983, pp. 411-38.

[16] Idem, p. 414.

[17] Entre os textos do autor, destacamos: M. Ferro, "Societé du xx e. siècle et histoire cinematographique", em Annales, Paris, n. 23, 1968, pp. 581-5; M. Ferro, "Filme: uma contra-análise da sociedade?", em Jacques Le Goff; P. Nora (orgs.), História: novos objetos, Rio de Janeiro, Francisco Alves, 1979 e M. Ferro, Cine y História, Barcelona, Gustavo Gilli, 1980.

[18] Para Ferro, o cinema pode agir na história, a despeito das intenções dos seus realizadores, pois o controle das imagens, via edição, tende a ser incompleto e deixar passar imagens involuntárias de fatos e personagens, permitindo ao historiador realizar uma análise contrária da sociedade que o poder quer encenar à sua imagem.

[19] Alcides Ramos, op. cit, p. 24.

[20] Eduardo Morettin, op. cit.

[21] Conforme Eduardo Morettin, um exemplo deste tipo de abordagem estaria em S. Kracauer, De Caligari a Hitler, Rio de Janeiro, Jorge Zahar, 1988.

[22] Eduardo Morettin, op. cit., pp. 38-40.

[23] P. Sorlin, La storia nei film: interpretazione del passato, La Nuova Itáli, Firenze, 1984 e P. Sorlin, Sociologia du cinema, Paris, Aubier-Montaigne, 1977.

[24] Apud A. Ramos, op. cit., p. 27. Ver texto original de M. Lagny, "Histoire et cinema: des amours difficiles", em Cinema-Action, Paris, 1/47, 1988.

[25] Apud Goliot-Letie et al., Ensaio de análise fílmica, Campinas, Papirus, 2002, p. 56. Ver também P. Sorlin, Analyses des films: analyses de sociétés, Paris, Hachette, 1976.

[26] Jorge Ferreira e Mariza Soares, A História vai ao cinema, Rio de Janeiro, Record, 2001, p. 12.

[27] Eduardo Morettin, op. cit., p. 40.

[28] Entre a literatura brasileira, destacamos: S. Miceli, A noite da madrinha, São Paulo, Perspectiva, 1972; R. Ortiz, A moderna tradição brasileira, São Paulo, Brasiliense, 1988; R. Ortiz et al., Telenovela: história e produção, São Paulo, Brasiliense, 1993; Maria Rita Kehl et al, Um país no ar: a história da TV brasileira em três canais, São Paulo, Brasiliense, 1986; Esther Hamburger, "Diluindo fronteiras: a televisão e as novelas no cotidiano", em L. Schwarcz (org.), História da vida privada no Brasil, São Paulo, Companhia das Letras, 1998, v. 4, pp. 439-88 e Michelle Mattelard e Armand Mattelard, O carnaval das imagens: a ficção na TV, São Paulo, Brasiliense, 1989.

[29] Michelle Mattelard e Armand Mattelard op cit., p. 19.

[30] Idem, p. 113.

[31] M. Kornis, Uma história do Brasil recente nas minisséries da Rede Globo, Tese, Doutorado, São Paulo, ECA/USP, 2000.

[32] Destacamos outro trabalho que aborda a teledramaturgia das minisséries como objeto de estudo: Ana Maria Camargo Figueiredo, Regionalismo na TV, Tese, Doutorado, São Paulo, ECA/USP, 2000.

[33] Marcos Napolitano, Como usar a TV na sala de aula, São Paulo, Contexto, 1999, pp. 80-4.

[34] Nesse sentido destacamos os trabalhos de Jesus Barbeiro, Dos meios às mediações, Rio de Janeiro, Editora UFRJ, 1997 e Mauro Sousa (org.), Sujeito: o lado oculto do receptor, São Paulo, Brasiliense/ ECA-USP, 1994.

[35] Umberto Eco, Apocalípticos e integrados, 3. ed., São Paulo, Perspectiva, 1993.

[36] Michel De Certeau, A invenção do cotidiano: artes de fazer, Petrópolis, Vozes, 1994, p. 93.

[37] F. Casetti e R. Odin, "De la paleo à la neo-television", em Communication, Paris, Seuil, 1990, pp. 9-28.

[38] René Berger, A tele-fissão: alerta à televisão, São Paulo, Loyola, 1979, p. 20.

[39] Idem, p. 47.

[40] Henrique Oliveira, "O vídeo como fonte para a história", em Projeto História, PUC, n. 21, nov. 2000, pp. 237-46.

[41] Idem, p. 243.

[42] José Ramos Tinhorão, Pequena história da música brasileira,Petrópolis, Vozes, 1975 e Música popular: do gramofone ao rádio e TV, São Paulo, Ática, 1981, entre outros.

[43] Nesse sentido, ver os trabalhos do historiador Álvaro Carlini sobre o material gerado pela Missão de Pesquisas Folclóricas, organizada por Mário de Andrade, em 1938. A. Carlini, Cante lá que gravam cá: Mario de Andrade e a missão de pesquisas folclóricas de 1938, Dissertação, Mestrado, São Paulo, História Social/USP, 1994 e A. Carlini, Viagem na viagem: maestro Martin Braunwieser na missão de pesquisas folclóricas do Departamento de Cultura de São Paulo (1938) – diário e correspondências à família,Tese, Doutorado, São Paulo, História Social/USP, 2000.

[44] Jairo Severiano et al., Discografia brasileira 78 rpm (1902-1964), Rio de Janeiro, Funarte, 1982.

[45] Nos anos 1990, a Linguística e a Semiótica, através dos trabalhos de Luís Tatit, vem desenvolvendo uma instigante teoria da canção como linguagem estruturada, com a particularidade de dar conta das questões propriamente diacrônicas que formam o olhar do historiador. Ver: O cancionista: composição de canções no Brasil, São Paulo, Edusp, 1995. Tatit também publicou um volume no qual ele aponta para uma perspectiva mais histórica: O século da canção, São Paulo, Ateliê, 2004.

[46] Carlos A. Zeron, Fundamentos sociopolíticos da música nova e da música engajada no Brasil de 1962: o saldo do tigre de papel, Dissertação, Mestrado, São Paulo, História Social/USP, 1991.

[47] Mariana Villaça, "Propostas metodológicas para a abordagem da canção popular como documento histórico", em Anais do II Simpósio Latino-Americano de Musicologia, Fundação Cultural de Curitiba, 1999, p. 330.

[48] Arnaldo Contier, Brasil novo: música, nação e modernidade, Tese, Livre-Docência, São Paulo, História/USP, 1986. Ver também do autor: "Música no Brasil: história e interdisciplinaridade. Algumas interpretações", em História em Debate, Anais do XVI Simpósio Nacional de História, Anpuh, 1991, pp. 151-89.

[49] Marcos Napolitano, História e Música, Belo Horizonte, Autêntica, 2002.

[50] Humberto Franceschi, A Casa Edison e seu tempo, Rio de Janeiro, Biscoito Fino/Sarapuí, 2002.

[51] Omar Jubran, Obra completa de Noel Rosa (14 CDs), Velas, 2000.

[52] A TV Excelsior faliu em 1970 e a TV Tupi em 1981. Até então figuraram entre as mais importantes emissoras de TV do Brasil. Sobre a primeira, ver Álvaro Moya, Gloria in Excelsior, São Paulo, Imesp, 2004.

[53] Por exemplo, Jornal Nacional: a notícia faz a história, Rio de Janeiro, Globo/Jorge Zahar, 2004; R. Sacchi, e R. Xavier, Almanaque da TV: 50 anos de memória e informação, São Paulo, Objetiva, 2000; além disso, destacamos o website Telehistória, que veicula um conjunto de informações interessantes sobre a história da TV brasileira (www.telehistoria.com.br).

[54] No exterior – Europa e EUA – existem centenas de sites relacionados a bibliotecas, arquivos e museus de audiovisual, incluindo cinema e televisão. Como seria impossível listar todos os sites importantes, sugerimos uma visita ao website www.filmsound.org, que oferece dezenas de *links*, informações e bibliografias sobre cinema, rádio e televisão.

[55] Arnaldo Antunes, 40 escritos, São Paulo, Iluminuras, 2000, p. 46.

[56] Luis Tatit, O cancionista, op. cit.

[57] Marcos Napoliano, História e música, op. cit.

[58] Idem, p. 100-2.

[59] Golliot e F. Vanoye, Ensaio sobre análise fílmica, 2. ed., Campinas, Papirus, 2002, pp. 27-36.

[60] Ismael Xavier, Alegorias do subdesenvolvimento, São Paulo, Brasiliense, 1992, p. 14.

[61] Eduardo Morettin, Os limites de um projeto de monumentalização historiográfica: uma análise do filme 'Descobrimento do Brasil' de Humberto Mauro, Tese, Doutorado, São Paulo, ECA/USP, 2001.

[62] Ilsen About e C. Cheroux, "L'histoire par la photographie", em Études Photographiques, n. 10, nov. 2001.

Bibliografia

Cinema

ABOUT, Ilsen; CHEROUX, C. L'histoire par la photographie. *Études photographiques*, n. 10, nov. 2001.

ALMEIDA, Cláudio A. *O cinema como 'agitador de almas'*: Argila, uma cena do Estado Novo. São Paulo: Fapesp/Anna Blume, 1999.

ASSIS, Denise. *Propaganda e cinema a serviço do golpe*. Rio de Janeiro: Mauad/Faperj, 2001.

BARTHES, R. *La Chambre claire*: note sur la photographie. Paris: De l'Étoile/Gallimard/Le Seuil, 1980.

BERGER, René. *A tele-fissão*: alerta à televisão. São Paulo: Loyola, 1979.

CASETTI, F.; ODIN, R. De la paleo à la neo-television. *Communication*. Paris: Seuil, 1990, pp. 9-28.

CHARTIER, Roger. In: BURGUIERE, A. (org.). *Dicionários de ciências históricas*. Rio de Janeiro: Imago, 1993.

DUTRA, Roger Andrade. Da historicidade da imagem à historicidade do cinema. *Projeto História*. São Paulo: História/PUC, n. 21, nov. 2000, pp. 121-40.

FERREIRA, Jorge; SOARES, Mariza. *A História vai ao cinema*. Rio de Janeiro: Record, 2001.

FERRO, M. Societé du xx e. siècle et histoire cinematographique. *Annales*. Paris, n. 23, 1968, pp. 581-5.

_____. Filme: uma contra-análise da sociedade? In: LE GOFF, J.; NORA, P. (orgs.). *História: novos objetos*. Rio de Janeiro: Francisco Alves, 1979.

_____. *Cine y História*. Barcelona: Gustavo Gilli, 1980.

GOLLIOT-LETE; VANOYE, F. *Ensaio sobre análise fílmica*. 2. ed. Campinas: Papirus, 2002.

KRACAUER, S. *De Caligari a Hitler*. Rio de Janeiro: Jorge Zahar, 1988.

LE GOFF, J. *História e memória*. Lisboa: Edições 70, 2000.

MORETTIN, E. *Os limites de um projeto de monumentalização historiográfica*: uma análise do filme 'Descobrimento do Brasil' de Humberto Mauro. São Paulo, 2001. Tese (Doutorado) – Escola de Comunicação e Artes, USP.

_____. O cinema como fonte histórica na obra de Marc Ferro. *História, Questões & Debates*. Curitiba: História/UFPR, n. 20/38, jan./jun. 2003, pp. 11-42.

OLIVEIRA, Henrique. O vídeo como fonte para a história. *Projeto História*. São Paulo: História/PUC, n. 21, nov. 2000, pp. 237-46.

PEREIRA, Wagner P. Cinema e propaganda política no fascismo, nazismo, salazarismo e franquismo. *História, Questões & Debates*. Curitiba, n. 38, 2003, pp. 101-31.

RAACK, R. C. Historiogaphy as Cinematography: a prolegomenon to film work for historians. *Journal of Contemporary History*. Sage, London, n. 18, 1983, pp. 411-38.

RAMOS, Alcides. *O canibalismo dos fracos*: cinema e história do Brasil. Bauru: Edusc, 2002.

REZENDE, Luiz A. Cinema e televisão: heterotropias e heterocronias. *Estudos de cinema*. São Paulo: Socine/Anna Blume, 2000.

SORLIN, P. *Analyses des films, analyses de sociétés*. Paris: Hachette, 1976.

_____. *Sociologia du cinema*. Paris: Aubier-Montaigne, 1977.

_____. *La storia nei film*: Interpretazione del passato. Firenze: La Nuova Itáli, 1984.

SOUSA, José Inácio M. Trabalhando com cinejornais: o relato de uma experiência. *História, Questões & Debates*. Curitiba, n. 38, 2003, pp. 43-62.

XAVIER, Ismail. *Alegorias do subdesenvolvimento*. São Paulo: Brasiliense, 1992.

Televisão

BARBERO. *Dos meios às mediações*. Rio de Janeiro: Editora UFRJ, 1997.

ECO, Umberto. *Apocalípticos e integrados*. 3. ed. São Paulo: Perspectiva, 1993.

DE CERTEAU, Michel. *A invenção do cotidiano*: artes de fazer. Petrópolis: Vozes, 1994.

FIGUEIREDO, Ana Maria Camargo. *Regionalismo na TV – o sertão e o jagunço, uma travessia da literatura para a televisão*: um estudo sobre o conceito e a imagem do sertão e do jagunço na TV brasileira a partir das adaptações literárias, *Grande Sertão: Veredas* e *Memorial de Maria Moura*. São Paulo, 2000. Tese (Doutorado) – Escola de Comunicação e Artes, USP.

HAMBURGER, Esther. Diluindo fronteiras: a televisão e as novelas no cotidiano. In: SCHWARCZ, L. (org). *História da vida privada no Brasil*. São Paulo: Companhia das Letras, v. 4, 1998, pp. 439-88.

KEHL, Maria Rita et al. *Um país no ar*: a história da TV brasileira em três canais. São Paulo: Brasiliense, 1986.

KORNIS, M. *Uma história do Brasil recente nas minisséries da Rede Globo*. São Paulo, 2000. Tese (Doutorado) – Escola de Comunicação e Artes, USP.

MATTELARD, Michelle & Armand. *O carnaval das imagens*: a ficção na TV. São Paulo: Brasiliense, 1989.

MICELI, S. *A noite da madrinha*. São Paulo: Perspectiva, 1972.

MOYA, Álvaro. *Gloria in Excelsior*. São Paulo: Imesp, 2004.

NAPOLITANO, Marcos. *Como usar TV em sala de aula*. São Paulo: Contexto, 1999.

ORTIZ, R. *A moderna tradição brasileira*. São Paulo: Brasiliense, 1988.

_____ et al. *Telenovela*: história e produção. São Paulo: Brasiliense, 1993.

SOUSA, Mauro (org.). *Sujeito*: o lado oculto do receptor. São Paulo: Brasiliense / ECA-USP, 1994.

Música

ANTUNES, Arnaldo. *40 escritos*. São Paulo: Iluminuras, 2000.

CARLINI, A. *Cante lá que gravam cá*: Mario de Andrade e a missão de pesquisas Folclóricas de 1938. São Paulo, 1994. Dissertação (Mestrado). São Paulo: História Social/USP, 1994.

_____. *Viagem na viagem*: maestro Martin Braunwieser na missão de pesquisas folclóricas do Departamento de Cultura de São Paulo (1938) – diário e correspondências à família. São Paulo, 2000. Tese (Doutorado em História Social) – Faculdade de Filosofia, Letras e Ciências Humanas, Universidade de São Paulo.

CONTIER, Arnaldo. *Brasil novo*: música, nação e modernidade. São Paulo, 1986. Tese (Livre Docência) – Faculdade de Filosofia, Letras e Ciências Humanas, Universidade de São Paulo.

_____. Música no Brasil: história e interdisciplinaridade – algumas interpretações. *História em debate*. Anais do XVI Simpósio Nacional de História, ANPUH, 1991, pp. 151-89.

FRANCESCHI, Humberto. *A Casa Edison e seu tempo*. Rio de Janeiro: Biscoito Fino/Sarapuí, 2002.

NAPOLITANO, Marcos. *História e música*. Belo Horizonte: Autêntica, 2002.

SEVERIANO, Jairo et al. *Discografia brasileira 78 RPM (1902-1964)*. Rio de Janeiro: Funarte, 1982.

TATIT, Luis. *O cancionista*: composição de canções no Brasil. São Paulo: Edusp, 1995.

_____. *O século da canção*. São Paulo: Ateliê, 2004.

TINHORÃO, J. R. *Pequena história da música brasileira*. Petrópolis: Vozes, 1975.

_____. *Música popular*: do gramofone ao rádio e TV. São Paulo: Ática, 1981.

VILLAÇA, Mariana. Propostas metodológicas para a abordagem da canção popular como documento histórico. *Anais do II Simpósio Latino-Americano de Musicologia*. Fundação Cultural de Curitiba, 1999, pp. 323-32.

ZERON, Carlos A. *Fundamentos sociopolíticos da música nova e da música engajada no Brasil de 1962*: o saldo do tigre de papel. São Paulo, 1991. Dissertação (Mestrado) – Faculdade de Filosofia, Letras e Ciências Humanas, Universidade de São Paulo.

Considerações sobre o método

Jorge Grespan

Uma reflexão final sobre a importância e o sentido do método em História não poderia começar sem remeter-se à história da própria disciplina, pois, de fato, foi só quando se desenvolveram os critérios e procedimentos de crítica e análise das fontes, entre o fim do século XVIII e início do XIX, que a História ganhou autonomia diante da filosofia e das ciências humanas e, em relação a estas últimas, reivindicou semelhante estatuto de cientificidade. Foi o método, portanto, que permitiu, a princípio, fixar e resguardar os limites do "território do historiador",[1] ao mesmo tempo em que o promovia à condição de cientista.

A Escola Histórica

Graças ao emprego correto de instrumentos específicos de trabalho, o praticante da nova ciência pensava se afastar de incômodas interferências: primeiro, do diletante, que confundia história e ficção, nela introduzindo a fantasia sobre o longínquo no tempo e no espaço; segundo, do filósofo, cujos pressupostos metafísicos sobre o destino da humanidade passavam por cima do individual, tema por excelência da História; e, finalmente, do teórico de outras ciências humanas, para quem esse elemento individual seria apenas exemplo de leis sociais, seu verdadeiro objeto. Contrariando esses três tipos de intromissão, o historiador deveria partir de documentos autênticos da época estudada, de cuja análise rigorosa obteria informações verdadeiras sobre o acontecido, considerado na sua singularidade absoluta. Era a culminação, na Escola Histórica alemã, que surgia com Savigny, Niebuhr e Ranke, de um longo processo de desenvolvimento dos procedimentos para o estudo dos vestígios de épocas antigas, processo iniciado, na verdade, na Renascença, mas que avançou depois, sob o impacto do sucesso alcançado pelas ciências naturais, com a aplicação do chamado método experimental.

Ora, os criteriosos procedimentos elaborados e defendidos por esses historiadores eram concebidos justamente como o correlato do método experimental invejado aos cientistas da natureza. Assim como estes possuíam um guia prático para orientar-se em meio à confusão dos dados empíricos variados, organizando-os em regularidades elevadas em seguida à condição de leis, o historiador tinha meios para ordenar seu disperso material, datando-o e periodizando-o. Apesar de lidar com o individual, irredutível a leis gerais, ele também poderia afirmar a verdade em seu campo de estudo e atingi-la com um grau de certeza razoável.

Toda a confiança nas potencialidades do método repousava, então, no fundo, na ideia da verdade como propósito a distinguir a História, em primeiro lugar, da ficção, do romance histórico, que não pretenderia o relato de fatos verdadeiramente ocorridos. Nesse gênero literário, o passado é mero contexto de uma ação imaginada de personagens imaginados, sem a necessidade de o argumento corresponder a nada de real. Na História, ao contrário, seria imprescindível tal correspondência. De modo que a correspondência constitua o elemento-chave na definição de semelhante conceito de verdade, mais uma vez emprestado das ciências naturais: verdade seria a correspondência, a adequação entre as proposições cientificamente formuladas e apresentadas pelo sujeito do conhecimento e o objeto real descoberto pela pesquisa empírica. Nenhuma hipótese explicativa ou descritiva poderia se furtar ao confronto com os fatos, instância decisiva dos valores de verdade.

Tal definição de verdade – adequação de enunciados subjetivos a objetos reais – pressupõe, contudo, a diferença fundamental entre sujeito e objeto, pois o acordo deles só ocorreria numa correspondência proporcionada em certos casos e justamente pelo método. A *autenticidade* das fontes, a sua análise *correta*, a seleção dos fatos individuais *relevantes*, em todas essas tarefas do método revela-se uma ideia de verdade que não está garantida de antemão, na qual a verdade mesma é resultado de operações e atitudes específicas do historiador. Ela não se entregaria imediatamente, tendo de ser obtida, arrancada dos dados quase como uma confissão.

Como guia para a experiência, o método forneceria a possibilidade de obter a verdade, de saber se nossos pensamentos e nossas proposições sobre determinada matéria são reais, se correspondem a algo existente fora de nossa mente, de modo objetivo. Ele não poderia simplesmente refletir a forma de certo conteúdo, pois esta forma não se apresentaria diretamente ao cientista, para quem o real aparece, à primeira vista, como algo caótico; a estrutura do real teria de ser descoberta, e, por isso, nessa definição, o método é muito mais a forma de *proceder* adequada a um conteúdo. O próprio método, portanto, passa a ser concebido como instrumento de trabalho, como ferramenta que pode ser bem ou mal utilizada, que se deve, de qualquer maneira, aprender a utilizar. Ele tem a ver com o sujeito mais do que com o objeto de pesquisa, mas o sujeito deve acostumar-se a ele, adestrá-lo, desenvolvê-lo, treiná-lo. Esse é o sentido dos manuais de metodologia que acompanham a concepção moderna de ciência desde o século XIX.

Por sua vez, não se deve exagerar a importância atribuída ao sujeito aqui. A história não é definida como uma matéria disforme, a ser elaborada ou construída pelo método do historiador: embora a forma não se apresente no início do estudo, ela existe e organiza o conteúdo do histórico, cabendo ao historiador apenas descobri-la e assim representar adequadamente o conteúdo. Essa é a ação propriamente dita do sujeito conforme a Escola Histórica e seus descendentes. Nesse ponto específico, ela compartilha uma das regras do Positivismo, seu contemporâneo, que prega a neutralidade do saber como esvaziamento da subjetividade do cientista, procedimento que permitiria dizer adequadamente o objeto, refletir sua realidade ou, na famosa frase de Ranke, contar a história "como ela aconteceu".[2] Ou seja, o sujeito do conhecimento deve empregar o método para descobrir o conteúdo verdadeiro e a forma em que este último se articula na realidade, e não para impor a sua visão de como deveria ser ou se articular o seu objeto. Só mediante a neutralização da subjetividade é que seria possível um conhecimento verdadeiro como conhecimento objetivo. Em todas as prescrições metodológicas encontram-se, assim, as formas de obter a objetividade por meio da neutralização do sujeito.

Isso significa até mesmo que quaisquer hipóteses formuladas previamente sobre o tema, quaisquer expectativas sobre o que se vai encontrar, devem ser deixadas de lado na pesquisa, pois elas poderiam influenciar e distorcer seus resultados. Embora seja inegável que haja conhecimentos anteriormente acumulados, sistematizados às vezes na forma de teorias, eles não deveriam ser levados em conta a ponto de impedir o historiador de perceber a diferença específica ou a novidade do objeto que se desvela na pesquisa atual. Hipóteses, expectativas e teorias fazem parte da subjetividade que justamente tem de ser afastada para garantir a adequação pretendida ao objeto.

Nesse sentido, a reivindicação de autonomia da História dirige-se também às Ciências Sociais, que se afirmaram paralelamente durante o século XIX. Na formulação clássica de Rickert,[3] embora possam estudar a mesma matéria, o cientista social considera o fato como instância, exemplo de lei ou regra geral que é seu verdadeiro objeto e objetivo; o historiador considera talvez o mesmo fato, mas no seu caráter único, irreproduzível, na sua singularidade absoluta, portanto. Daí que, enquanto aquele integra mais facilmente sua pesquisa empírica com a teorização prévia e posterior, este não pode e não deve fazê-lo: além da distorção mencionada, teorizar, inscrever seu objeto num sistema geral de leis não seria a finalidade do historiador. Ele deveria ser neutro, inclusive em relação às teorias sociais, e partir de suas fontes, como as de dados, informação imediata que ele não constrói, matéria-prima que aceita uma vez assegurado de sua autenticidade.

As críticas do século XX

Todas essas formulações metodológicas desenvolveram-se até mais ou menos o começo do século XX. Depois dos exageros a que chegou, na pretensão de objetividade típica de uma época otimista em relação ao progresso humano pela ciência, a História foi se desvencilhando de suas convicções cientificistas, de um modo bem conhecido por qualquer historiador atual.

Em primeiro lugar, os historiadores passaram a reconhecer ser impossível aquela atitude de neutralidade diante do objeto, o abandono antes recomendado de teorias prévias à pesquisa empírica. Formar expectativas em relação ao que será encontrado nos documentos não só é inevitável como desejável, pois são as conjecturas que orientam a própria pesquisa, permitindo a seleção do acervo onde buscar as informações necessárias, e constituindo os critérios da coleta, reunião e análise do material. Toda a experiência é construída pela atividade do sujeito que a realiza, sabemos desde que se "voltou a Kant".[4]

O método não pode, então, se limitar à indagação da autenticidade das fontes e, no máximo, à descoberta da ordem dos eventos que se dão à primeira vista de forma confusa. É preciso que ele também componha sequências de ordens possíveis na realidade, conduza a hipóteses comprováveis e as vá reformulando no decorrer do processo inteiro. Por meio dele, o sujeito organiza ativamente a sua experiência intelectual, em um constante intercâmbio entre o momento propriamente empírico e o teorizador. Nesse sentido, mais pleno de implicações é que a forma, o método, deve expressar seu conteúdo específico: não há método geral, válido para vários campos objetivos, muito menos para qualquer objeto; ele não é uma ferramenta que pode receber diversos empregos, mas se constitui na relação entre sujeito e objeto, inseparável de ambos, específico ao conteúdo de ambos. As hipóteses interpretativas ou explicativas já são elaboradas, assim, com a forma considerada mais eficiente para comprová-las; a teoria e o método desenvolvem-se em reciprocidade.

Dessa maneira, os historiadores aprenderam a dialogar com seus colegas das Ciências Sociais, num casamento de mútuas vantagens. No caso da História, os conceitos da Geografia, da Sociologia, da Economia e da Antropologia foram de enorme valor justamente na formulação de hipóteses orientadoras de pesquisa e na sofisticação da sua própria perspectiva sobre seu objeto, como ocorreu com o desdobramento das diferentes temporalidades por Braudel.[5] A partir daí, a interdisciplinaridade tornou-se palavra de ordem, uma vantagem reivindicada por cada pesquisa e cada nova área que surge.

Uma reflexão um pouco mais demorada, no entanto, indica aqui alguns problemas na divisão do trabalho entre as disciplinas. Se os conceitos orientadores da pesquisa empírica são provenientes das teorias sociais, isso quer dizer que a História não elabora, ela mesma, as suas teorias? Que ela se limita ao empírico, individual, e deixa ao cientista social a tarefa de chegar a conclusões sistematizadas teoricamente? E se o historiador incumbir-se de tal tarefa, continua ele a atuar como historiador ou estaria abandonando seu campo para enveredar pelo das Ciências Sociais? Mais ainda, ao *inspirar-se*, *aplicar* ou *empregar* conceitos elaborados fora da sua disciplina, não estaria o historiador fazendo uso desses conceitos como meras ferramentas, numa concepção instrumental do método que ele critica na perspectiva da Escola Histórica? Afinal, são conceitos vindos de fora da disciplina, de que ela se apropria, mas não produz nem aperfeiçoa. E se não são apenas externos, meios de trabalho, mas desenvolvidos também pela História com as disciplinas afins, então onde começa a tarefa de uma e acaba a de outra? Em outras palavras, a combinação das diversas perspectivas na interdisciplinaridade criou um novo e grave problema: como delimitar e diferenciar agora os "territórios" de historiadores e cientistas sociais?

Mas é fundamental reconhecer onde está a verdadeira questão em meio a todas essas interrogações. Não é que um pesquisador deva cruzar fronteiras epistemológicas na busca pelo seu objeto, mantendo-se incólume como sujeito do conhecimento – historiador ou antropólogo – e mantendo também incólumes as fronteiras entre as disciplinas percorridas; posto nesses termos, o problema é praticamente insolúvel. O decisivo, porém, é questionar a integridade do sujeito e do objeto: o que a interdisciplinaridade impõe, mas que transcende a perspectiva que a criou, é a redefinição completa e profunda dos campos de saber delimitados ainda no século XIX, é a redistribuição do trabalho intelectual. Sintoma dessa nova divisão, que já vem ocorrendo há algum tempo, é a contínua multiplicação dos objetos históricos e, consequentemente, das formas de estudá-los. Falta ainda uma reflexão abrangente sobre todo esse processo, do qual percebemos apenas os indícios, mas já se pode prever que a transformação nos conteúdos e formas de estudo implica redefinir também a relação entre teoria e método.

Assim como cria um problema insolúvel se posto nos termos da integridade dos atuais sujeitos e campos do saber, a interdisciplinaridade também produz uma dificuldade intransponível se mantida a concepção presente do método. Esta repudiou, como vimos, a pretendida neutralidade metodológica pregada no século XIX, afirmando que, ao contrário, a forma de pesquisa deveria ser adequada a seu objeto e, portanto, elaborada ao mesmo tempo em que se formulam as questões e selecionam as fontes. Contudo, levar tal concepção às suas últimas consequências, como fizeram alguns críticos, implica inscrever o método de tal maneira no bojo da teoria que os objetos descobertos por ele não poderiam se afastar daquilo que era teoricamente previsto. Em outras palavras, não seria possível descobrir nada realmente de novo, de surpreendente, nada que contrariasse a teoria, tendo esta já predeterminado a forma da pesquisa. E, com isso, cada teoria seria sempre verdadeira para si mesma, impossível de ser refutada com os únicos meios que ela aceita como válidos para o teste empírico; outras teorias, que definiriam métodos diferentes e inaceitáveis para ela, chegariam com eles a resultados igualmente inaceitáveis, sendo assim incapazes de contestá-la. Nos termos da total introjeção do método na teoria, deve-se concluir pela chamada incomensurabilidade das teorias[6]. É o extremo oposto ao da concepção tradicional, mas configura um problema igualmente insolúvel, agora nos termos da crítica atual.

De algum modo, portanto, o método pode ser totalmente determinado pela teoria, embora o seja em certo grau. Mas é preciso recolocar toda a questão no quadro da redefinição de fronteiras e de tarefas, cujos sintomas percebemos com a emergência dos novos objetos. Manter-se nos termos da recusa radical à neutralidade metodológica conduz fundamentalmente a concepções aporéticas como a da impossibilidade de comparar teorias, de admitir seu diálogo crítico, de reconhecer qualquer terreno comum entre elas e seus respectivos objetos.

A admissão de que o método não é neutro, de que o sujeito constrói o conhecimento e de que não há uma objetividade pura tem levado, muitas vezes, até mais longe, revalorizando-se a subjetividade em seu sentido mais amplo. Assim, assinala-se que nem tudo na pesquisa histórica é estritamente racional, que muitas vezes o historiador deve apelar para a sua intuição e sua imaginação. E não se pode negar a importância desses fatores na pesquisa e seu papel na descoberta, especialmente nas mais inusitadas. Mas aí é só um passo para a ideia de que a intuição e a imaginação histórica são o que constitui o recurso estratégico para contornar a aporia, a dificuldade intransponível indicada anteriormente, de um método inteiramente definido por uma matriz teórica não poder nunca produzir resultados que a refutem ou contrariem. Aceita essa circunscrição do método, descobertas inovadoras deveriam ser produzidas pela intuição, pela fantasia. Tais faculdades seriam, então, decisivas, pois critérios puramente racionais, científicos, não permitiriam ao pesquisador romper com os quadros teóricos estabelecidos e alcançar os valiosos "novos objetos".

Se, como vimos, um grande passo havia sido dado com a abertura do diálogo entre a História e as Ciências Sociais, a partir dos anos 1970 autores como Hayden White[7] pretenderam ir além e criticar até esse diálogo, em que ainda almejariam os historiadores ideais de cientificidade. Julgando estéril o saber objetivo, fechado num domínio unilateral, propuseram então considerar predominante a dimensão estética da História – a narrativa como arte, o ponto de vista como estilo. A fronteira entre a História e a Literatura se caracterizaria, assim, por uma indiscutível porosidade, resultante de uma suspeita em relação ao conceito mesmo de verdade: a ciência e o seu método não podiam garantir a objetividade do saber histórico; os limites entre este saber e a imaginação, entre os fatos e a ficção estariam suspensos. Contar a história "como ela aconteceu", lema da Escola Histórica, soaria como um claro disparate, pela impossibilidade de se conhecer todos os aspectos envolvidos em um acontecimento e deste ter objetividade isenta de interpretações subjetivas.

O lugar do método

Para além de qualquer discussão adicional, interessa-nos aqui ressaltar que a dificuldade presente nessa formulação ainda é igual a da incomensurabilidade das teorias, assinalada acima: se o defeito do conceito de verdade na base da concepção tradicional do método era supor uma diferença abismal entre o sujeito e o objeto, todo o nó estaria desatado se essa diferença fosse eliminada. A Escola Histórica também procurava uma ponte sobre o abismo, que seria justamente o método de neutralização do sujeito e afirmação do objeto. Os seus críticos do século xx apenas invertem a polaridade, ao recusar a objetividade do conhecimento e afirmar radicalmente a sua subjetividade.

É o caso da primeira posição examinada, quando concebe o método totalmente determinado por uma matriz teórica que prefiguraria a pesquisa empírica e seus achados; não haveria adequação do sujeito ao objeto, pois a ciência inteira estaria contida no primeiro. Também é o caso da segunda posição, que se distancia da própria ciência e do seu ideal de objetividade do saber. O problema para ela não é nem tanto o método, mas o conceito mesmo de verdade, do qual suspeita na medida em que ele se funda na possibilidade de conhecimento objetivo, da realidade em si. Não há mais nitidez daí sobre a diferença entre o que é ou foi verdadeiro e o que somente se imaginou como tal, interpretou-se subjetivamente como tal. Como agora também levam em conta até mesmo a intuição e a fantasia, as teorias históricas – ou melhor, os estilos de escrever a história – são mais do que antes imunes aos testes da verificação ou falsificação empírica, a qualquer critério de objetividade de suas proposições. Não há mais verdade fora do circuito fechado do discurso histórico-literário; em cada teoria ou visão histórica é que se encontram as normas que atribuem sentido a suas proposições.

Embora sucinta, essa análise da sua articulação lógica já permite visualizar acertos e exageros nessa perspectiva subjetivante.

Depois de décadas de crítica, sabemos hoje que não há verdades absolutas e afirmamos apenas as relativas. Mas a questão precisamente é: "relativas" a quem ou a quê? Se forem às distintas visões de mundo, que devem ser respeitadas em sua diferença por se organizarem em códigos mutuamente incompreensíveis, então temos aí configurado de maneira exemplar o problema da incomparabilidade das teorias, que vimos levar aos impasses do relativismo. Sem ser absoluta, a verdade não pode simplesmente ser relativa. Ocorre, porém, que tanto na forma absoluta como na relativa a verdade está definida nos termos da polaridade sujeito-objeto, que é preciso ultrapassar de outro modo que não a simples negação de um dos termos. Se não admitimos mais o conceito tradicional de verdade como correspondência com o real, objetividade de enunciados, é porque aprendemos o quanto há de subjetivo no objeto, que de forma alguma é "puro"; e também o quanto há de objetivo, de determinação histórica, no sujeito do conhecimento, que não pode jamais ser considerado neutro. Esse diálogo, esse trânsito recíproco dos dois polos da relação, não significa, contudo, que se dissolveu completamente a diferença entre eles; ela se repõe pela própria relação. E é na perspectiva desse diálogo que se redefine hoje o conceito de verdade nas várias vertentes da fenomenologia e da hermenêutica, por exemplo.

Se reconhecemos não existir objetividade pura, mas apenas a perpassada pelas incontáveis subjetividades que convivem objetivamente no mundo, não há por que descartar a ideia mesma de verdade, que poderia ser definida como o acordo das subjetividades. Já nesse caso aparece um critério de objetividade que define uma função crucial para o método: ele não pode estar totalmente determinado no âmbito de cada teoria, de cada visão subjetiva de mundo, pois é justamente um dos fatores que permite colocá-las de acordo. Ou seja, a intersubjetividade implica que a experiência realizada por alguém pode ser repetida por ele mesmo ou por outro, tendo de seguir regras e normas claras e imitáveis, portanto. É o que deve reger também a pesquisa histórica, por mais variados e inovadores que sejam seus materiais e procedimentos. Daí que o pesquisador tenha de se limitar a afirmações que encontrem contrapartida em material acessível a qualquer outro, que possa ser verificado, que seja de domínio público de alguma forma. E daí também que a intuição e a imaginação, por mais importantes que sejam na pesquisa individual, não possam ser critério de divulgação e generalização dos conhecimentos, depois de obtidos. Elas são faculdades cuja operação não tem a forma de um conjunto de regras de procedimento para serem seguidas por outros sujeitos; são íntimas, individuais, subjetivas no sentido definido pela Escola Histórica.

Esta então foi longe demais na pregação de uma objetividade neutra e pura, mas não estava completamente errada quando advertia para o perigo de uma má subjetividade, a impedir a comunicação das experiências de pesquisa. Há uma dimensão do método que se reporta a essa comunicação, a essa comparação de resultados, de teorias. E é tal dimensão que não pode estar inscrita no domínio fechado de cada teoria e que repõe a metodologia como uma questão séria ainda a debater. Por isso, o começo do presente capítulo se deteve com algum detalhe na explicação da concepção tradicional, que propôs questões de cuja importância descuidaram muitos dos seus críticos posteriores. Por isso, os autores deste livro dedicaram várias de suas páginas à discussão de procedimentos. Por mais que um formalismo metodológico também seja perigoso, vale a pena nadar contra a correnteza.

Notas

[1] Na feliz e sintomática expressão de Ladurie, título de um de seus mais conhecidos livros: Emmanuel Le Roy Ladurie, Le territoire de l'historien, Paris, Gallimard, 1973.

[2] A frase famosa aparece já em 1824 na Introdução de seu estudo sobre os povos latinos e germânicos. Cf. Leipold Ranke (org.), Sérgio Buarque de Holanda, São Paulo, Ática, 1979, col. Grandes Cientistas Sociais, v. 8.

[3] Cf. Heinrich Rickert, Ciencia cultural y ciencia natural, 2. ed., Buenos Aires, Espasa-Calpe, 1945.

[4] Num movimento filosófico importante de reação ao positivismo que entrava na Alemanha pela França de Comte e principalmente pela Inglaterra de Stuart Mill, houve, no fim do século XIX, uma redescoberta da crítica kantiana à ciência que tinha por lema a "volta a Kant" ("zurück zu Kant"). Os autores importantes ainda do século XIX foram Windelband, Natorp e Cohen, e no século XX, Rickert e Cassirer. Esse movimento, contudo, exerceu influência tardia e indireta sobre os historiadores, que continuaram seguindo os cânones da Escola Histórica até o começo do século XX e receberam seu impacto por meio, principalmente, da Sociologia.

[5] Cf. Fernand Braudel, La Méditerranée et le monde méditerranéen à l'époque de Philippe II, 2. ed., Paris, Armand Colin, 1966. Particularmente, o conceito de "longa duração", cuja articulação com a "curta" e a "média" duração representou grande sofisticação na ideia de temporalidade e de historicidade, superando a ideia de tempo linear, configurou-se pela incorporação de conceitos da Geografia e da Sociologia e respondeu a invasões do domínio do histórico pela "estrutura". Sobre isso, cf. François Dosse, A história à prova do tempo, São Paulo, Edunesp, 1999.

[6] O problema, já apontado por Thomas Kuhn no seu clássico Estrutura das revoluções científicas, aparece como consequência indesejável em várias formulações críticas da tradição, como no também clássico de Foucault: As palavras e as coisas.

[7] Hayden White, Meta-história: a imaginação histórica no século XIX, São Paulo, Edusp, 1995; o original americano data de 1973.

Bibliografia

BRAUDEL, Fernand. *La Méditerranée et le monde méditerraneén à l'époque de Philippe II*. 2. ed. Paris: Armand Colin, 1966.

DOSSE, François. *A história à prova do tempo*. São Paulo: Edunesp, 1999.

HOLANDA, Sérgio Buarque de (org.). *Leopold von Ranke*. São Paulo: Ática, 1979. (Coleção Grandes Cientistas Sociais).

LADURIE, Emmanuel Le Roy. *Le territoire de l'historien*. Paris: Gallimard, 1973.

RICKERT, Heinrich. *Ciencia cultural y ciencia natural*. 2. ed. Buenos Aires: Espasa-Calpe, 1945.

WHITE, Hayden. *Meta-história*: a imaginação histórica no século XIX. São Paulo: Edusp, 1995 [1973].

Os autores

Carla Bassanezi Pinsky, organizadora

Historiadora. Mestre em História Social pela USP e doutora em Ciências Sociais pela Unicamp. Foi por vários anos pesquisadora do Núcleo de Estudos de Gênero Pagu – Unicamp. Autora de *Virando as páginas: revendo as mulheres* e *Pássaros da liberdade*; organizadora e coautora de *História da cidadania* e *Faces do fanatismo*; coautora de *História das mulheres no Brasil; História na sala de aula; O Brasil que os europeus encontraram*, entre outros trabalhos publicados.

Carlos Bacellar

Professor de História do Brasil Colônia do Departamento de História da Faculdade de Filosofia, Letras e Ciências Humanas da USP.

Jorge Grespan

Professor de Teoria da História do Departamento de História da Faculdade de Filosofia, Letras e Ciências Humanas da USP. Autor da obra *Revolução Francesa e Iluminismo*, publicada pela Editora Contexto.

Marcos Napolitano

Professor de História do Brasil do Departamento de História da Faculdade de Filosofia, Letras e Ciências Humanas da USP. Entre outros trabalhos, é autor de *Cultura brasileira: utopia e massificação*, *Como usar a TV na sala de aula* e *Como usar a música na sala de aula*, além de coautor de *História na sala de aula*, todos publicados pela Editora Contexto.

Maria de Lourdes Janotti

Professora do curso de Pós-graduação em História Social da Faculdade de Filosofia, Letras e Ciências Humanas da USP. Autora de vários livros.

Pedro Paulo Funari

Livre-Docente e Professor Titular em História (Unicamp). Autor de livros publicados no Brasil, EUA, Inglaterra, Espanha e Colômbia, entre eles *Arqueologia*, *Grécia e Roma*, *Pré-história do Brasil* (em coautoria com Francisco Silva Noelli), coautor de *História da cidadania* e de *História das guerras*, e organizador de *Turismo e patrimônio cultural* (em conjunto com Jaime Pinsky), todos eles publicados pela Editora Contexto.

Tania Regina de Luca

Professora do Departamento de História da Unesp/Assis. Entre outros trabalhos, é autora do livro *Indústria e trabalho na história do Brasil* e coautora de *História da cidadania*, ambos publicados pela Editora Contexto.

Vavy Pacheco Borges

Professora do Departamento de História da Unicamp. Autora de várias obras.

Verena Alberti

Historiadora e coordenadora do Programa de História Oral do Centro de Pesquisa e Documentação de História Contemporânea do Brasil (CPDOC) da FGV/RJ. Presidente da Associação Brasileira de História Oral (ABHO) no biênio 2002-2004. Autora de diversos trabalhos importantes na área.